어쩌다 대한민국은 불평등 공화국이 되었나?

21세기 대한민국의 미래를 그리는 설계도

어쩌다 대한민국은 불평등 공화국이 되었나?
21세기 대한민국의 미래를 그리는 설계도

초판인쇄일 | 2023년 5월 20일
초판발행일 | 2023년 5월 30일
지은이 | 김윤태
펴낸곳 | 간디서원
펴낸이 | 최청수
주　소 | (03440) 서울시 은평구 가좌로 335, 2층
전　화 | 02)3477-7008
팩　스 | 02)3477-7066
등　록 | 제2022-000014호
E_mail | gandhib@naver.com
ISBN | 978-89-97533-49-7 (03300)

ⓒ 김윤태, 2023

* 잘못된 책은 바꾸어 드립니다.

어쩌다 대한민국은 불평등 공화국이 되었나?

21세기 대한민국의 미래를 그리는 설계도

김윤태

간디서원

추천의 글

이 책은 국내외에서 이루어진 다양한 불평등 연구를 바탕으로 현대 한국의 불평등을 예리하게 진단하고, 불평등 완화를 위해 구체적인 정책을 제안하는 보기 드문 학술서이자 정책 안내서이다.
— 신광영, 중앙대 명예교수, 전 한국사회학회 회장, 『한국 사회 불평등 연구』 저자

지난 60년 사이 한국은 사상 처음으로 후진국에서 선진국으로 진입했으나, 한국인은 별로 행복하지 않은, '한국의 역설'이 나타났다. 지난 30년 사이 한국 사회는 유례없는 불평등과 내부 균열을 경험 중이다. 지난 30년 이상 한국 사회의 불평등 문제를 구조, 행위, 제도의 다차원으로 천착해온 김 교수의 이 책은 '포용적 복지제도'를 그 현실적 대안으로 제시한다. 더불어 행복한 나라를 꿈꾸는 사람이라면, 공정함과 삶의 질, 민주주의의 가치

를 믿는 시민이라면, 이웃과 함께 이 책을 읽고 그 함의를 깊이 토론해 나가면 좋겠다.
― 강수돌, 고려대 융합경영학부 명예교수, 『자본이 사람을 멈추기 전에, 부디 제발』 저자

김윤태 교수는 사회학자로서의 폭넓은 시각과 방대한 자료의 소화능력을 무기로 불평등 사회 대한민국의 속살을 드러낸다. 그의 명쾌한 논리와 속도감 있는 문체는 우리를 21세기의 새로운 복지국가로 이끈다.
― 구인회, 서울대학교 사회복지학과 교수, 『21세기 한국의 불평등』 저자

사회과학적 처방의 시작은 정확한 진단이다. 오랫동안 불평등의 정치경제학 및 정치사회학에 대해 천착해 온 저자의 이 책은 한국과 세계의 불평등을 비교하고, 정부의 조세 및 사회정책, 지역주의 정당 체제, 사회인구학적 변화, 이데올로기, 기업지배구조, 노동조합의 약화와 노동시장 유연화 등 한국이 맞닥뜨린 현실을 치밀하게 진단하고 있다. 저자는 이 책에서 보편적 시민권과 정치적 합의, 장기적 관점에 기초한 포용적 사회제도를 대안으로 제시한다. 불평등과 한국 민주주의의 미래에 관심을 갖고 있다면, 반드시 읽어야 할 책이다.
― 권혁용, 고려대 정치외교학과 교수, 『선거와 복지국가』 저자

불평등을 이해하는 다양한 철학과 사상, 최근의 변화를 설명

하는 구체적인 가설과 이론, 한국 불평등의 현실을 모두 섭렵한 책. 저자는 문제 제기에 그치지 않고 다른 나라의 사례를 분석하여 경제적 풍요와 행복지수를 모두 높일 수 있는 구체적 대안으로 포용적 사회제도를 제시한다. 묵직한 내용인데 친절한 설명으로 쉽게 읽힌다.
― 김창환, 미국 캔사스대학 사회학과 교수, 『교육, 젠더와 사회이동』 저자

우리는 산업화와 민주화 이후 길을 잃어버렸다. 90년대에 잘못 접어든 길은 이제 〈오징어 게임〉과 〈모범택시〉가 필요한 대한민국으로까지 치닫고 있다. 각자도생이나 사적 복수 대신 우리는 새로운 길을 발견할 수 있을까? 이 책은 넥스트 가치와 아젠다를 꿈꾸는 청년들과 새로운 세력들에게 정확하고 다양한 이론적 무기를 제공해준다. 모두가 불행한 불평등을 넘어 모두가 행복한 민주공화국을 꿈꾸는 저자의 길이 우리를 설레게 한다.
― 안병진, 경희대 미래문명원 교수, 중앙일보 컬럼니스트

1인당 GDP는 3만 불이 넘고, 민주주의와 문화적 역동성이 넘치는 대한민국은 성공한 사회일까? 김윤태 교수의 『어쩌다 대한민국은 불평등 공화국이 되었나?』는 엄청난 경제적 성공과 극심한 불평등이 공존하는 대한민국의 역설을 풀어주는 안내서다. 글은 매혹적이고 친절하며 풍부하다. 한국이 얼마나 불평등한 사회인지, 그 원인이 무엇인지, 우리가 불평등을 넘어 더 나은 사회로 가기 위해 무엇을 해야 하는지. 불평등에 대한 온갖 오해와

억측이 난무한 세상에서 한국 사회의 불평등 문제를 제대로 고민하는 사람이라면 꼭 일독하기를 권한다.
— 윤홍식, 인하대 사회복지학과 교수, 『한국 복지국가의 기원과 궤적』 저자

불평등 문제는 이제 경제학계에서도 가장 뜨거운 이슈 중의 하나다. 김윤태 교수의 이 책은 한국 사회 불평등의 원인과 결과에 관해 날카롭게 분석하고 그 해결책을 제시한다. 특히 사회적 차원에서 권력과 제도의 중요성을 강조하는 그의 주장에 우리 모두 귀를 기울여야 할 것이다.
— 이강국, 일본 리쓰메이칸대학교 경제학부 교수, 〈한겨레신문〉 주간경향 칼럼니스트

불평등이란 프리즘으로 본 복지국가 대중서. 저자는 한국의 불평등 원인을 국가의 실패에서 비롯된 것이라고 진단하기에 그 해법 또한 삶의 질과 사회통합을 중시하는 국가의 역할, 즉 포용적 복지국가에서 찾는다. 더 나은 세상을 바라는 시민이라면 꼭 일독하길 권한다.
— 이창곤, 한겨레 선임기자 겸 논설위원, 전 한겨레경제사회연구원장

차례

추천의 글　4
감사의 글　11
서문: 왜 한국인은 행복하지 않은가?　16

1장 불평등의 상처
거대한 분열　36
21세기 불평등: 경제 불평등, 문화 불평등, 사회 불평등　39
추락의 공포　51
무한 경쟁의 지옥　55
왜 교육은 아이들을 불행하게 만드는가?　63
여성 혐오가 증가하는 이유　73
사회적 고립의 시대　83
아이가 사라지는 나라　89

2장 한국의 불평등은 얼마나 심각한가?
세계 최고 수준의 불평등 국가　108
중산층 위기 시대　125
죽음도 삶만큼이나 불공평하구나　129
20대 반란의 원인은?　136

3장 불평등이 커진 원인은 무엇인가?
수출 대기업 때문에 불평등이 커졌는가?　148
기술의 진보는 불가피하게 불평등을 심화시키는가?　156

고소득 부부의 증가는 불평등을 심화시키는가?　166
　　왜 한국 노인들은 가난한가?　170

4장 자본과 노동의 권력관계
　　재벌 자본주의의 희생자　181
　　정규직과 비정규직의 분열　197
　　노동조합이 약하면 불평등이 커진다　203

5장 국가와 제도 개혁의 중요성
　　왜 한국의 복지제도는 취약한가?　221
　　선거제도, 다수제 민주주의, 승자 독식 정치　237
　　왜 한국인은 불공정은 못 참아도 불평등은 참는가?　249

6장 불평등을 넘어 보편적 복지국가로
　　『베버리지 보고서』의 사회혁명　270
　　토마스 험프리 마셜의 사회권　276
　　리처드 티트머스의 보편적 복지국가　285
　　마이클 영의 능력주의 비판　293

7장 21세기 복지국가를 향한 새로운 대안
　　무엇에 대한 평등인가?: 법률적 평등, 기회의 평등, 결과의 평등　302
　　어떤 이데올로기?: 사회주의, 사회민주주의, 발전주의, 신자유주의　311
　　포용적 제도 대 배제적 제도　328
　　민주주의의 위기를 넘어서　339
　　21세기 복지국가를 위하여　355

　　주　366

감사의 글

"모든 새로운 이론을 위험한 것으로, 모든 혁신을 쓸데없이 문제를 일으키는 문젯거리로, 모든 사회적 진보를 혁명을 향하는 첫 걸음으로 여기며, 어떤 변화도 받아들이기를 거부하는 세상이 도래할지 모른다는 우려를 나는 떨쳐버릴 수가 없다"라고 200년 전에 프랑스 사상가 알렉시스 토크빌이 썼다. 오늘날 우리가 살고 있는 사회에서도 새로운 주장은 언제나 많은 사람들의 저항에 직면한다. 역사를 돌아보면 노예제 폐지, 보통선거권, 여성 참정권, 사회보장은 저절로 이루어진 적이 없다. 언제나 새로운 주장이 제기된 다음에 사람들의 사회적 투쟁에 의해서 새로운 변화가 일어났다. 이 책 역시 우리보다 앞서 살아간 수많은 사람들의 새로운 주장 덕분에 쓸 수 있었다. 여기에 한 가지 덧붙인다면, 이 책은 당대에 현명한 지혜와 지식을 베풀어준 학자들과 친구들 덕분이라고 말할 수 있을 것이다.

이 책의 상당 부분은 2022년 '한국 사회 불평등을 넘어'라는 제목의 연구 보고서에서 인용했다. 2021년 보건복지부, 사회보장위원회, 한국보건사회연구원이 의뢰한 이 보고서를 작성하는 동안 공저자로 참여한 김창환, 변수용, 정세은 교수의 도움에 감사드린다. 2022년 사회정책연합 공동학술대회에서 내 글에 대한 토론자로 유익한 의견을 준 신진욱 교수에게도 감사드린다. 2021년 보건복지부의 초청으로 내가 발표한 '한국의 불평등' 제목의 강연에서 좋은 의견을 준 보건복지부의 공무원들과 한국보건사회연구원의 여러분들에게 감사드린다.

모든 책이 그렇듯이 이 책은 많은 학자들의 연구에서 큰 도움을 받았다. 대부분 출처를 표시했지만 여러 학자들과의 대화에서도 많은 도움을 받았다. 특히 강수돌, 김보영, 김원섭, 김창환, 문진영, 박명림, 안병진, 윤홍식, 이강국, 이수희, 이은정, 이준한, 이창곤, 이태수, 최태욱, 홍창수 등 여러 교수님들과 학자들에게 감사드린다. 2022년 『한국의 불평등』을 편집하는 데 다양한 논문을 기고한 권혁용, 김영미, 신광영, 윤태호, 윤홍식, 이강국, 장지연, 전병유, 정준호, 홍민기 등(가나다 순) 여러분들의 글에서도 많은 도움을 받았다. '사회정책연합 학술대회' 등 여러 학술대회와 토론회에서 만난 훌륭한 학자들과의 대화에서도 많은 영감과 정보를 얻었다. 이 자리를 빌어 감사드린다. 또한 고려대학교 공공정책대학의 교수들과의 대화도 도움이 되었다. 노길명, 서용석, 김근태, 전명수, 우명숙 등 여러 교수님들에게 감사드린다. 2022년 미국 캘리포니아대학 로스엔젤레스 캠퍼스(UCLA) 객원연구원으로 지내는 동안 따뜻한 후의로 도움을 준 역사학과 이

남희 교수, 한국학 센터 김형욱 박사와 페이튼 박 선생님에게도 감사의 마음을 전한다. 세계 최고의 부자와 홈리스가 공존하는 캘리포니아에 사는 동안 여러가지 대화를 나눈 차성규, 이성훈, 정은복, 이남희, 김현옥 선배님과 정대용 변호사 등 다정한 선후배님들에게도 감사 인사를 드린다.

이 책을 집필하는 동안 한국연구재단 한국사회과학연구지원사업(SSK) '다중격차 시대의 융합적 사회통합' 연구과제에 참여해 재정적 도움을 받았다. 사업팀을 주도한 유승호 교수와 여러 학자들에게 감사드린다. 2019년 한국보건사회연구원 '코로나 이후 시대 사회보장정책의 방향과 과제'에 참여한 이태수 교수, 정홍원 박사, 신동면 교수, 정혜주 교수와 나눈 대화도 큰 도움이 되었다. 2019년 국회입법조사처의 '한국 사회 불평등 얼마나 심각한가? 포용국가의 방향과 과제' 주제 토론회에서 논문을 발표했는데, 그 자리에서 좋은 의견을 주신 이정우 교수, 김낙년 교수, 구인회 교수, 김미곤 박사, 윤홍식 교수, 홍준기 교수, 박선권 박사 등 여러 분들에게 감사드린다.

2022년 내가 책임을 맡은 서울시의회의 연구과제 '1인 가구의 특성과 정책 대안'에 참여한 김근태 교수, '청년 주거 불평등과 청년 주거 지원 방안' 연구에 참여한 고정희 교수, 원재웅 교수와 김미곤 박사, 문진영 교수, 박미선 박사, 이미영 박사, 서종녀 박사 등 자문위원으로 도움을 주신 여러분들에게도 감사드린다. 2023년 영국 경제사회연구재단(ESRC)의 후원을 받아 켄트대학교에서 개최한 플랫폼 노동에 관한 정책 토론회에 참여한 마이클 콕 부르넬대학 교수, 사라 박 레스터대학 교수, 이수희 켄트대학 교수에게 감사드린다. 같은 해 플랫폼 노동에 관한 민주연구원 정책토론회 발표를 맡아준 이주희 교수, 박명준 한국노동연구원 선임연구위원, 김영선 시간노동연구센터 연구위원, 김성혁 민주노동연구원장과 함께, 서울시의회 정책토론회에 참석한 이승윤 교수, 이창곤 한겨레신문 논설위원, 박은정 교수, 이미영 전문위원 등 여러분들에게 감사드린다.

이 책은 2021~2022년 〈네이버 프리미엄콘텐츠〉 '김윤태의 세상 읽기'에 기고한 글들이 마중물이 되었다. '불평등 사회'라는 제목으로 쓴 여러 글들은 불평등의 추이, 원인, 정책 방향을 다루었다. 글을 쓰는 동안 많은 독자들의 격려와 의견들에 감사드린다. 이 글을 쓰도록 제안하고 여러 가지 도움을 준 주훈 네이버문화재단 차장에게 감사드린다. 또한 이 책은 〈한겨레신문〉, 〈프레시안〉, 〈시사저널〉, 〈국회도서관〉, 〈고대신문〉 등 다양한 매체에 기고한 글도 부분적으로 인용했다. 내게 원고를 청탁해 글을 쓸 기회를 준 여러분들에게 감사드린다. 다양한 정당, 언론, 노동조합, 경제단체, 시민단체들이 초청한 강연회와 토론회에서 만나 좋은 의견을 준 활동가와 시민 여러분들에게도 감사드린다.

고려대학교 공공정책대학 학부의 사회학 개론, 현대사회학이론, 사회변동, 사회발전론 수업에 참여해 다양한 의견을 발표하고 토론에 참여한 학부생들에게 감사의 마음을 전한다. 그리고 대학원 사회복지학과 강의와 세미나 시간에 불평등에 대한 다양한 토론에 참여한 학생들의 도움에도 감사드린다. 초고의 편집을 위해 도움을 준 고려대학교 대학원 사회복지학과 강은진, 박정승, 양영재, 우한수, 이주호, 장우혁에게 감사의 마음을 전한다. 이 책을 출간하는 데 고려대학교 공공정책대학 특성화 연구비 도움을 받았는데, 언제나 그렇듯이 학문적 활동을 지원해주는 고려대학교에 고맙게 생각한다. 또한 이 책의 출간을 제안하고 훌륭하게 편집해준 간디서원 출판사와 편집부의 도움에 감사드린다.

가장 중요하게 항상 나의 활동과 노력을 지지하고 격려해준 아버님과 가족들에게 감사의 마음을 전한다. 그리고 우리가 살고 있는 세상에 대해 여러가지 대화를 했던 조카 김세순과 김세연에게도 감사의 마음을 전한다. 오랜 시간 동안 한국 사회에 관한 여러가지 생각을 교환했던 김광신, 김성림, 김좌우태, 김진형, 김홍남, 김희남, 민귀식, 박성옥, 박종규, 양호선, 유승호, 이경훈, 이병선, 이재희, 이필주, 정병호, 정연규, 정준모, 정희태, 케이트 안, 황일민에게도 따뜻한 우정의 마음을 전한다. 그들의 현명한 생각처럼 이 책도 더 나은 세상을 꿈꾸는 사람들에게 통찰력을 줄 수 있기를 기대한다. "우리는 공적 생활에 무관심한 자를 쓸모없는 사람으로 여긴다. 바로 이것이 우리가 다른 나라와 다른 점이다"라고 말한 고대 그리스 민주정의 지도자 페리클레스의 말은 지금도 우리가 깊게 생각해보아야 할 말이기 때문이다.

서문

왜 한국인은 행복하지 않은가?

　대한민국은 불평등 공화국이다. 1990년대 초반부터 30년 넘게 심화된 한국의 불평등은 오늘날 다양한 소득 분배 지표에서 나타난다. 1992년부터 2022년까지 30년 동안 한국의 불평등이 역사상 유례없이 증가하면서 사회의 '거대한 분열'(Great Divide)이 발생했다. 2022년 현재 한국은 세계에서 가장 불평등한 사회 가운데 하나로 변화했다. 한국의 상위 소득 1%는 국민소득의 14.7%를 차지하며, 상위 10%는 46.5%를 차지한다. 상위 10%의 소득이 하위 50% 소득의 14배에 달한다. 소득 집중 수준이 미국 다음으로 높은 편이다. 세계 최고 수준의 불평등 국가가 된 대한민국은 헌법 1조 '대한민국은 민주공화국이다'라는 문구를 배신한다. 자유롭고 평등한 시민들에 의해 만들어진다는 공화국의 정치적 이상과 정신이 죽어가고 있다.

　그러나 한국의 엘리트는 애써 현실을 외면한다. "강연 주제가 왜 불평등이냐, 이런 주제면 참석하지 않겠다는 회원도 있어요."

서울의 어느 경제단체 초청 강연에서 내가 들은 말이다. "불평등 대신 다른 용어를 쓰면 안 될까요? 사람들이 거부감을 느끼는 듯해서요." 세종시 중앙 정부의 강연에서 고위 공무원이 내게 물었다. "불평등을 연구한다고 하면 연구 과제를 수주하기 힘들어요." 아주 열심히 연구하는 대학 교수들에게 들은 말이다. 2022년에 민주당의 전 당직자는 세계화로 인한 수출 대기업의 임금 상승은 '좋은 불평등'이라고 주장했다. 한국의 엘리트들은 불평등이라는 말 자체를 피하거나 심지어 좋은 것이라고 말하고 싶어 한다.[1]

그러면 보통 사람들은 어떻게 생각할까? 최근 여론조사 자료를 보면 한국인 가운데 대부분 사람들은 불평등을 크게 우려한다. 2020년 1월 KBS 여론조사에 따르면, 응답자 가운데 66%가 소득 불평등이 매우 심각하다고 응답했다. 불평등에 대한 인식의 변화는 사회문제에 대한 태도를 바꾸고 있다. 2021년 8월 KBS 여론조사에서 응답자의 34.4%가 빈부 갈등을 가장 심각한 갈등으로 꼽았다. 다음으로 이념 갈등 23.8%, 남녀 갈등 11.1%, 지역 갈등 10.0%, 노사 갈등 7.5%, 세대 갈등 7.2% 순서로 나타났다.[2] 한국인들에게 좋은 불평등이란 없다.

사회적 분열의 시대

이 책은 한국 사회의 가장 중요한 사회문제 가운데 하나인 '불평등'을 다룬다. 오늘날 한국인들은 믿기 어려울지 몰라도 한국의 심각한 불평등은 비교적 최근의 현상이다. 1950년대 한국은 세계에서 가장 평등한 사회에 속했다. 1949년 농지개혁으로 농촌의 지주가 사라지면서 공산주의 국가를 제외하고는 개발도상국 가운데 가장 평등한 사회가 되었다. 한국 전쟁으로 산업 시설이 파괴되고 상위층의 재산이 매우 축소되었었다. 1962년 경제개발계획이 시작된 이래 고도성장을 거치면서 점차 빈부 격차가 커졌지만 아주 심각한 수준은 아니었다.

지난 30년 동안 심화된 불평등은 1962년부터 1992년까지 고도성장의 기록과 매우 대조적이다. 1960년대 세계에서 가장 가난한 나라들에 속했던 한국이 오늘날 세계 10위권의 경제 대국이 되었다는 사실은 전 세계인을 놀라게 했다. 놀라운 정보통신 기술의 발전 덕분으로 세계에서 인구 대비 가장 많은 스마트폰과 인터넷을 이용하는 나라들에 속한다. 동시에 1980년대 군사정부에 반대하는 민주화운동의 성공으로 자유로운 선거와 정권 교체가 가능한 민주주의 국가로 변화했다. 오늘날 한국인들은 민주주의의 원조라고 불리는 영국과 미국에 못지않은 민주적 권리를 누리고 있다. 하지만 놀라운 경제성장과 민주화의 성공에도 불구하고 한국인들의 삶의 만족과 행복감, 사회적 신뢰, 사회적 결속감은 매우 낮다.

경제성장의 과정에서 부자가 늘어나거나 대기업 임금이 상승하는 것은 '좋은 불평등'이라고 말하는 사람들의 가정과 달리 불평등의 영향은 매우 파괴적이다. 어떤 원인에 의한 것이든 불평등이 지나치게 커지는 경우 사회의 분열이 심각해지고 개인의 스트레스가 증가하면서 다양한 사회문제가 발생한다. 소득과 소비 수준의 격차가 커질수록 교육, 취업, 지위 경쟁이 격화되고 개인들의 불안감이 커지며 우울증과 정신질환이 급증한다.

한 사회를 자세히 살펴볼 때 출산율과 사망률은 매우 중요한 통계이다. 세계 최저 수준의 출산율과 세계 최고 수준의 자살률은 한국 사회의 지옥 같은 현실을 극명하게 보여준다. 선진국 가운데 산업재해 사고 사망률도 매우 높은 수준이다. 매해 산재 사망자가 2000명이 넘는다. 길에서 낯선 사람을 만났을 때 안전하다고 느끼는 사람과 자신이 어려움에 처할 때 도움을 청할 사람이 있다고 느끼는 사람의 비율도 한국은 선진국 가운데 최하위권이다. 자살, 저출생, 산업재해, 사회적 고립, 불안을 보여주는 사회 지표는 지나친 불평등과 관련이 크다.

부유한 한국, 불행한 한국인

한국은 세계 10위권의 경제 대국이다. 국토는 작지만 전 세계적으로 부유한 국가에 속한다. 군사적으로는 세계 6위권의 강국이다. G20 정상회담에 참여할 정도로 국제적으로 인정을 받는다. 하지만 한국인의 행복 수준은 선진국 가운데 가장 낮은 편이다. 2022년 한국의 행복지수가 전 세계 146개국 중 59위에 해당한다고 분석한 유엔의 지속가능발전해법네트워크(SDSN)의 연례 보고서가 발표됐다. 놀라운 사실은 경제협력개발기구(OECD) 38개 회원국들 가운데 최하위권에 속한다는 것이다. 세계 10대 경제 대국이라는 자화자찬과는 너무 거리가 멀다.

유엔의 지속가능발전해법네트워크는 지난 2012년부터 세계 각국 사람들의 행복을 정량화해 행복지수로 표현한 『세계 행복보고서』를 출간한다. 행복지수는 갤럽의 월드폴(World Poll)이 나라별로 1000명 시민의 삶의 만족도를 측정하고, 삶의 만족도에 영향을 미치는 구매력 기준 국내총생산(GDP), 기대수명, 사회적 지지 등 6가지 항목의 3년간 자료를 분석한다.

한국의 행복 수준은 선진국 가운데 가장 낮은 편이다. 2019~2021년의 한국의 행복지수는 5.935점으로 일본(54위, 6.039점), 그리스(58위, 5.948점)보다는 낮은 59위인 것으로 나타났다. 한국은 구매력 기준 국내총생산과 기대수명에서 비교적 높은 수치를 기록했지만, 나머지 항목에서는 낮은 평가를 받은 것으로 나타났다. 한국은 2021년 발표된 『세계 행복보고서』에서 전체 149개국 중 62위에 올랐다. 2019년에는 54위, 2018년에는 57위, 2017년에는 56위, 2016년에는 58위를 기록했다.

그럼 행복 수준이 가장 높은 나라는 어느 나라일까? 2022년 행복지수 1위는 7.821점을 받은 핀란드였다. 이외에도 덴마크(2위, 7.636점), 스웨덴(7위, 7.384점), 노르웨이(8위, 7.365점)가 10위 안에 드는 등 북유럽 국가들이 높은 순위를 기록했다. 서유럽에서는 스위스(4위, 7.512점), 네덜란드(5위, 7.415점) 등이 10위 안에 들었다. 이 가운데 가장 눈에 띄는 것은 북유럽 스칸디나비아 국가들의 행복감이 가장 높다는 사실이다.

왜 북유럽 국가들의 행복 수준이 높은 걸까? 많은 학자들은 북유럽 국가에서 행복과 삶의 만족 등 다양한 측정에서 오랫동안 높은 수준을 유지하는 이유로 신뢰를 꼽는다. 신뢰의 근간은 관대한 실업 부조를 비롯해 무료 의료 및 교육, 두터운 보육 지원 등 튼튼한 사회복지 제도다. 포용적 사회제도를 통해 사회의 불평등을 줄이고, 약자에게 사회적 안전망을 제공하고, 실패한 사람에게 재기의 기회를 주고 있다. 1인당 국민총생산이 가장 높은 나라들이 반드시 최고의 행복 수준을 가진 것은 아니다. 행복은 단지 돈으로 살 수 있는 것이 아니다.

〈오징어 게임〉의 불편한 진실

이 책은 봉준호 감독의 〈기생충〉에 이어 황동혁 감독의 〈오징어 게임〉이 세계적 관심을 끌게 된 것을 '한류'의 성공이라고 자찬하기보다는 한국 사회의 어두운 자화상이라는 점을 성찰해야 한다는 생각에서 출발한다.

산업화와 민주화가 성취된 직후인 1990년대 초반부터 한국 사회의 불평등이 커졌다는 사실은 중요한 역사적 교훈을 준다. 이 시기에 자유시장 만능주의가 널리 확산되면서 정부의 경제 개입을 축소하고 경제 개방과 세계화를 찬양하는 주장이 큰 영향을 미치기 시작했다. 또한 지역감정이 동원되고 지역주의 정치

구조가 득세하면서 조세 정의와 복지국가 대신 부자 감세와 지역 개발이 선거 쟁점으로 부각되면서 불평등은 지속적으로 커졌다. 재벌 자본주의에서 대기업 노동자의 임금은 상승했지만 중소기업 노동자의 임금은 제자리걸음이었다. 이 시기에 건강보험과 노령연금이 불완전하고 사회보험 사각지대가 너무 컸다. 민주화 이후 해외여행 자유화와 수입 개방으로 과소비가 유행이 되었지만, 한국인의 삶의 질은 크게 나아지지 않았다. 한국의 민주주의가 제대로 작동하지 않았기 때문이다.

1997년 외환위기는 한국의 사회 불평등을 더욱 악화시켰다. 자유시장 만능주의와 신자유주의 이데올로기를 신봉하는 국제통화기금(IMF)과 한국의 경제 관료들은 급진적인 시장주의 개혁과 기업 구조조정을 추구했다. 경제 자유화와 함께 대기업의 경제력 집중은 더욱 커졌고, 대기업과 중소기업의 격차는 더욱 벌어졌으며, 정규직과 비정규직의 소득 불평등이 지나치게 커졌다. 김대중 정부 시기에 사회보험과 공공부조 제도가 도입되면서 복지국가가 빠르게 발전했지만, 불평등은 더욱 심화되었다. 여성의 경제활동인구 비율은 여전히 낮은 편이지만 출생율은 급격하게 낮아졌다. 여성의 경력 단절이 너무 많고, 남녀의 임금 격차도 세계에서 가장 높은 수준이다. 노인의 국민연금 수급 비중이 매우 낮고, 노인 빈곤율도 선진국 가운데 가장 높은 수준이다. 외환위기 20년 후 한국 사회는 전 세계에서 가장 불평등이 심각한 사회로 변화했다.

지난 30년 동안 불평등의 심화는 한국뿐 아니라 전 세계적 현상이었다. 자유시장 만능주의에 따른 공기업 사유화, 규제 완화, 조세 감면, 노동 유연화, 무역 자유화를 추진한 국제통화기금과 세계은행의 '워싱턴 합의'가 각국 경제정책에 영향을 미치면서 불평등은 더욱 악화되었다. 현재의 극심한 불평등은 1929년 대공황 직전에 비견할 만하다. 100년 만에 역사상 최고 수준으로 치솟은 불평등은 전 세계적으로 천문학적 부를 과시하는 수퍼리치와 극빈층의 증가, 홈리스의 확산, 계급 갈등, 정치 양극화, 젠더 갈등, 이민자와 소수 민족에 대한 혐오 증가, 정치 폭력의 급증 등 다양한 파괴적 결과를 만들었다. 마치 1930년대 파시즘과 공산주의가 휩쓸고 지나간 유럽 대륙의 어두운 역사가 재현되는 듯하다.

2008년 세계금융위기 직후 불평등에 맞서는 다양한 사회운동과 정치적 저항이 폭발했다. 2011년 미국의 '월가를 점령하라' 운동, 유럽의 '분노하는 사람들' 시위와 중동의 '아랍의 봄'이 대표적이다. 한국에서도 2010년 지방선거에서 무상급식과 복지국가 논쟁이 촉발하고 2012년 대선에서 경제 민주화와 복지국가가 최대의 선거 쟁점으로 부상했다. 2016년 '촛불시위'도 국정 농단과 정경 유착에 대한 거센 반감과 함께 지나친 사회경제적 불평등에 대한 국민의 불만이 폭발한 것으로 볼 수 있다.

금융위기가 세계를 강타한 후 2012년 스위스 다보스에서 개최된 세계경제포럼(WEF)에 모인 세계 최고의 부자들과 정치인들은 소득 불평등을 가장 심각한 위기로 간주하기 시작했다. 2014년 이후 세계은행과 국제통화기금(IMF)도 불평등에 맞서는 정부의 정책을 촉구하며 '포용적 성장'을 권고했다. 30년 전 부자들과 국제기구가 앞장서 규제 완화와 세금 감면을 외치던 시절에 비하면 격세지감을 느끼게 한다.

  그러나 아직도 한국 사회에서는 불평등이 중요한 국가 의제로 부각되지 못했다. 한국 사회에서 자유시장과 경제성장의 이데올로기가 강하기도 하지만, 개인주의적 능력주의에 대한 긍정적 인식이 지나치게 높다. 공정한 경쟁의 성과를 맹신하며 '불공정은 못 참지만 불평등은 괜찮다'는 생각도 상당히 퍼져있다. 2019년 조국 법무부 장관 딸의 대학 입시와 추미애 법무부 장관 아들의 군대 휴가가 '불공정' 논란의 중심에 서면서 많은 비난을 받았지만, 아직도 경제 불평등은 중요한 정치적 의제로 떠오르지 않았다. 2022년 대통령 선거에서 부동산, 젠더 갈등, 여성가족부 폐지가 뜨거운 이슈가 되었지만, 소득과 자산 불평등은 관심을 끌지 못했다.

  이 책은 한국 사회에서 더 많은 사람들이 불평등이 만든 사회 문제와 악영향을 이해하고 불평등을 줄이기 위한 우리 모두의 노력이 필요하다는 주장을 제기한다. 많은 전문적 학술 연구의 결과를 보면, 세계 각국에서 불평등은 개인의 심리적 스트레스를 높이고, 행복감을 낮추며, 사회갈등을 악화시키는 동시에 장기적으로 경제성장에 악영향을 미친다. 불평등 수준이 높은 국가에서 정치 양극화, 사회 갈등, 민주주의의 위기가 심화되는 경향이 있다. 불평등은 심리적, 경제적 문제에 그치지 않고 정치적 문제이며 민주 사회의 모든 시민들이 우려할 문제이다. 이를 위해

이 책은 불평등에 관한 기본적인 개념과 지식을 소개하면서 한국의 사회 불평등을 심화시키는 주요 원인을 바라보는 다양한 관점을 알기 쉽게 전달하고자 한다. 나아가 한국 사회의 불평등을 줄이기 위한 철학적, 사회학적, 정치적 방향에 관한 논의를 통해 한국의 민주주의의 질과 사회정의의 수준을 높이는 데 기여하고자 한다.

새로운 대안을 찾아서

사회가 중요하다. 많은 사람들이 자신의 노력에 의해 성공했다고 믿고, 능력이 많은 사람들이 더 많은 보상을 받아야 한다고 주장한다. 인생의 성공을 부모의 덕분이거나 행운에 의한 결과라고 생각하는 사람은 매우 드물다. 개인의 운명을 결정하는 더 큰 힘이 있다고 믿는 사람은 매우 적다. 하지만 자신이 어떤 가정에서 태어났는지, 어떤 시대에 살았는지, 특정한 정치제도와 사회제도가 개인의 삶에 어떤 영향을 미쳤는지를 이해하지 못하면 자신의 삶을 제대로 이해하기 어렵다. 사회가 개인들의 삶에 미치는 영향이 너무나 크기 때문이다. 만약 우리가 북한과 같은 경제시스템에 살고 있거나, 아프리카와 같이 학교도 병원도 없는 사회에서 살고 있다면 부자는커녕 평범한 삶을 유지하기도 매우 어려울 것이다. 우리의 삶은 경제시스템, 법률제도, 사회기반시설, 교육과 보건 제도의 혜택에 따라 크게 달라진다. 그렇기 때문에 우리 사회의 빈곤이 사라지지 않고 불평등이 더욱 심화되는 이유는 개인적 차원이 아니라 사회적 차원에서 바라보아야 한다. 사회가 훨씬 더 중요하다.

이 책 『어쩌다 대한민국은 불평등 공화국이 되었나?』는 우리 시대의 새로운 사회적 분열을 분석하고 해결 방안을 제시하고자 노력했다. 지난 수십 년 동안 학계는 지나치게 전문화되면서 칸막이가 높아졌다. 덕분에 지식의 수준은 높아졌지만 모든 사람들이 이해하기는 어렵다. 이 책에서 다루는 주제는 사회학, 정치학, 경제학, 심리학 등 다양한 영역을 포괄한다. 이 책의 집필이 가능한 이유는 내가 다양한 영역의 저명한 학자들로부터 배울 수 있고, 한국의 훌륭한 전문가들과 협력할 수 있었기 때문이다.

앤서니 앳킨슨의 『불평등을 넘어』, 토마 피케티의 『21세기 자본』, 조지프 스티글리츠의 『불평등의 대가』, 예란 테르보른의 『불평등의 킬링 필드』, 리처드 윌킨슨의 『평등이 답이다』에서 유용한 관점을 얻을 수 있었다. 한국의 이정우, 신광영, 구인회, 전병유, 정준호, 이강국, 이철승, 김창환, 신진욱, 윤홍식 교수 등의 논문과 책에서도 많은 도움을 받았다. 수많은 학자들과 전문가들의 분석과 주장을 종합하면서 현실적인 정책 방향의 기초를 모색하는 노력을 했지만, 내가 제시하는 결과는 전적으로 나의 책임일 것이다. 이 책을 읽는 독자들 가운데 내 견해에 동의하지 않는 사람들도 있고 문제점도 지적할 것이다. 그러나 나는 이 책이 한국 사회의 심각한 문제를 해결하기 위한 학술적 노력과 불평등 위기를 극복하기 위한 정책 대안을 마련하는 토대가 되기를 기대한다.

이 책은 많은 사람들의 선입견과 달리 불평등의 원인을 개인적 차원에서 보는 대신 사회적 차원으로 바라보아야 한다고 주장한다. 불평등은 단지 개인의 학벌, 학점, 능력에 따른 결과가 아니라 다양한 부모의 배경, 사회제도, 정부의 정책에 따른 결과라는 점을 강조한다. 1990년대 이후 급속하게 진행된 경제 세계화, 기술의 변화, 교육 불평등에 소극적인 조세와 재정 정책에 의해 불평등이 더욱 심화되었다. 이 책은 국제 비교를 통해 각국 정부의 역할에 따라 불평등 수준이 다르다는 점을 지적한다. 이런 점에서 한국에서도 불평등을 줄이기 위한 정부의 정책이 매우 중요하며, 특히 조세정책과 사회정책의 효과에 주목해야 한다. 또한 제도와 정책에 영향을 미치는 다양한 정당과 사회 집단의 불균형한 권력관계를 자세히 살펴보아야 본다. 이런 점에서 불평등은 정치적 문제이다.

불평등이 정치적 결과인 것처럼 불평등이 만든 문제를 해결하려는 정치적 노력과 과정이 필요하다. 하지만 이 책은 불평등을 해소하기 위해서 소련식의 기계적 평등주의를 강조하거나 베네수엘라처럼 재정을 통한 재분배만 강조하는 해법을 제시하지는 않는다. 또한 정치적 평등과 투표권만이 불평등을 줄일 수 있다고 기대할 수는 없다. 지나친 불평등을 완화하는 과제는 장기적이고 근본적인 사회제도의 개혁이 필요하다. 공교육과 직업훈련을 강조하고, 보편적 사회보험을 강화하고, 공적 투자를 중시하는 포용적 제도가 필요하다. 특히 건강보험, 고용보험 등 사회보험 제도는 다양한 사회적 위험에 직면한 사람들에게 사회 보호장치를 제공하는 동시에 재기할 역량을 키워주는 역할을 수행한다.

이 책은 전 세계적 관점에서 쓰여졌기 때문에 일부 사례와 주장이 우리의 현실과 거리가 있다고 느끼는 독자들도 있을 것이다. 나는 국내 학자들뿐 아니라 미국, 영국, 유럽 등 다양한 학술 저서와 전문적 논문을 소개하고 평가했다. 자료의 출처는 대개 미주에 적었다. 나는 객관적 증거와 전문성과 정밀한 증거 기반 정책을 중시하지만, 사회의 미래에 관한 전망과 정책을 결정하는 가치 판단에 관한 나의 주장도 제시했다. 나의 가치 선택은 많은 경우 나의 가족과 교육, 학문적 훈련과 직업적 경험, 국가와 사회의 다양한 영향을 받은 것이 분명하다.

어린 시절 나는 지방의 작은 도시에서 자라면서 가난한 친구들이 정말 형편 없는 집에서 살고, 소액의 육성회비는커녕(학비는 무료였지만), 학교에 도시락도 가져오지 못하는 경우를 많이 보았다. 내가 그 아이들이 누리지 못한 기회를 얻은 것은 정말 행운이었고, 어떻게 보면 불공정한 것이었을지 모른다. 나의 부모님은 내게 교육을 받을 수 있는 좋은 기회를 주셨고, 결국 나는 서울의 인기 있는 대학에 입학할 수 있었다.

대학시절 나는 항상 인간의 삶과 사회에 관심이 많았고, 사회학을 전공하면서도 역사학, 철학뿐 아니라 정치학, 경제학을 열심히 공부했다. 하지만 1980년대 대학을 짓누른 군사독재의 억압 속에서 학생들은 제대로 학업에 전념할 수 없었고, 민주화와 정치적 자유를 주장하는 목소리가 언제나 교정에 가득했다. 나와 친구들은 지금도 그 시대의 함성을 잊지 못한다. 또한 나는 서울의 가난한 노동자들이 살고 있는 공단과 빈민촌을 목격하며 충격을 받았고, 사회에 관한 근본적 질문을 던지면서 서울에서 학교에 다닐 수 없는 (중고생 나이의) 어린 노동자를 위한 야학에 참여하기도 했다. 그 과정에 나는 학생운동에 뛰어들어 고초를 겪고 아주 오랜 시간이 흘러서야 대학을 졸업할 수 있었다. 그 시절 제대로 공부에 집중할 수 없었던 것은 당연하다. 하지만 나는 민주화 이후 해외 대학에서 공부할 수 있는 행운을 얻었다.

1990년대 나는 영국의 케임브리지대학과 런던정경대학에서 경제학, 정치학, 사회학을 공부할 기회를 얻었고, 민주주의와 복지국가에 대해 깊게 생각해보고 다양한 정책을 평가할 기회를 가졌다. 한국에 돌아온 후 국회정책연구위원에 근무하면서 국가의 다양한 정책 과정을 알게 되었다. 김대중 정부와 노무현 정부 시대에 다양한 정치인들과 함께 일하기도 했다. 이 책에는 여러 가지 개인적 경험에 대한 내 생각이 담겨 있다.

15년 전부터는 고려대학교에 재직하면서 나는 다양한 학자들과 교류하거나 협력하면서 정책 과정에 대한 더 깊은 생각을 할 수 있는 시간을 가졌다. 스웨덴, 덴마크, 핀란드 등을 여러 차례 방문하거나, 독일의 베를린자유대학에서 강의하면서 유럽의 다양한 제도와 정책을 깊이 이해할 수 있는 기회도 가졌다. 또한 미국, 일본, 중국, 캐나다, 뉴질랜드에 방문하거나 다양한 학자, 정치인, 전문가들과 대화하면서 넓은 국제적 시각을 얻을 수 있었다. 나는 우리가 직면한 사회문제에 한 가지 해답이란 존재하지 않고 다양한 대안이 존재할 수 있다는 것을 깨달았다. 동시에 우리는 개인의 자유와 사회적 형평성 사이의 균형을 유지하기 위한 정책 방향을 모색해야 하고, 정책 결정에는 실증 분석 못지않게 윤리적, 철학적 가치 판단이 중요하다는 것을 배웠다.

 이 책은 불평등의 고통을 완화하기 위해 시야를 한국 사회에만 국한하지 않고, 다양한 나라들로부터 배울 수 있는 교훈을 많이 다루었다. 동시에 다른 나라들도 한국의 경험에서 배울 것도 있지만, 이 가운데 상당수는 반면교사로 삼아야 할 부정적인 것도 있다. 인류 역사에서 사회과학은 언제나 인간성의 발전을 위해 기여하려고 노력했다. 저항권, 노예제의 폐지, 투표권, 누진세, 노동자의 단결권, 의무교육, 공공부조, 건강보험, 노후 연금 등 모든 시민을 위한 사회보장은 존 로크, 장 자크 루소, 토마스 페인, 메리 울프슨크라프트, 존 스튜어트 밀 등과 같은 사상가들의 사회과학적 통찰력과 상상력의 산물이다.

 인류의 문명에서 민주적 사회제도는 고귀한 이상과 정치적 의지에 의해 만들어졌다. 우리는 사회정의를 추구하는 사회제도의 중요성을 강조한 윌리엄 베버리지, 토마스 험프리 마셜, 리처드 티트머스, 마이클 영, 존 롤스, 아마르티아 센 등 중요한 사상가들의 주장을 주목해야 한다. 물론 이들의 생각은 만병통치약이 아니고 한국의 현실에 그대로 적용될 수 있는 것은 아니다. 하지만 이들이 제시한 주요 사상은 현시대에 적합한 민주주의의 이론화에도 상당한 유용성이 있다고 생각한다. 21세기의 사회정의를 추구하는 새로운 방향은 존 롤스가 주장한 '공정'의 철학, 아마르티아 센이 강조한 '역량 강화', 악셀 호네트가 제안한 '사회적 자유'를 강화하는 사회제도의 강화에서 출발해야 한다. 나아가 21세기 디지털 경제에 적합한 새로운 균등한 기회와 긍정적 우대 조치를 모색하고 '21세기판 공정 프로젝트'를 추구해야 한다.

이 책은 불평등을 이해하기 위해서는 경제학뿐 아니라 사회학과 정치학의 관점이 필요하다고 강조한다. 불평등은 소득과 자산뿐 아니라 사회제도와 정치제도의 불평등과도 긴밀하게 관련되어 있기 때문이다. 당연하게도 불평등의 원인을 이해하기 위해서는 소득과 자산뿐 아니라 조세와 복지제도, 국회와 정부의 한계를 분석해야 한다. 하지만 이 책은 불평등에 관한 모든 주제를 다루는 것은 아니다. 좀 더 일반적 논의를 알기 위해서는 내가 2017년 출간한 『불평등이 문제다』(휴머니스트)를 함께 읽어보길 바라고, 2022년 한국 학자들의 글을 모은 『한국의 불평등: 현황, 이론, 대안』(한울아카데미)도 참고하길 바란다.

이 책에서 다루는 21세기 불평등은 경제적 불평등뿐 아니라 문화적, 사회적, 세대, 젠더 불평등을 포함한다. 물론 불평등은 더 넓은 차원에서 평화, 안보, 그리고 기후위기의 차원에서도 바라보아야 한다. 전쟁과 군수산업에 막대한 돈을 쏟아부으면서 복지국가를 발전시키는 것은 거의 불가능하다. 우리는 전쟁 대신 평화를 요구해야 하며, 대량살상무기 대신 사람을 위한 교육과 복지 분야에 우리의 세금을 써야 한다고 말해야 한다. 그리고 우리가 물질적 풍요를 누리고 있는 자본주의 경제가 화석 에너지에 의해 작동하고 돌이킬 수 없는 기후위기를 만들고 있다는 현실을 지적해야 한다. 실제로 기후위기는 2022년 여름 대홍수에서 서울의 반지하에 사는 저소득층의 목숨을 앗아간 것처럼 가난한 사람들에게 더욱 큰 타격을 줄 것이다. 전 세계적으로 가난한 국가들의 수많은 사람들이 가뭄과 자연재해로 고통을 겪고 고향을 잃은 난민이 될 위험에 처하고 있다. 이 책 이후에 평화와 환경이 불평등과 깊이 연관되어 있다는 사실을 규명하고 대안을 제시하는 노력이 계속 이루어지기를 기대한다.

  이 책은 전문적 학술 연구의 성과를 활용하여 작성되었지만, 학계의 전문가뿐 아니라 가능한 많은 사람들이 이해할 수 있도록 쓴 책이다. 20세기 초 독일 사회학자 막스 베버가 말한 대학과 학문의 '전문적인 업적'은 언제나 상아탑에만 머무르지 말고 일반 대중에게 널리 알려져야 할 필요가 있기 때문이다. 부디 이 책이 많은 시민들과 일반 독자들에게 쉽게 읽힐 수 있길 바란다. 사회과학은 단지 현상을 분석하는 데 그치지 않고 더 좋은 사회를 만드는 데 기여해야 하기 때문이다. 당연히 책을 읽은 사람들은 자신들의 삶의 개선을 위해 어떤 일을 해야 할지 유용한 방법도 얻을 수 있기를 기대한다. 이 책이 한국의 지나친 불평등을 줄이기 위해 노력하는 정치인과 활동가들에게도 도움이 되기 바란다. 특히 미래 사회가 더 나은 세상이 되기를 원하는 청년 세대들에게 도움이 되기 바란다. 이 책을 극심한 불평등에 분노하고 자신의 아름다운 꿈을 위해 행동하려는 모든 사람들에게 바친다.

1장

불평등의 상처

거대한 분열
21세기 불평등: 경제 불평등,
문화 불평등, 사회 불평등
추락의 공포
무한 경쟁의 지옥
왜 교육은 아이들을 불행하게 만드는가?
여성 혐오가 증가하는 이유
사회적 고립의 시대
아이가 사라지는 나라

불평등은 인간의 존엄성에 대한 모독이다. 불평등은 누구나 계발할 수 있는 역량의 가능성을 부정한다.
- 예란 테르보른, 『불평등의 킬링필드』 저자

모든 사회에서 불평등이 지위 불안을 증가시키는 이유로 가장 그럴듯한 설명은, 아마도 불평등이 사회계층 맨 위에 속한 사람은 대단히 중요하고 가장 아래에 속한 사람은 무가치하다는 의식을 강화한다는 데서 찾아볼 수 있을 것이다. 또한 돈이 인간의 가치를 재는 척도로 더욱 공고히 자리 잡으면서 사회적 위계에서 자신이 어디에 속하는지 더 많이 걱정하게 되었다는 점을 꼽을 수 있다
- 리처드 윌킨슨·케이트 피켓, 『불평등의 트라우마』 저자

오늘날은 경쟁과 적자생존의 법칙이 지배하고 있으며 힘 있는 사람이 힘 없는 사람을 착취하고 있다.
- 프란치스코 교황

사회의 부가 분열될수록 부자들은 더욱 공공의 욕구에 돈을 쓰는 데 주저할 것이다. 부자들은 공원, 교육, 의료 돌봄, 개인적 안전을 위해 정부에 의존할 필요가 없다.
- 조지프 스티글리츠, 『불평등의 대가』 저자

봉준호 감독의 영화 〈기생충〉에는 1960년대 '한강의 기적' 이후 중산층 사회를 건설했다는 믿음과 달리 '박 사장' 가족과 '기택네' 가족 사이에 존재하는 커다란 사회적 균열이 그려진다. 박 사장이 말하는 '선'은 계급의 경제적 구분이자 '냄새 나는' 문화적 구별이 되었다. 최근 계급의 불평등과 함께 열등한 사람을 무시하는 분열의 문화가 광범위하게 퍼지고 있다. 아파트 단지에서 청년행복주택 입주를 반대하고 아이들 사이에서도 임대아파트에 거주하는 아이를 놀리는 문화가 존재한다. 지난 수년간 논란이 되고 있는 '갑질'과 여성 혐오 역시 사회적 균열과 격차가 만든 질병이다. 이렇게 사회의 분열은 사회적 삶의 세계를 추악하게 만들고 커다란 위험에 빠뜨리고 있다.

거대한 분열

한국 사회에서는 불평등에 관한 두 가지 신화가 있다. 첫째, 많은 사람들이 한국 사회가 원래 불평등했다고 생각하곤 한다. 그러나 통계를 확인할 수 있는 20세기 중반 이후를 보면 한국의 불평등은 항상 변화했다. 1949년 농지개혁이 실행된 이후 농촌의 지주계급이 소멸되고 평등주의 사회가 등장하면서 한국은 개발도상국 가운데 가장 불평등 수준이 낮은 나라였다. 1962년 경제개발계획이 시작된 이래 고도성장이 이루어지면서 점차 빈부격차가 커졌지만 다른 개발도상국가에 비하면 아주 심각한 수준은 아니었다.

둘째, 상당수 사람들은 한국의 불평등이 1997년 외환위기 이후 악화되었다고 생각한다. 그러나 소득 분배의 추이를 보면 외환위기 이전 한국 경제의 호황기였던 1990년대 초반 이후 소득 분배의 악화가 시작되었다. 좀 더 자세히 살펴보면, 1987년 정치적 민주화 이후 사회제도의 전면적 개혁이 이루어지면서 노동조합이 결성되고 단체교섭이 확산되었다. 이로 인해 급속한 임금 인상으로 한때 소득 분배가 개선되고 지니계수가 낮아졌지만, 불과 수년 후 김영삼 정부가 집권한 1992년부터 한국의 불평등은 빠르게 악화되었다. 이 시기에 수출 대기업은 급성장하면서 경제력 집중이 커지고 해외 직접투자가 확대되는 한편 중산층과 노동자의 소득은 상대적으로 낮아지거나 정체되기 시작했다. 이렇게 1992년부터 2022년까지 30년 동안 한국의 불평등이 역사상 유례없이 증가하면서 사회의 '거대한 분열'이 발생했다. 정치적 민주화가 성공하자마자 경제적 불평등이 증가했던 사실은 우리에게 매우 중요한 역사적 교훈을 준다. 한마디로 민주주의가 제대로 작동하지 않았다는 점이다.

오늘날 많은 한국인들은 불평등과 빈부 갈등을 점점 심각한 문제로 생각한다. 이는 한국 사회에서 부자와 가난한 사람의 격차가 점점 벌어지고 있다는 각종 통계와 무관하지 않다. 대기업 임원의 연봉은 가파르게 상승했지만 중산층과 노동자의 소득은 정체되고 있다. 대기업과 중소기업 노동자의 임금 차이가 지나치게 커졌다. 정규직과 비정규직의 소득 격차와 차별도 심각해지고

그림 1-1 자본주의 사회 피라미드를 보여주는 그림

이 그림은 1911년 미국의 신문에 게재된 것으로 사회 피라미드를 표현했다. 러시아 화가 니콜라스 로코프의 1901년 그림 '사회 피라미드'에서 착안해 재구성한 것이다. 로코프는 상트페트로그라드에서 학생운동을 하다가 망명하여 러시아 사회민주노동당 당원이 되었으며, 스위스 취리히에서 블라디미르 레닌을 만나기도 했다. 출처: 위키미디어 커먼스

'1등 시민'과 '2등 시민'으로 사회가 분열되고 있다. 남자와 여자의 불평등은 오래전부터 세계에서 가장 높은 수준이다. 노인 세대의 빈곤율은 세계 최고 수준으로 높다. 강남과 강북, 서울과 지방의 부동산 가격 격차도 급격하게 늘어났다. 결과적으로 중산층은 줄어들고 있으며, 상위층과 하위층의 격차가 점점 커지고 있다. 불평등은 한국 사회를 두 개의 계급으로 나누고 있다.

21세기 불평등

불평등이란 무엇인가? 일반적으로 불평등은 생명적, 사회적, 경제적 자원과 권력의 불균등한 상태를 가리킨다. 스웨덴 사회학자 예란 테르보른Goran Therborn에 따르면, 불평등은 크게 생명, 실존, 자원의 불평등으로 분류할 수 있다.[1] '생명 불평등'은 출생, 사망, 건강 상태의 불평등을 가리킨다. 인간의 기대수명과 건강은 사회 구조의 영향을 받는다. '실존적 불평등'은 사회적 차별과 배제 등 사회적 관계에서 지위와 인정의 불평등을 포함한다. 인종차별주의, 성차별주의가 대표적이다. '자원 불평등'은 경제적 소득, 자산, 정치적 권력의 불평등을 의미한다. 자원의 불평등 가운데 가장 큰 관심을 끄는 경제적 불평등은 수량적으로 측정할 수 있는 실질적 재화 크기의 차이를 측정하며, 주로 소득과 자산의 불평등을 분석한다.[2]

테르보른의 불평등 분류는 유용하지만, 불평등의 모든 차원을 전부 다루지는 못한다. 나는 이 책에서 경제적 불평등에 주목해서 다양한 논의를 다룰 것이다. 동시에 1970년대 이후 부상된 문화적 불평등과 사회적 불평등을 중요하게 다룰 것이다. 개인의 문화적 취향의 차이는 계급을 구분하는 중요한 경계가 되고 있다. 사회적 연줄과 커넥션도 계급의 단절을 나타낸다. 이와 함께 젠더 불평등, 지리적 불평등, 세대 불평등도 중요한 문제로 등장하고 있다. 이 가운데 젠더 불평등과 지리적 불평등은 중요한 문제이지만, 세대 불평등은 과장되거나 오용된 점이 있다. 이 점은 뒤의 글에서 지적할 것이다. 그러면 먼저 경제적 불평등에 대해 자세히 살펴보자.

경제 불평등

과연 한국 사회의 경제적 불평등은 어느 정도일까? 경제적 불평등은 수량적으로 측정할 수 있는 실질적 재화의 크기가 같지 않음을 의미하며, 주로 소득과 자산의 불평등을 분석한다. 소득과 자산의 차이를 측정하는 데 가장 많이 사용되는 방법은 집단 간 소득의 격차를 비교하거나 개인소득의 분산을 측정하는 방법이 있다. 일반적으로 경제적 불평등을 측정하는 방법으로 소득 분포의 지니계수(geni-coefficient), 격차(gap), 집중(concentration), 상대적 빈곤(relative poverty), 젠더 불평등, 지리적 불평등, 세대 불평등 등 다양한 방법으로 활용한다. 지니계수는 소득의 분포를 보여주고, 5분위 배율은 상위층과 하위층의 격차를 조사한다. 상위층의 소득과 재산의 비중은 집중 수준을 드러내고, 상대적 빈곤율은 하위층이 직면한 빈곤의 범위를 측정한다. 이와 같은 다양한 지표는 경제적 불평등의 다차원성(multidimensionality)을 보여준다.

첫째, 지니계수는 0에서 1의 값을 가지며, 소득이 어느 정도 균등하게 분배되는지, '소득 분배의 분포'를 보여준다. 0에 가까울수록 평등하고 1에 가까울수록 불평등한 상태이다. 선진국의 지니계수는 평균 0.3 수준이며, 그보다 크면 불평등 수준이 높다고 본다. 한국의 지니계수는 1990년대 후반을 거치며 악화된 이래 약간의 부침이 있었지만 거의 나아지지 않았다. 2020년 경제협력개발기구(OECD) 통계를 보면 한국 지니계수는 0.345로 36개국 가운데 9번째다.[3] 이는 영국과 포르투갈을 제외한 유럽 국가들에 비해 높고, 선진국 가운데 가장 분열된 사회로 볼 수 있다.

통계청 자료에 따르면, 공적이전소득을 포함하고 공적이전지출을 제외한 처분가능소득(세후소득) 기준 지니계수는 도시 2인 이상 가구의 경우 1992년 가장 낮은 0.245였는데 외환 위기 직후인 1999년에는 0.288, 2008년 금융위기가 발생한 해에는 0.294까지 높아졌다. 이후 2010년부터 2016년까지는 이명박 정부와 박근혜 정부의 시기에 약간 낮아지긴 했지만 대체로 0.27~0.28 수준을 유지했다. 2020년 기준 한국과 주요 국가들의 처분가능소득 지니계수를 보면, 한국(0.331)은 미국(0.378), 영국(0.355)보다는 낮지만, 스웨덴(0.276), 캐나다(0.280), 호주

(0.318) 등의 국가들보다 높다.

둘째, 소득 상위층과 하위층의 비교는 '소득 격차'를 보여준다. 상위 20% 소득을 하위 20% 소득으로 나눈 '5분위 배율'에 관한 통계청 자료를 보면, 1995년 3.68배에서 2019년 6.25배로 증가했다. '소득 10분위 배율'을 나타내는 현재 소득 상위 10% 가구와 하위 10% 가구의 격차는 10.71배 수준이다. 상위 10%가 월 1000만 원을 벌 때 하위 10%는 월 100만 원도 벌지 못한다. 1980년대의 격차가 약 7배 수준인 데 비해 크게 증가했다.

국세청 과세 자료를 분석한 통계청의 가계금융복지조사의 결과를 보면 10분위 배율의 격차는 더 커졌다. 상위 10%와 하위 10%의 소득 격차는 약 21배이다. 소득 상위 10%인 가구 연간 평균 소득은 2022년 기준 1억 9042만 원인 반면 소득 하위 10% 가구의 가구당 연평균 소득은 897만 원이다.

국세청 과세 자료를 통계에 포함한 2016년 10분위 배율이 25.4배에서 2020년 20.2배로 매년 지속적으로 낮아졌다. 박근혜 정부의 기초연금 인상과 정부 지원을 통한 노인 일자리 사업 확대 등 저소득층 노인 지원을 확대한 결과로 보인다. 하지만 코로나19 이후 2021년 10분위 배율이 다시 악화되었다. 상위 10% 가구의 소득이 하위 10%보다 크게 증가하고, 정부의 저소득층 지원이 상대적으로 축소되었기 때문이다. 2021년 정부의 코로나19 지원금은 중산층 이상 자영업자까지 지급 대상이 확대된 반면, 하위 10% 가구는 소득의 절반 이상을 차지하는 정부 지원금(공적이전소득)이 가구당 연 529만 원에서 523만 원으로 줄었다.[4]

셋째, 불평등을 이해하기 위해서는 전체 분포뿐 아니라 상위층의 '소득 집중'의 수준도 이해야 한다. 개인별 납세 통계를 활용한 세계 소득 데이터베이스(WID)에 따르면, 한국의 상위 10%의 소득이 전체 국민소득에서 차지하는 점유율인 '상위 10% 소득 집중'은 1979년 31.34%, 1985년 33.18%, 1995년 35.15%, 2012년 46.22%, 2017년 46.71%, 2019년 46.45%로 급격히 증가했다. 미국과 함께 세계 최상위 수준이다.[5]

넷째, 상대적 빈곤율은 '저소득층의 범위'를 보여준다. 중위소득 50% 미만의 소득을 얻은 저소득 인구 비율을 나타내는 '상대적 빈곤율'은 1995년 7.7%에서 2019년 16.3%로 크게 늘었다. 미국과 함께 가장 높은 수준이다. 100명 가운데 약 16명이 빈곤층이다. 노인 100명 중 거의 45명이 빈곤층이다. 이는 단연 세계 최고 수준이다. 지난 30년 동안 1인당 국내총생산(GDP)이 1만 달러 수준에서 4만 달러로 4배 정도 급상승했지만, 소득 분배는 지속적으로 나빠졌다.

다섯째, 젠더 불평등을 보여주는 남녀 성별 근로소득 격차도 지나치게 크다. 전체 근로소득에서 여성의 점유율은 1990년 27.3%, 2000년 29.2%, 2010년 30.9%, 2020년 32.4%로 점차 늘어났지만, 여전히 남성보다 크게 낮았다. 서유럽(38%)이나 동유럽(41%)과 비교해도 낮은 수치다. 다만 일본(28%)이나 인도(18%)보다는 높았다.

최근 여성의 대학 진학률과 기대수명은 남성보다 높게 나타났지만 여전히 여성의 고용의 질은 매우 나쁘고 비정규직 비율이 지나치게 많다. 국회의원과 5급 이상 공무원, 대기업 임원의 비율도 매우 낮다. 요약하면 인적 자본과 건강 수준의 격차는 감소했지만 경제적 안정과 정치적 대표성의 불평등과 차별은 세계에서 가장 높은 수준이다. 여성할당제와 국회의원 비례대표제가 논의되었지만 거의 실효가 없는 것으로 나타났다. 2018년 〈이코노미스트〉가 발표한 일·가정 양립을 연동한 유리천장 지수를 보면, 한국은 경제협력개발기구(OECD) 회원국 29개국 중 최하위로 나타났다.[6] 통계청 생활조사에 따르면 남성의 가사노동 분담 시간은 매우 적으며 여성의 가사노동 시간이 압도적으로 높다. 남성의 가부장제 문화와 장시간 노동으로 인해 가사노동에 참여하는 비율이 낮아졌다. 그러나 여성의 가사노동은 정당한 보상을 받지 못한다. 어떤 연구에 따르면 여성의 가사노동은 무임노동이지만, 국내총생산의 30~40%에 달한다는 주장도 있다. 특히 아동 돌봄 노동은 사회적으로 매우 중요한데도 출산 양육 휴가로 인해 오히려 노후연금이 감소하는 결과를 만든다. 돌봄과 가사노동을 지원하는 사회서비스의 개선이 없이는 젠더 불평등과 차별은 줄어들기 어려울 것이다.

여섯째, 서울과 지방의 '지리적 불평등'도 커졌다. 2022년 통계청이 발표한 1인당 평균 개인소득을 지역별로 보면, 서울이 2526만 원으로 17개 시·도 중 가장 규모가 컸다. 울산이 2517만 원으로 2위이고, 3위는 대전(2273만 원), 4위는 광주(2247만 원), 5위는 세종(2206만 원) 순서였다. 서울은 2017년 울산을 제치고 1위 자리를 차지한 후 5년째 1위 자리를 지키고 있다. 1인당 개인소득이 가장 적은 시·도는 제주(2048만 원)였다. 그 다음 경남(2065만 원), 경북(2067만 원), 전북(2086만 원) 순서로 적었다. 서울의 경제적 자본 가운데 높은 부동산 가격으로 인한 자산 불평등이 더욱 크다. 또한 서울은 문화자본과 사회자본의 집결지이자 중심지이다. 서울과 지방의 교육 기회와 문화 시설의 불평등도 매우 크다. 이로 인한 지방의 상대적 박탈감이 매우 크다.

내가 대학을 다니던 1980년대 초에 고려대학교에는 거의 70% 이상이 지방에서 올라온 친구들이었다. 부산, 대구, 광주, 대전의 공립학교들이 가장 많은 상위권 대학을 휩쓸었다. 그러나 이제 고려대학교에도 지방 학생들은 거의 30% 수준에 그친다. 상위권 대학들은 이미 서울 소재 고등학교 출신 학생들이 가장 많고, 특히 특목고와 자사고 학생들이 압도적으로 많다. 물론 서울의 사교육 시장이 커지면서 어린 시절 지방에서 서울로 이주하는 경우도 많아졌지만, 이들이 지방 출신이라고 보기는 어렵다. 이제 서울과 지방의 격차는 소득, 문화자본, 사회자본에 이어 교육자본의 격차로 벌어지고 있다.

마지막으로, 최근 논란이 된 '세대 불평등'을 강조하는 주장 가운데 청년 세대가 더 가난하다는 주장은 객관적 증거가 부족하다. 청년 세대가 가난하다는 주장은 소득 통계를 가구 단위로 조사하기 때문에 발생한 착시현상으로 보인다. 한국에서 가장 가난한 세대는 청년이 아니라 노인 세대이다. 주목해야 할 것은 청년 세대 내부의 격차이다. 오히려 세대간 불평등 보다 세대 내 불평등이 더욱 심각하다. 이 문제는 뒤에서 다시 다룰 것이다.

앞에서 살펴보았듯이 한국의 불평등은 1990년대 초반부터 증가했다. 한국 사람들이 중간계층이라고 생각하는 사람들이 줄어들기 시작한 것은 1997년 외환위기 이후부터이다. 통계청의 사회통계조사에 따르면, 스스로 중산층이라 생각하는 중간계층 귀속 비율이 1995년 92.4%였고 외환위기 직후 1998년 77%, 1999년은 54.9%로 크게 줄어들었다가 2002년 80.1%로 올라갔다가 다시 줄어들었다. 그 후 2009년 54.9%, 2011년 52.8%, 2013년 51.4%, 2015년 53%, 2017년 55.2%, 2019년 56.6%로 크게 회복하지 못하고 있다. 반면에 자신이 서민, 하위층 또는 빈곤층으로 생각하는 사람들이 점점 증가하고 있다. 중간계층의 하향 이동이 사회이동의 새로운 추세가 되었다.

문화 불평등

경제자본의 불평등 이외에 1980년대부터 문화자본과 사회자본의 불평등이 중요하게 부각되었다. 먼저, '문화자본'(cultural capital)의 개념은 20세기 가장 위대한 사회학자인 프랑스의 피에르 부르디외 Pierre Bourdieu가 1979년 『구별 짓기』라는 책에서 제시했다. 특정 문화 유형은 사회에서 우월한 지위와 이익을 제공하는 힘을 가지면서 자본의 형태로 변화한다. 부르디외는 음악, 예술, 추상적 가치 판단을 할 수 있는 '취향'의 습득과 유지가 일종의 문화자본이 된다고 주장했다. 박물관, 미술관을 자주 가고 피

사진 1-2 피에르 부르디외

피에르 부르디외(1930-2002)는 칼레쥬 드 프랑스 교수를 역임했으며, 20세기 후반 전세계적으로 가장 중요한 사회학자이다. 부르디외는 인류학적 방법론과 통계 분석을 활용해 문화, 예술, 교육, 불평등에 관한 중요한 연구를 발표했다. 문화자본, 사회자본, 장, 아비투스, 구별 짓기 등 중요한 사회학적 개념과 이론을 제시했으며 교육과 문화에서 '상징 폭력'이 발생하는 사회의 계급적 조건을 분석했다. 거대 자본과 권력에 의한 문화와 사회의 지배와 통제에 대한 저항을 역설했다. 자료: 위키피디아

아노를 배우고 고전음악을 감상하는 경험은 누구나 누릴 수 있도록 허용되지만, 모든 사람이 그런 건 아니다. 그러나 어린 시절 소위 '고급' 문화 활동을 경험한 사람들은 고급 문화를 중시하는 학교 커리큘럼에 훨씬 적응을 잘 하고, 학교 성적도 훨씬 좋고, 좋은 대학에 입학할 가능성이 크다. 학교를 떠나서도 친구와 사회 활동에서 이러한 문화적 취향의 차이는 계층을 가르는 구분이 된다. 모든 사람들에게 국가가 동일한 의무교육을 제공하지만 부모와 가정에서 습득한 문화자본의 차이는 매우 크고, 문화자본이 적은 저소득층, 지방 출신 청년들은 상대적 박탈감을 느끼기도 한다.

한국 문화자본의 구별 짓기는 1990년대 이후 소비 자본주의가 발전하면서 두드러지게 나타났는데 세 가지 주요 특징이 나타난다. 첫째, 프랑스에서는 상위층과 중산층의 문화 차이가 존재하는 데 비해, 한국에서는 중간계급이 상층계급의 문화를 모방하고 따라잡으려는 경향이 매우 강하다. 영어 교육에 대한 관심이 매우 크다. 한국의 교육은 중산층 교육은 없고 상류층 교육만 존재한다. 사교육비 지출이 세계 최고 수준이다. 둘째, 문화자본의 축적이 장기적이고 추상적 가치를 이해하는 방식이 아니라 단기적이고 과시적 문화자본의 습득에 주력한다. 그래서 피아노학원, 미술학원 등 예술 교육이 성행한다. 또한 패션, 외식, 성형수술, 미용을 통한 외모 경쟁이 치열하다. 셋째, 문화자본의 축적을 유아기부터 시작하고 매우 어린 나이에 다양한 문화적 취향을 전수하기 위해 노력한다.

사회 불평등

'사회자본'의 개념은 사람들이 가지고 있는 사회적 네트워크의 중요성을 강조한다. 문화자본과 마찬가지로 사회자본은 상당히 배타적 속성을 가진다. 로버트 퍼트넘Robert Putnam이 주장하는 것처럼 사회자본은 일반적으로 사회적 신뢰와 민주주의에 기여하기도 하지만, 부르디외는 특정한 집단 내부의 폐쇄적 속성을 가진 사회적 연줄에 주목한다. 사람들은 집단 내부자들끼리 챙겨주고 공통의 이익을 옹호하기 위해서 사회적 커넥션을 적극적으로 활용한다. 대표적으로 학벌주의이다. 특정 대학 출신들이 서로 인맥을 형성하고 다른 대학 출신들과 차별화한다. 국내 또는 해외 명문대 출신일수록 채용, 투자 유치, 창업 협력 등 기회가 훨씬 많을 수 있다. 심지어 부모의 학력이 사회자본이 되는 경우 자녀들이 대학 입학할 때 스펙 관리와 졸업 후 인턴 채용, 취업 기회에도 큰 영향을 미친다.

사회자본에 관한 세 가지 중요한 발견을 지적할 수 있다. 첫째, 누구나 연결되는 소셜 미디어 시대에 사회자본은 더 이상 폐쇄적이지 않다고 생각할 수 있다. 그렇게 생각하는 사람들도 있다. 그러나 우리는 재벌 최고경영자와 소셜 미디어로 연결되었다고 해서 정말 그럴까? 초등학생들도 소셜 미디어의 친구가 진짜 친구가 아니라는 사실을 모르진 않을 것이다. 둘째, 고학력 고소득 전문직과 관리직 계급은 서로 잘 알고 지내는 반면, 저학력 저소득 생산직 단순노무직 노동자 계급과는 다른 사회적 관계와 인맥을 형성한다. 이러한 부모의 사회자본은 자녀에게도 영향을 미친다. 셋째, 가장 주요한 점인데, 최상층 부유층은 매우 특별한 사회적 연줄을 가지고 있으며, 보통 사람들이 접근하기 어렵고 잘 알지도 못한다. 이들에게 경제적 자본은 문화자본과 사회자본과 매우 밀접하게 연결되어 있으며, 사회의 대다수 사람들과는 명백하게 구별되며 단절되어 있다. 이들은 사회적 위계질서에서 최상층을 차지하며 비슷한 지역에 거주하고, 비슷한 대학에 다니고, 함께 투자를 상의하기도 하고, 자녀 대학 입학을 서로 돕고, 결혼하기도 한다. 물론 20세기 이전 시대에도 사회자본은 존재했지만, 현시대에 더욱 뚜렷하게 힘을 발휘한다. 결국 얼마나 아느냐보다 누구를 아느냐가 더 중요해졌다.

이렇게 문화자본, 사회자본의 중요성이 커지고 있는데, 이 역시 경제자본의 불평등과 밀접한 관련이 있다. 경제적 자본이 있어야 문화자본과 사회자본을 축적하고 강화할 수 있다. 또 다른 새로운 현상이 나타났다. 경제자본, 문화자본, 사회자본을 부모에게서 물려받을 수 있는 사람과 부모에게 물려받을 수 없는 사람들의 격차가 커졌다는 점이다. 이제 가진 자와 못 가진 자뿐 아니라 부모가 부자인 자와 부자가 아닌 자로 나누어진다. 19세기의 유물로 사라진 출신 성분이 이제 또 다른 부의 상징이 되기 시작했다.

불평등은 모든 사람들에게 깊은 상처를 남긴다. 급속하게 증가하는 불평등은 한국 사회에 다양한 차원에서 부정적 영향을 미치고 있기 때문이다. 불평등은 단지 낮은 수입이나 빈곤만 가리키는 것은 아니다. 스웨덴 사회학자 예란 테르보른이 『불평등의 킬링필드』에서 지적한 대로 불평등은 우리의 건강, 자존감, 사회 활동에 참여하는 자원, 인간으로서의 역량을 손상시킨다.[7] 불평등은 건강을 약화시키고 기대여명을 낮추고 사회문제를 심화시킬 수 있다. 영국 사회역학자 리처드 윌킨슨Richard Wilkinson과 케이트 피켓Kate Pickett의 『평등이 답이다』를 보면, 불평등이 심한 미국은 평등 수준이 높은 스웨덴보다 아동 사망률, 10대 임신, 문맹률, 감옥 수감률, 알코올 중독, 약물 중독, 당뇨병, 우울증, 정신질환, 살인율 등 다양한 사회문제가 심각하다.[8] 지나친 부의 집중과 빈곤의 확산은 개인의 심리를 위축시키고, 경제의 동력을 약화시키며 사회의 활력을 없애고, 사회 전체의 행복감을 떨어뜨릴 수 있다.

추락의 공포

불평등한 사회에서 취약한 사회 안전망은 '추락의 공포'(Fear of Falling)를 키운다. 지난 30년 동안 한국인들은 심리적 스트레스와 우울증이 증가했고 자살률은 세계 최고 수준에 도달했다. 또한, 지나친 불평등은 사회 전반적으로 과잉 경쟁을 유발하며 지나친 사교육비 지출, 성형수술을 통한 외모 경쟁, 사치품 열광, 부동산 투기의 부작용도 만든다. 미래를 주도할 청년 세대의 고용, 교육, 주거의 불안과 젠더 불평등은 출산율을 세계 최저 수준으로 악화시켰다. 결과적으로 한국의 경제 규모는 세계 10위권으로 상승했는데, 유엔의 '행복지수'(happiness index)는 50위에 머무르고 있다.[9] 선진국들이 참여하는 경제협력개발기구(OECD) 회원국 가운데 한국인의 '삶의 만족'(life satisfaction) 수준은 하위권이다. 고도성장으로 놀라운 물질적 성공을 이룬 나라가 심각한 정신적 불행감에 직면했다는 현실은 안타까운 '한국의 역설'(Korean Paradox)이다.

불평등이 만든 더욱 심각한 문제는 부모와 자식 간 부의 세습이 불평등을 심화시키는 사회 현상이다. 한국의 주식 부자들은 전문 경영인보다는 재벌 2세, 3세의 비율이 압도적이며 상속형 부자가 대다수를 차지한다. 이제 재벌 4세들이 부모의 막대한 주식을 상속하여 세습적 지배계급으로 등장하는 시대가 오고 있다. 반면에 빈곤층은 가난의 대물림을 통해 비정규직과 영세 자영업자로 전전하고 있다. 오늘날 20대는 자신의 능력보다 부모의 경제력에 따라 운명이 결정된다고 믿고 있다. 소위 '금수저'와 '흙수저'로 사회가 나누어졌다고 분노한다.

사회이동에 대한 비관적 인식은 전 세대에서 나타난다. 2021년 1월 〈세계일보〉의 여론조사 결과에서 "우리 자녀 세대의 사회경제적 지위 향상 가능성에 대해 어떻게 생각하십니까?"라는 질문에 "가능성이 낮다"는 응답은 64.9%(매우 낮다 24.9%·대체로 낮다 40.0%)였다.[10] 이는 "가능성이 높다"라는 응답 30.1%(매우 높다 4.8%·대체로 높다 25.3%)의 두 배가 넘는다. 자녀 세대의 사회경제적 지위가 자신보다 더 나아지기를 바라지만 현실에서 절망

사진 1-1 치열한 한국의 대학 입시 경쟁

수많은 부모들이 대학 입시를 위해 막대한 사교육비를 지출하고 학생들도 엄청난 시간 학업 경쟁에 시달린다. 인기 많은 상위권 대학들에 부자 부모의 자녀들이 입학하는 비율이 점점 커지고 있다는 지적이 증가하고 있다.

하는 사람들이 증가한다.

부모의 소득과 재산에 따라 자녀의 운명이 결정되는 세습 사회가 등장하면서 능력에 따른 자유로운 사회이동이 약화되고 있다. 한국에서 대학 교육이 소득에 미치는 긍정적 효과는 여전히 유지되지만, 고학력 부모가 급격하게 증가하면서 과거에 비해 자녀 세대에서 교육을 통한 계층 상승의 기회는 상대적으로 감소했다고 볼 수 있다. 특목고, 외고, 과학고, 자사고 진학은 부모 소득에 의해 크게 영향을 받는다. 서울대, 고려대, 연세대 등 명문대학과 상위권 대학의 입학생 가운데 부모 소득이 높은 학생들이 압도적으로 많다. 많은 통계에 따르면 서울의 강남, 서초, 송파, 성남시 분당구 출신 고교 졸업생의 비율이 압도적으로 많다. 반면에 서울의 강북과 지방의 일반고 졸업생 비율은 점차 감소하고 있다. 대학의 서열 체계는 졸업생의 임금 수준에도 커다란 영향을 미친다. 결국 대학 진학의 양적 수준은 비슷해졌지만, 질적 수준의 격차는 더욱 커졌다. 특히 입시 경쟁이 치열한 명문

대학, 인기 학과, 법학전문대학원, 의과대학 입시에서는 높은 성적을 얻기 위해서 부모의 경제력이 큰 효과를 발휘한다. 이처럼 교육 기회가 부모의 능력에 따라 결정되면서 균등한 기회를 강조하는 민주주의의 가치가 무너지고 있다.

2016년 촛불집회 이후 정권 교체로 문재인 정부가 등장한 이후에도 사교육비가 증가하고 교육 격차는 더욱 커졌다. 부모 소득에 따른 교육 기회의 차이는 고등학생 사교육비 지출에서도 나타난다. 조귀동이 『세습 중산층 사회』에서 분석한 대로 대학 입시에서도 학생부 종합전형, 비교과 특별 활동, 논문 작성, 인턴 활동도 포함되면서 교묘하게 부모의 인맥과 지위도 자녀에게 세습된다.[11] 이른바 '조국 사태'와 '추미애 사태'를 통해 부모의 경제력과 네트워크에 따라 자녀의 운명이 결정된다는 분노의 목소리가 더욱 커졌다.

한국에서 교육은 오랫동안 계층 상승의 사다리로 간주되었으나 점차 계급 세습의 도구로 변화되었다는 목소리가 거세지고 있다. 2018년 10월 〈한겨레신문〉이 보도한 한국장학재단의 자료에 따르면, 소위 'SKY' 대학의 장학금 신청 학생 중 부모 소득이 상위 20%인 자녀 비율이 전체 학생의 46%이다.[12] 기초생활수급자와 차상위 계층은 각각 3% 수준이었고, 하위 1분위 11%, 2분위 8%, 3분위 8%에 불과했다. 이 자료는 장학금을 신청한 학생의 비율이기 때문에 실제로는 상위 20% 부모의 자녀 비율이 훨씬 높을 것으로 보인다. 2010년 이후 인터넷에서 확산된 '헬조선'이라는 용어는 오늘날 한국 사회의 세습 불평등 사회를 상징

그림 1-2 루이스 캐럴(1832~1898), 존 테니얼 삽화, 『거울 나라의 앨리스』

출처: 위키미디어 커먼스

적으로 표현한다. 이는 지나친 불평등이 만든 '한국의 비극'(Korean Tragedy)이다.

무한 경쟁의 지옥

19세기 말 영국 소설가 루이스 캐럴Lewis Carroll의 『거울 나라의 앨리스』에 등장하는 레드 퀸은 앨리스에게 "네가 같은 곳에 머물려면 지금처럼 전력을 다해서 뛰어야 해. 하지만 만일 다른 곳으로 가기를 원하면, 너는 지금보다 최소한 두 배는 더 빨리 달리지 않으면 안 돼"라고 말한다.[13] 여왕의 말대로 한국에서 누구나 최선을 다해 열심히 노력하지만 제자리에 머물기 힘들다. 불평등한 사회에서는 다른 사람보다 뒤떨어지지 않기 위해 더 많은 노력이 필요하다. 무한 경쟁의 지옥에서 살아남기 위해서는 전력을 다해 뛰어야 한다. 경쟁은 한국인의 생존 방식이 되었다.

경쟁이 자연의 법칙이라고 생각하는 사람들은 자연 상태를 의도적으로 왜곡한다. 19세기 중반 찰스 다윈Charles Robert Darwin은 자연선택 이론을 제시했지만 경쟁을 절대적 원리로 생각한 것은 아니다. 19세기 말 영국 사회학자 허버트 스펜서Herbert Spencer는 다윈의 진화론을 이용하여 '적자생존'(survival of the fittest)이라는 용어를 창안했다. 이 말은 다윈이 만든 말이 아니다. 스펜서는 자연의 변화에 적응하는 개인과 국가만 살아남을 수 있다고 보았다. 우월한 문명국 영국이 열등한 문명의 후진국을 지배하는 것은 당연하다고 생각했다. 스펜서의 책은 영국뿐 아니라 일본, 중국, 한국에도 큰 영향을 미쳤다. 그러나 지나친 생존 경쟁은 세계대전과 군비 경쟁의 사례에서 볼 수 있듯이 모두를 파괴할 수 있다.

자연과 사회에서는 오랫동안 상호협력의 역사도 존재했다. 동물들이 서로 잡아먹고 죽인다는 의미로 '자연 상태'라는 용어를 쓰는 것은 동물에 대한 오해이다. 힘이 약한 동물들은 힘을 모아 서로 돕고 심지어 자식을 위해 희생을 감수하기도 한다. 인간 사회를 '만인 대 만인의 투쟁'으로 보는 것은 인간의 문명에 대한 무지로 인한 편견에 불과하다. 위대한 문명은 대개 외적의 침략에 반대해 전쟁을 선택하기도 했지만, 평화와 안정을 이룬 후 내부의 통합과 결속을 통해 다양한 문화 예술과 과학 기술을 창조했다.

21세기 한국 사회에서는 아직도 사회 진화론이 큰 힘을 발휘한다. 다른 사람보다 앞서기 위해 모두 노력해야 한다. 사교육 경쟁, 입시 경쟁, 취업 경쟁, 외모 경쟁, 심지어 결혼 경쟁이 벌어지고 있다. 한마디로 '경쟁 사회'이다. 이것이 바로 오늘날 한국 사회의 자화상이다. 경쟁에 뛰어들어 승리해야 한다는 동기가 모든 개인들의 행동을 결정한다. 그리고 경쟁에서 승리한 사람은 찬양을 받는다. 고교 공모전 우승자, 명문대학 합격자, 슈퍼 모델, 대기업 임원, 고액 연봉자, 벤처 기업인, 슈퍼스타K 우승자 등 사회 각 분야의 성공한 사람은 롤모델이 된다. 대학 경쟁력, 기업 경쟁력, 국가 경쟁력은 사회의 궁극적 목표가 되고 모든 지도자의 최고 목표가 되었다.

경쟁의 원리는 일상생활의 모든 영역에 침투한다. 과거의 경쟁은 소득 분배를 둘러싼 경쟁이었지만 점차 탈경제적, 문화적, 상징적 경쟁이 치열해진다. 더 많은 연봉과 고액 아파트를 얻기 위한 취업 경쟁을 넘어서 취향과 문화의 경쟁이 더욱 거세졌다. 프랑스 사회학자 피에르 부르디외는 인간이 취향의 위계질서를 만들어 다른 사람과 차이를 만드는 행위를 '구별 짓기'(distinction)라고 불렀다.[14] 프랑스 사회에서 상류층과 중산층은 경제적 자본에 이어 '문화자본'을 획득하기 경쟁에 뛰어든다. 서울의 강남 지역에서도 중산층 부모들은 어린 시절부터 피아노와 바이올린 등 음악 교육과 그림과 예술 교육을 가르친다. 취향은 오랫동안 교육을 통해 형성된 것이 아니라 단기간에 습득해야 하는 하나의 상품이 되었다.

한국의 '취향 경쟁'은 대중 소비 사회의 확산과 함께 더욱 광범한 영역에서 나타난다. 1990년대 이후 신흥 중산층은 어디엔가 소속되려는 욕구 때문에 소비 경쟁을 주도했다. 특히 강남의 과시 소비와 모방 심리가 만든 사치품 열광(luxury fever)이 대표적이다. 상류층뿐 아니라 중산층도 샤넬, 구찌, 프라다 등 서양의 유명브랜드 제품을 선호한다. 스타벅스는 단지 미국식 생활양식이 아니라 우월한 취향으로 변화된다. 강남 아파트는 단지 지리적 거주지의 이름이 아니라 지위 경쟁의 승리를 보여주는 표식이 되었다. 나아가 럭셔리브랜드의 핸드백, 외제 승용차, 해외여행, 고급 호텔, 리조트는 대중 매체의 광고에 의해 모든 사람이 본받아야 할 욕망의 대상이 된다. 광고에 의해 사치품은 단지 상징재가 아니라 사람의 욕망을 표현하는 대상이 된다. 사치품 자체가 지위를 상징하거나 신비한 권력을 표현한다. 사회는 사치품을 소비할 능력이 있는 자와 능력이 없는 자로 구별된다. 인스타그램, 페이스북, 카카오톡은 자신의 소비 정체성을 보여주는 매체가 되고 사람들은 인터넷의 세상에서 자신의 정체성을 인정받는다고 생각한다.

한국의 경쟁은 성형수술을 통한 '외모 경쟁'에서 극단적으로 표현된다. 전 세계 최고 수준의 성형수술은 단지 미모의 대중화가 아니라 결혼과 취업 시장의 위계질서를 반영하는 것이다. 더 좋은 직장과 배우자를 만나기 위한 외모지상주의(lookism)는 단지 인간의 본능이 아니라 명백하게 불평등의 사회적 결과로 보아야 한다. 성형수술은 평등을 향한 열망을 실현하는 수단이자 불평등을 재생산하는 메커니즘이다. 취업과 결혼 시장에서 외모로 차별받는다고 불만을 터트리는 사람들은 외모를 통한 차별을 제거하는 대신 오히려 더 나은 외모를 얻기 위한 경쟁에 뛰어든다. 지하철 광고에서 인터넷에 이르기까지 수많은 성형수술 광고는 또 다른 형태의 상징 폭력이다. 하지만 외모지상주의의 피해자들은 스스로 외모 경쟁에 뛰어든다.

한국 사회의 경쟁은 그야말로 상상을 초월한다. 극단적 경쟁은 '과잉 경쟁 사회'를 만든다. 이 경우는 경쟁은 절대적 기준을 성취하는 것이 아니라 다른 사람보다 앞서야 하는 상대적 기준을 충족해야 한다. 상대 평가제가 지배하는 대학에서 같은 학과 친구는 동료가 아니라 경쟁자이다. 직장에서도 동료보다 앞서야 승진할 수 있다. 다른 사람보다 앞서지 못하면 내가 뒤처지는 것이다. 결국 다른 사람보다 뛰어나야 성공할 수 있다. 만약 타인과의 경쟁에서 이기지 못하면 그대로 낙오된다. 모두가 승자가 될 수 없는 현실에서 모든 사람은 끝없는 '지위 불안'을 겪는다. 과잉 경쟁의 조건에서 타인은 나의 경쟁자일 뿐 아니라 사라져야 할 방해자가 된다. 결국 사람들의 마음에 '우리'는 사라지고 '나'만 남는다.

1930년대 전통적인 프로이트 Sigmund Freud 정신분석에 도전했던 독일 정신분석학자 카렌 호나이 Karen Horney 는 신경쇠약의 이론에서 처음으로 '과잉 경쟁'(hyper-competitive)이라는 용어를 사용

사진 1-3 정신분석학자 카렌 호나이(1885~1952)

독일 출신 정신분석학자 카렌 호나이는 말년에 미국에서 활동했으며, 페미니스트 심리학의 창시자로 인정을 받는다. 호나이는 신경증에 관한 많은 연구를 발표했다. 프로이트와 달리 억압된 성욕뿐 아니라 유년기의 사회적 사건이 성격에 큰 영향을 미친다고 주장했다. 출처: 위키미디어 커먼즈

했다. 극단적으로 공격적인 성격 가운데 '타자에 대한 적대성'을 보이는 유형이 있다. 이들은 자신의 가치를 유지하는 방법으로 모든 노력을 기울여 다른 사람과 경쟁에서 이겨야 한다고 생각한다. 이들은 모든 활동을 경쟁으로 여기며, 자신이 경쟁에서 질까 봐 두려워한다. 과잉 경쟁의 성향을 보이는 사람들은 나르시시즘의 성향이 강하며 심리적으로 불안한 상태가 많았다. 과잉 경쟁 성향을 가진 사람들은 '승리가 최고의 목표가 아니라, 유일

한 목표'라고 믿는다.

 현대 사회에서 경쟁은 선택의 대상이 아니다. 자본주의 사회에서 경쟁은 지배적 생활양식이다. 하지만 원래 '경쟁'(competition)이란 단어의 어원은 라틴어로 '함께 추구하는 것'이란 뜻을 가지고 있으며 일종의 협력을 의미한다. 라틴어 'com'은 '함께'라는 뜻을 가지고, 'pete'는 '추구한다'는 의미이다. 올림픽의 참가자들은 최고의 수준으로 실력을 높이기 위해 서로 자극을 주고 노력하면서 협력한다고 본다. 결국 경쟁이란 서로 최고가 되도록 노력하는 것이다. 이런 의미에서 경쟁한다는 말은 정말 멋진 말이다. 그러나 오늘날 경쟁은 다른 사람을 공격하거나 앞서야 자신이 이길 수 있다고 믿는다.

 자본주의가 강요하는 경쟁의 원리를 마치 모든 사람의 삶에 반드시 필요한 보편적 논리로 받아들이고 있다. 경쟁을 찬양하는 사람들은 경쟁이야말로 인간과 사회 발전의 효과적 방법이라는 지배자의 논리를 그대로 수용하며 경쟁을 합리화하게 된다. 경쟁과 자연선택이 사회 진화에 필수적 요소라고 확신하면서 힘센 사람이 약한 사람보다 우월하다고 믿는다. 경쟁이 인간 사회의 중요한 원리로 부상하면서 '강자 동일시', '보상의 차이', '약자 혐오'의 특징이 나타난다.

 스티븐 레빗Steven David Levitt 시카고대학 경제학 교수는 『괴짜 경제학』에서 "마약 판매상들이 왜 어머니와 함께 사는가"라는 질문을 던졌다.[15] 마약 판매상들의 수입이 변변치 못하기 때문이다. 반면 마약 판매 조직의 보스는 막대한 돈을 벌어들여 호화로운 생활을 영위한다. 이런 조건에서도 마약 판매상은 자신의 일을 때려치우지 않는다. 그들도 언젠가는 마약 판매 조직의 보스가 될 것으로 기대하기 때문이다. 오늘날 많은 사람들이 주식, 부동산, 비트코인에 빠져드는 이유도 마찬가지로 자신도 언젠가 부자가 되고 성공할 것이라고 생각하는 기대 심리를 갖고 있기 때문이다. 그런 과정 속에서 자신을 '강자와 동일시'하는 심리적 기제가 작동하고, 자기 소외와 자기 배반이 일어난다. 나도 언젠가는 강자가 되고, 성공할 것이라는 기대 심리가 경쟁을 당연시하는 논리를 수용하게 만든다. 이것이 자본주의를 작동하게 만든다. 그러나 강자와 동일시하는 심리는 현실에서 배반당하는 경우가 대부분이다.

다음으로 자유로운 경쟁을 지지하는 사람들은 경쟁에 따른 성과의 차이도 당연하게 생각한다. 경쟁의 규칙만 공정하다면 결과에 따른 '보상의 차이'는 커져도 괜찮다고 믿는다. 그러나 경쟁의 규칙을 누가 만들었는지 어떻게 만들었는지 깊이 생각하지 않는다. 예를 들어, 입시 경쟁에서 성적순으로 순위를 정하지만, 성적은 단순히 개인의 노력으로만 만들어지는 것은 아니다. 부모의 경제력이나 사회적 배경에 따라 성적이 달라질 수 있다는 점을 무시해서는 안 된다. 공공기관 정규직 시험에 합격한 사람은 비정규직보다 훨씬 더 많은 임금을 받는 것이 당연하다고 믿는다. 비정규직이 임금 인상을 요구하면 왜 더 노력해서 정규직 시험에 합격하지 못했냐고 비난한다.

가장 중요한 점은 경쟁 사회에서는 극소수의 존중받을 사람과 대다수의 무시해도 좋을 사람으로 구분한다는 점이다. 지방 대학, 중소기업, 비정규직은 인생의 실패자처럼 간주한다. 빈곤층, 장애인, 이민자, 난민을 돕는 일은 불필요한 일로 치부된다. 극소수의 존중받는 사람은 우월감에 젖어 살 수 있지만, 자부심이 지나쳐 자신보다 못한 사람을 무시하거나 비하하기 쉽다. 반면 대부분의 존중받지 못하는 사람들은 열등감에 사로잡혀 자존감이 낮아지고 소극적, 피동적 성격을 가지게 되고 우울증에 빠질 수 있다.

강수돌 고려대 교수는 『팔꿈치 사회』에서 한국 사회를 지배하는 경쟁의 원리가 만든 불편한 진실을 날카롭게 분석했다.[16] 한국 사회의 '경쟁은 필연이 아니라 자본의 필요로 만들어졌다', '경쟁에서는 누구도 영원한 승자가 될 수 없다', '경쟁 사회에서 나의 행복은 남의 불행을 전제로 한다'는 비밀을 분석했다. 결국 무한 경쟁 사회는 끊임없이 '비인간화'를 초래한다. 오늘도 우리는 서로 남보다 앞서기 위해 팔꿈치로 밀치며 앞으로 나간다.

왜 교육은 아이들을 불행하게 만드는가?

2011년 버락 오바마 Barack Obama 미국 대통령은 국정연설에서 한국이 전 세계 "교육 군비 경쟁"에서 대표 주자라고 찬사를 하면서 "우리 미국 어린이들이 이제 베이징, 서울의 아이들과 경쟁해야 한다"라고 밝히는 등 한국 교육의 경쟁력을 높이 평가했다.[17] 맞다. 한국 교육의 '경쟁'은 단연 세계 1등이다. 하지만 오바마 대통령은 한국 학생들이 고통 속에 죽어가는 현실을 외면한다.

한국에서 교육은 인간성을 고양하는 과정이 아니라 가장 심한 경쟁의 각축장이다. 대부분의 청소년은 하루에 12시간 공부하고도 밤늦게 학원에 찾아간다. 한 과목에 50만 원은 기본이고, 심지어 500만 원 하는 고액 과외를 선택하는 사람들이 늘어난다. 세계에서 사교육비 지출 1위이다. 부자일수록 더 많은 사교육비를 지출하지만 중산층도 상류층을 좇아 많은 돈을 사교육에 지출하기를 마다하지 않는다. 이런 점에서 한국에서 '중산층 교육'은 존재하지 않는다. 모두 '상류층 교육'을 열망한다. 서양에서는 초부유층이나 시도할 수 있는 고액 과외를 중산층들이 마다하지 않는 이유는 무엇일까?

나는 사회의 불평등이 줄어들지 않는 한 지나친 사교육 경쟁은 절대 사라지지 않을 것으로 본다. 수시 폐지, 학종 폐지, 서울대 폐지 등 아무리 대학 입시 제도를 바꾸어도 상위권 대학에 입학해야 좋은 직장을 얻는다는 생각이 바뀌지 않는다면 어떤 변화도 일어나지 않을 것이다. 한국의 학력별, 기업 규모별 임금 격차는 세계에서 가장 크다. 대기업과 중소기업의 임금 격차는 거의 2배 수준이다. 좋은 대학을 졸업해야 대기업에 갈 수 있다면 사람들은 고등학교가 아니라 초등학교부터 입시 경쟁에 뛰어든다. 그러나 모두가 사교육에 참여하면 사교육 효과가 줄어들기 때문에 더 많은 사교육비를 지출하는 '과잉 경쟁의 악순환'이 발생한다.

나는 어린 시절에 유치원에 다니지 않았고 내 또래 가운데 사교육을 받는 아이들도 드물었다. 그러나 지금은 대다수 아이들이 유치원에 다니고 학원에서 과외 공부를 한다. 그동안 급진적으로 교육 방식이 변화했다. 중산층이 늘어나고 부모의 조기 영재 교육이 시작되자 다른 부모들도 비슷한 수준으로 경쟁에 뛰어들었다. 그렇지 않으면 자신의 아이들은 자꾸 뒤처졌다. 결과적으로 부모들은 아이들 숫자를 줄여야 했고 더 많은 시간을 자녀 교육에 소비했다. 가족의 수는 줄어들었고 자녀의 학력이 중요한 목표가 되었다. 조부모가 손자 손녀의 교육을 위해 협력하기 시작했다. 이전에는 중년 세대가 노인 부모를 돌봤지만 이제 달라졌다. 노인과 중년 세대가 협력하여 공동 목표인 자녀 교육에 매진한다. 조부모의 재정적 지원도 더욱 효과를 발휘했다. 학력 경쟁을 위해 신자유주의적 가족주의가 확산되는 동안 소득 격차에 따른 교육 격차도 더욱 커졌다.

조기 영재 교육은 시간이 갈수록 효과를 발휘했다. 많은 연구에 따르면 취학 전 아동 교육이 교육 성과에 결정적이라는 것이 밝혀졌다. 취학 전 3~4년의 교육이 그 후 12년의 교육보다 더 중요하다. 이를 위해서는 당연히 많은 돈이 필요하다. 조기 영재 교육을 위해 가정에서 교육비 지출이 엄청나게 늘어났다. 세대 간 교육 불평등에 관한 연구는 주로 고졸 부모와 대졸 자녀 세대의 이동을 분석하는데, 높은 대학 진학률로 높은 수준의 평등화가 이루어졌다고 가정한다. 그러나 부모의 경제력과 학력 수

사진 1-4 육상 경주

운동 경기는 승패를 넘어 참가와 최선의 노력을 중시하지만, 경쟁 사회는 상대방보다 앞서야 한다는 정신적 강박증을 강화한다. 출처: 위키미디어 커먼스

준에 따른 학업 성과는 더욱 커지고 특목고, 자사고, 명문대학 입학에서 더욱 두드러지게 나타난다.[18] 학령 인구는 줄었지만 대학 입시 경쟁은 더욱 치열해졌다. 대학에 입학에서도 경쟁은 끝나지 않는다.

내가 대학에 다니던 시기에는 절대 평가제였다. 그래도 A학점을 받는 학생은 드물었다. 상대평가가 도입된 이후 A학점은 대폭 늘어났지만, 경쟁은 치열해졌다. 내가 아무리 공부를 열심히 해도 나보다 더 높은 학점을 받는 사람이 있다면 낮은 학점을 받을 수밖에 없다. 그러다 보니 상위권 대학들은 A학점 비율을 대폭 올렸고 다른 대학들도 그대로 따랐다. 결과적으로 대부분 대학에서 A학점과 B학점이 거의 60~70퍼센트를 차지한다. 취업 경쟁이 심각해지면서 학점 경쟁은 더욱 커진다. 오늘날 한국의 대학에서는 공부의 즐거움보다도 높은 학점을 위해 끊임없이 경쟁해야만 한다.

대학 졸업 후 회사에서도 더 높은 연봉, 더 많은 성과급, 더 높은 임원이 되기 위해 경쟁한다. 연애와 결혼에서도 경쟁해야 한다. 자신이 낳은 자녀를 교육하기 위해서 다시 경쟁에 빠져들어야 한다. 경쟁은 인생을 지배한다. 인간의 삶에서 사회적 지위는 우열을 가리는 강력한 사회적 지표가 되었으며 개인의 능력에 따른 보상의 차이는 당연한 것이 된다. 결국 우리의 사회적 삶은 세계 최장 노동시간과 극심한 정신적 스트레스에 휩싸인다. 사회 불평등과 과잉 경쟁의 악순환은 행복감을 떨어뜨린다.

경쟁을 통한 끊임없는 비교는 개인의 스트레스를 높이고 행복감을 파괴할 수 있다. 사회의 행복 수준은 소득 분배와 높은 상관관계를 가지기 때문이다. 18세기 영국 철학자이자 경제학자였던 애덤 스미스Adam Smith가 말한 대로 사람들이 절대적 소득뿐 아니라 상대적 소득을 중시하기 때문이다. 많은 심리학 연구에 따르면, 절대 소득이 낮은 사람보다 상대 소득이 낮은 사람이 빈곤감을 더 많이 느끼고 심리적 스트레스를 더 많이 받는다. 돈을 많이 번다고 삶의 만족이 높아지는 것이 아니다. 자신의 준거집단보다 소득이 낮은 경우 행복감이 낮아질 수 있다. 다른 사람의 소득이 지나치게 높으면 행복감은 개인의 소득 상승에 따른 기대만큼 높아지지 않을 수 있다. 중산층은 억만장자를 부러워하는 것이 아니라 자신보다 연봉이 높거나 집값이 폭등한 다른 중산층 때문에 분노하거나 좌절한다. 지나친 불평등은 개인의 행복감을 파괴한다.

구조적 경쟁은 자신이 원하지 않더라고 경쟁에 내몰리는 상황이다. 우리는 경쟁에서 승리하지 못하면 패배할 수밖에 없다. 다시 말해 상대방이 패배해야만 내가 승리할 수 있다. 경쟁을 싫어하고 남과 비교하지 않으려고 아무리 애써도 대부분의 사람들은 경쟁의 함정에서 빠져나갈 수 없다. 구조적 경쟁에서 개인들은 살아남기 위해 남보다 앞서야만 한다.

구조적 경쟁의 사례로 대학 입시와 취업 경쟁이 대표적이다. 상대가 떨어져야 내가 합격한다. 내가 아무리 잘해도 소용없다. 끊임없이 남과 비교해야 한다. 남들이 학원에 다니는데 나만 안 다니면 뒤처진다고 생각한다. 남들이 외모 관리를 하고 성형수술도 하는데 나만 안 한다면 취직할 수 없다고 불안해한다. 국가 간 군비 경쟁도 그렇다. 상호 배타적 목표를 가지고 있어서 '제로섬 게임'(zero-sum game)이라고 불리기도 한다. 상대방이 실패해야 내가 성공할 수 있다는 점에서 구조적 경쟁은 승자와 패자라는 구조를 가지고 있다. 엘리아스 카네티^{Elias Canetti}의 말대로 "살아남는 순간이 권력의 순간이다" 패배하는 순간 죽음처럼 몰락한다.

우리가 어쩔 수 없는 경쟁이라고 생각하는 구조적 경쟁 역시 자연의 법칙이 아니라 실제로는 사회제도의 결과인 경우가 많다. 미국 경제학자 로버트 H. 프랭크Robert H. Frank와 필립 쿡Philip J. Cook은 『승자 독식 사회』에서 미국 사람들이 경쟁에 몰두하는 이유로 "지나친 보상의 차이"를 지적한다.[19] 특히 최고 실력자에게 사회적 가치보다 과도한 보상이 주어지는 경우에 그렇다. 많은 사람들은 수능 성적이 좋아 유명 대학에 합격하고 성적이 좋으면 대기업에 입사한 후 정규직, 나아가 최고경영자가 되어 거액의 연봉을 받을 수 있다고 생각한다. 만약 성적에 상관없이 누구나 대학에 갈 수 있고 취직 후 대기업과 중소기업의 연봉 차이가 100 대 80 정도라면 개인들은 어느 정도 노력하겠지만, 모든 학생을 사교육에 몰아넣고 부모의 재산을 '올인'으로 바치지는 않을 것이다.

하지만 수능 1점과 같이 근소한 차이로 훗날 엄청난 보수의 차이가 난다면 어떨까? 당연히 좀 더 어린 나이에 사교육에 투자하는 사람이 유리할 것이다. 초등학교보다 유치원이 빠르고 아예 유아 영재 교육부터 시작해야 한다. 이렇게 최상위층과 나머지의 격차가 지나치게 커지면, 경쟁의 초기 단계에서는 '재빠른 소수'가 유리할 수 있을지 모르지만, 모두가 승자가 될 수는 없다. 모든 사람이 경쟁이 뛰어드는 단계에 이르면, 경쟁 비용이 증가하고 모두가 패자가 될 수밖에 없다. 아무리 노력해도 모두가 성공할 수는 없는 경쟁의 아이러니가 발생한다.

미국 〈뉴욕 타임스〉지 아만다 리플리Amanda Ripley 기자는 『무엇이 이 나라 학생들을 똑똑하게 만드는가』에서 한국을 '압력 밥솥'에 비유했다.[20] 학생들이 매일 하루 12시간 이상을 학교에서 지내는 한국의 경쟁적 학교 시스템을 가리키는 말이다. 한국의 교육 현장을 둘러본 리플리 기자는 한국의 교육 성취를 인정하면서도, "한국의 10대들은 온갖 종류의 벽장에 갇혀 지낸다. 때로는 작고 공기가 통하지 않는, 글자 그대로 벽장 같은 곳에서 시험을 위한 공부를 한다"라고 날카롭게 지적한다. 그는 "한국에서 인터뷰한 여러 사람 가운데 한국의 교육제도를 높게 평가하는 사람은 단 한 명도 만나지 못했다"라고 말한다. 그러나 아직도 우리는 교육 시스템을 바꾸지 못한다.

교육 경쟁을 통해 모두가 승자가 될 수 없다는 사실을 알수록 더욱 경쟁에 빠져든다. 모두 자녀를 위해 사교육비를 지출하는데 나만 자녀를 학원에 보내지 않는다면 경쟁에서 뒤처진다고 두려워한다. 때로는 대안 학교와 홈스쿨링을 생각해보지만, 우리 자녀만 대학에 가지 못하는 것이 아닌지 불안하다. 대학에 들어가서도 취업을 위해 다양한 자격증을 따고 인턴 경력을 쌓아야 한다는 강박에서 벗어날 수 없다. 결국 학교 성적과 취업 스펙 경쟁에 이어 모든 일상생활이 경쟁 속에 빠져든다. 자신의 삶은 자신을 위한 것이 아니라 다른 사람의 평가를 위한 것이다.

교육 경쟁의 가장 심각한 문제는 승자와 패자를 만드는 경쟁 문화를 당연하게 받아들인다는 점이다. 특히 경쟁이 치열한 학교생활에서 어린 중고생들은 시험을 통한 경쟁과 서열화에 익숙해진다. 수능 등급과 입학 성적에 따라 대학과 학과를 거대한 위계질서의 구조로 밀어 넣고 분리시킨다. 다른 학교에서 편입한 동료나 이중 전공, 복수 전공으로 수업을 듣는 학생들을 집단적으로 배제한다. 같은 대학에서도 소속 캠퍼스가 다르다는 이유로 차별한다. 어떻게 친구를 사귀고, 서로 협력하고, 다른 사람에게 깊은 감동을 줄 수 있는지 배우는 기회는 모두 사라진다. 입시 경쟁에 철저하게 적응하는 '서열형 인간'이 탄생한다. 이 과정을 거치면서 사람들은 자본주의 문화에 적응한 새로운 인간으로 변형된다.

첫째, '자기 계발'이라는 미명하에 더 나은 성과를 위한 자기 착취를 당연시한다. 만약 기업에서 매년 100명을 충원하다가 10명만 뽑고 90명은 비정규직으로 대체하기로 한다면 입사 경쟁이 치열해질 것이다. 왜 정규직으로 10명만 충원하는지 묻는 대신 우선 나만 살기 위한 경쟁에 뛰어들어야 한다. 10명의 승자가 되면 다른 90명보다 우월한 보상과 특혜를 받아야 한다고 생각한다. 명문대를 졸업하고 대형 로펌에 취업해 억대 연봉을 받는 것은 능력에 따른 결과로 간주한다. 많은 사람들이 경쟁의 구조적 원칙이 바뀐 이유를 따지기보다 경쟁에서 이긴 결과만 중시한다. 결국 승리하기 위해서 뭐든지 해야 한다.

둘째, 사람들은 다른 사람과 끊임없이 비교하면서 자신이 우월한 자리에 오르지 못하면 불안해진다. 성공한 사람도 실패한 사람도 불안하기는 마찬가지이다. 독일 사회학자 하인츠 부데Heinz Bude는 『불안의 사회학』에서 추락을 염려하는 중산층을 설득력 있게 묘사했다.[21] "교육을 받고 자격을 갖추면 자연스럽게 사회적 지위를 얻기 마련인데, 그러지 못할 거라는 걱정 때문에 분노, 증오심, 원망을 갖게 된다." 대학을 졸업해도 취업이 어려운 젊은이들은 끝없는 상대적 박탈감에 빠진다. 부모의 배경으로 경쟁에서 앞서는 사람을 볼 때 분노의 고통은 더욱 커진다. 미국 정신의학회가 억울함을 참아온 사람들이 갖는 분노 증후군으로 인정한 한국의 '화병'은 불공정한 경쟁으로 더욱 심해진다.

왜 사람들은 끝없는 교육 경쟁에서 빠져나오지 못할까? 많은 사람들이 명문대를 졸업한 후 고액의 연봉을 받는 직장을 원한다. 더 많이 소비하기 위해서, 더 많이 과시하기 위해서, 더 많은 즉각적 만족을 위해서 우리는 남보다 앞서기를 원한다. 그러나 이러한 개인들의 욕망이 진정으로 자신들이 원하는 것일까? 돈이 많아 좋은 승용차를 사고, 고급 레스토랑에 가고, 해외여행에서 휴양시설을 즐기는 것이 모두 순수한 개인의 욕망에서 비롯된 것일까? 현대 사회의 대부분 욕망은 돈이 필요한 소비 충동과 관련이 크지만, 이런 욕망은 19세기에는 최고 부유층도 상상하지 못한 욕망이다. 그러나 현대 사회는 질적으로 완전히 다른 방법으로 사람들의 욕망을 제조하고 촉진하고 지배한다.

대중 소비 사회에서 수많은 대중 매체는 지속적으로 경쟁을 찬양하는 메시지를 만들어 사람들의 생각을 지배하고 통제하려고 시도한다. 현란한 광고는 우리의 사고와 행동을 설득하고 이끌고 유혹한다. 텔레비전 방송의 오락 프로그램은 무한 경쟁의 지옥을 미화한다. 〈슈스케〉와 같은 오디션 프로그램은 경쟁의 일상화를 촉진한다. 예능, 요리, 리얼리티쇼 프로그램도 순위를 매기고 출연자의 치열한 경쟁을 그대로 보여준다. 심지어 넷플릭스에 등장한 〈솔로 지옥〉 프로그램처럼 청춘남녀의 설레는 만남도 치열한 경쟁의 구경거리로 둔갑한다. 경쟁은 생존 방식이자 오락 방식이 된다.

오늘도 한국인들은 일상생활의 끝없는 경쟁에서 승자와 패자로 구분된다. 승자는 존경을 받지만 패자는 불필요한 존재로 전락한다. 그 승자조차 내일이면 새로운 승자에게 무릎을 꿇고 굴복한다. 영원한 승자는 없다. 대중이 엄지손가락을 내리면 어제의 영웅은 사라진다. 결국 로마의 검투사처럼 모두가 죽을 때까지 끊임없이 경쟁해야 한다. 대중의 우상이 되는 경쟁의 우승자는 슈퍼맨이 아니라 검투사이다. 다른 사람이 죽어야 내가 살아남는다.

여성 혐오가 증가하는 이유

불평등이 커질수록 인간관계가 멀어지고 삭막해진다. 자신과 다른 사람에 대한 혐오 발언이 확산된다. 무시, 부정, 차별, 악마화, 폭력의 선동이 증가한다. 불평등 수준이 높은 사회에서 약자와 소수집단에 대한 편견과 스티그마가 커진다. 결과적으로 사회갈등이 증가하면서 정치적 양극화가 심화되고 적대 정치가 격화된다. 정치인들은 언론과 소셜네트워크서비스를 통해 극단적인 언행으로 관심을 끌기 위해 안간힘을 다한다. 반대 세력을 때려야 지지층 사이에서 인기가 올라가기 때문이다. 방송 토론자들 목소리가 커진다. 유튜브 진행자는 고함을 지른다. 심지어 판사와 검사도 혐오 발언에 가세한다. 정치 갈등이 사회에 확산되면서 온라인 댓글에서도 언어 테러리즘이 난무한다.

미국 사회학자 리처드 세넷Richard Sennett은『불평등 사회의 인간 존중』에서 "과도한 불평등이 인간에 대한 존중을 사라지게 만든다"라고 주장했다.22 미국과 같이 불평등이 심한 사회에서 복지 수급자 등 가난한 사람에 대한 멸시가 강하다. 가난한 사람도 자기 존중을 가질 수 있지만 이를 뒷받침하는 기반은 매우 취약하다. 소수민족, 이주민, 여성도 마찬가지이다. 불평등 사회에서 극단적인 막말과 다른 사람에 대한 혐오 발언은 더 광범위하게 나타난다. 미국에서도 소득 불평등이 큰 주일수록 더 인종 편견이 강하고 여성에 대한 차별이 더 많은 것으로 나타났다.

인종주의와 여성 차별주의는 경제위기의 시대에 더욱 강해진다. 2016년 미국 대통령 선거 경선에서 도널드 트럼프Donald Trump는 대선 출마를 선언하며 미국과 국경을 맞댄 멕시코를 겨냥해 "그들은 문제가 많은 사람을 보내고 있다. 이들은 성폭행범이고 마약과 범죄를 가져온다"라고 비난했다. 트럼프의 혐오 발언은 여성도 겨냥했다. 트럼프는 폭스뉴스 앵커 메건 켈리를 '멍청한 금발 여성'이라는 뜻의 '빔보'라고 부르며 비하했다(이 사건은 2019년 미국 영화 〈밤쉘〉에서 다루고 있다). 다른 공화당 경선 후보였던 칼리 피오리나Carly Fiorina 전 휴렛팩커드(HP) 최고경영자에 대해서는 "저 얼굴을 봐라, 저런 얼굴의 후보를 누가 뽑겠느냐"는 발언을 했다. 심각한 문제는 트럼프가 이런 혐오 발언을 쏟아내면서도 대통령으로 당선되었다는 사실이다.

사진 1-5 혐오 발언 금지 포스터

출처: 위키미디어 커먼스

 1929년 대공황 이후 독일에서 나치당이 등장하면서 유대인에 대한 혐오와 차별이 급증했다. 히틀러는 1차 세계대전의 패전과 경제위기의 원인을 유대인 탓으로 돌렸다. 많은 실업자들과 가난한 사람들은 평등한 유토피아를 주장하는 공산당보다 유대인을 공격하는 나치당에 더 열광했다. 왜 그들은 히틀러를 지지했을까?

 1950년 독일 사회학자 테오도르 아도르노^{Theodor W. Adorno}와 그의 동료 학자들은 『권위주의적 성격』에서 지그문트 프로이트의 정신분석을 이용하여 히틀러가 인기를 얻은 이유로 독일인의 '성격'을 강조했다.[23] 아도르노는 '파시스트 성격'을 주목했는데, 전

사진 1-6 테오도르 아도르노

테오르노 아도르노(1903~1969)는 독일의 사회학자로 프랑크푸르트대학 사회학과 교수로 재직했다. 나치 독일을 떠나 미국에 망명했다가 전쟁 후 독일에 돌아왔다. 1947년 『계몽의 변증법』을 출간하여 인간의 도구적 이성이 자연뿐 아니라 인간를 지배하고 통제하는 자본주의 사회를 비판했다. 프랑크푸르트학파를 이끌었으며 비판이론의 1세대 학자로 손꼽는다. 비판이 사라진 사회는 전체주의라고 통렬하게 공격했다. 출처: 위키피디아

통적 가치에 대한 순응, 권위에 대한 존중과 복종, 전통적 가치를 따르지 않는 사람을 징벌하고 비난하는 공격성, 개인과 상상력에 대한 거부감, 권력과 지배에 대한 관심, 인간 본성에 대한 부정적이고 냉소적 태도, 세상이 위험하다고 간주하는 경향 등의 특징을 가진다고 지적했다.

　이러한 성향을 가진 사람은 모든 사람들이 더 많이 일하면 삶

이 개선될 것이라 믿는다. 젊은 사람들은 한때 반항적일 수 있지만, 나이가 먹으면 극복하고 안정된 삶을 살아야 한다고 생각한다. 또한 사업가와 제조업자들이 예술가와 교수보다 더 사회에 유익하다고 본다. 사람들은 강한 사람과 약한 사람으로 구분한다. 질서를 유지하고 혼란을 막기 위해 강한 권위가 필요하다고 본다.

아도르노는 나치 시대에 독일인들이 유대인을 희생양으로 삼은 이유를 '자전거 타기 반응'의 개념으로 설명했다. 사람들이 자신보다 높은 지위에 있는 사람에게는 머리를 숙이고 아무 말도 못 하면서 낮은 지위에 있는 사람을 발로 차면서 모욕하는 행동을 가리킨다. 실제로 많은 나라에서 경제적으로 어려운 시기에 소수집단에 대한 혐오와 차별, 인종주의, 극단적인 국수주의와 배외주의가 등장한다.

최근 이민에 반대하는 극우 정당이 기세를 올리는 유럽 국가에서 자전거 타기 반응이 나타나고 있다. 영국의 브렉시트 국민투표와 미국의 트럼프 현상도 경제 문제가 아니다. 이주민을 거부하는 정체성의 문제이다. 한 마디로 인종주의이다. 실업률이 높아지면서 스스로 무능하다고 생각하는 사람들은 자신보다 열등하다고 생각하는 이민자나 소수집단에 대한 우월감을 과시하면서 자신의 자존감을 회복하려고 한다. 정체성 정치는 계급 정치를 파괴한다.

한국에서도 혐오 발언은 주로 사회적 약자와 소수집단을 겨냥한다. 인터넷과 소셜네트워크서비스가 확대되면서 혐오 발언이 급속하게 확산된다. 누구나 막말을 전달할 수 있는 정치적 폭언의 대중화가 발생하고 있다. 2000년대 중반부터 극우 성향 인터넷 커뮤니티 '일베'의 일부 이용자들은 노무현 대통령을 '놈현'이라고 폄훼하기 시작했다. 스스로 '일베충'이라고 부르는 회원들은 진보, 여성, 전라도, 외국인을 집중적으로 조롱한다.

최근 한국의 혐오 발언은 주로 여성을 겨냥한다. 한국 여성 가운데 경제적인 이유로 남성에게 많이 의존하는 여성들을 '김치녀' 등의 표현으로 비하한다. 이는 허영심 많은 한국 여성을 일컫는 말로, 순종적인 일본 여성을 뜻하는 '스시녀'의 반의어로 쓰인다. 지나친 남녀 불평등은 여성들에게 순종적 태도나 애교를 강요한다.

혐오 발언은 단지 개인의 성격의 결함으로 인한 결과가 아니다. 혐오 발언은 분명히 나와 너를 구분하는 사회적 행위이고, 타자에 대한 모욕과 멸시는 상대를 인정하지 않는다는 의사 표현이다. 상대를 부정하는 발언은 물리력을 쓰지 않지만 심각한 위해를 가할 수 있는 언어폭력이자 상징 폭력이다. 혐오 발언이 분명하게 계층적 특성을 갖는다는 증거는 약하지만, 경제적 불평등과 사회적 분열이 큰 사회에서 발생할 가능성이 매우 크다.

2012년 미국 심리학자 마크 브란트[M. J. Brandt]와 P. J. 헨리[P. J. Henry]는 『성격과 사회심리학 회보』 학술지에서 아도르노의 『권위주의적 성격』을 활용하여 젠더 불평등과 권위주의적 사고 수준은 직접적 상관관계가 있다고 주장했다.[24] 그들은 54개국의 문화를 분석하면서 젠더 불평등이 큰 사회의 남자들은 지배적인 사회적 역할을 따르고 여자들은 순종적 특성을 가진다고 분석했다. 여자들은 권위주의적 환경에서 생존하기 위해 독립적 특성을 덜 가지는 경향이 크다. 권위주의적 사회에서 문화적 규범에 의문을 제기하는 사람들에 대한 거부감과 스티그마가 강하다. 반면 스웨덴이나 덴마크와 같이 젠더 불평등이 적은 사회에서 남자들은 덜 권위주의적 성격을 가진다.

다른 한편 젠더 불평등은 저항과 반발의 악순환을 강화한다. 2015년 한국에 급진적 여성주의 커뮤니티 '메갈리아'가 등장하면서 이를 둘러싼 갈등이 발생했다. 메갈리아의 남성 혐오적 극단주의는 남녀평등을 주장하는 대다수 페미니즘의 주장과 관련이 없지만, 메갈리아에서 미러링으로 등장한 혐오 발언은 일부 남성의 반작용을 부추겼다. 심지어 페미니즘과 아무런 상관이 없는 운동선수의 단발에 대한 인신공격까지 발생했다. GS25, 제네시스, BBQ, 교촌 등은 광고에 내보낸 집게손가락이 '메갈리아'에서 남성을 비하하기 위해 사용한 그림과 유사하다는 이유로 비난을 받았다. 젠더 갈등은 소셜네트워크서비스와 유튜브를 통해서 급속하게 확산되었다.

최근 한국 사회에서 젠더 갈등이 뜨거운 이슈가 되면서 마치 20대 남성이 여성 혐오를 주도하는 듯한 가설이 부각되었다. 하지만 젠더 갈등을 주도하는 사람들은 젊은 남성 이외에 나이 든 남성도 포함된다. 이들은 여성의 성공이 남성의 희생을 통해 이루어졌다고 본다. 이런 사고는 대학과 직장을 둘러싼 치열한 경쟁에서 비롯되었다. 일부 남성은 여성들 때문에 불공정하게 피해

그림 1-4 "가부장제에 맞서 싸워라" 이탈리아 토리노 시 거리 낙서

출처: 위키미디어 커먼스

를 봤다고 주장한다. 남성의 군 복무와 군 가산점 폐지, 여성 할당제 등을 들어 일부 남성은 '남성권' 확대를 주장한다. 그러나 한국 여성의 임금이 남성의 63%에 불과한 사실은 외면한다. 선진국 가운데 한국의 남녀 격차가 가장 크다는 지적에 귀를 닫는다. 더 큰 문제는 애초에 여성은 남성보다 일자리를 구할 확률이 훨씬 낮다는 점이다.

한편 젠더 갈등이 남성의 열등감에서 비롯되었다는 주장도 제기되었다. 최근 국민의힘 선대위에 참여한 한 대학 교수는 "남녀 갈등이라고 하는 게 20대에게 기회가 너무 없다. 여기서부터 시작되는 것"이라며 "여학생들은 학점이 잘 나오는데 남학생들은 너무 안 나오는 게 아니냐, 이게 '이대남' 불만의 큰 원인"이라고 말했다. 하지만 20대 남성들이 취직이 어려운 이유를 "술을 많

이 마셔 성적이 낮다"거나 "군대에 다녀와서 학교에 적응하지 못한다"라는 가정은 터무니없다. 사실 여성들이 노동시장에서 차별받기 때문에 여학생들이 열심히 성적에 치중하는 경향은 있다. 그런데 지나친 성적 경쟁이 소득 불평등에 의한 것이며, 성적이 좋은 학생조차 점점 취직이 어려워지는 현실은 철저히 무시한다. 최근 노동시장 통계를 보면 주로 남성이 진출하는 전자, 기계 부품 등 제조업 숙련 일자리가 급속하게 감소하고 있다. 남학생들도 열심히 공부하지만 취업은 더욱 힘들어지고 있다(그 대학 교수는 뒤늦게 자신의 발언을 사과했다).

2022년 대선 전후에 20대 남성이 '안티 페미니즘'을 주도하는 것으로 보는 것 자체가 착시 현상이었다. 다양한 여론조사 결과를 따르면, 젠더 인식에 따른 세대 간 차이는 그리 크지 않은 것으로 보인다.[25] 2021년 2월 한국리서치 정기조사 젠더 이슈 인식 조사를 보면, 오히려 성 역할, 가사노동 분담, 여성의 경제활동 참가에 대한 20대의 젠더 인식은 기성세대보다 더 진보적이다. 이런 점에서 보면 20대 남성들의 젠더 인식을 보수화로 단정하고 비난하는 것은 지나치게 성급하다.

다만 20대 가운데 남녀평등 정책에 대한 인식은 사뭇 다르다. 남녀평등 정책으로 남성의 입장을 무시하고 여성의 입장만 대변한다는 20대 남성들의 인식이 여성에 비해 상대적으로 높은 편이다. 하지만 이런 차이가 왜 발생했는지는 명확하지 않다. 어쩌면 문재인 정부의 청년 정책과 부동산 폭등에 대한 전반적인 실망과 불만을 표현하는 것인지도 모른다. 여성 할당제와 여성가족부를 공격하는 이준석 전 국민의힘 대표의 부상을 초래한 것은 취업난과 불평등을 해결할 길이 보이지 않자 젠더 갈등에 눈을 돌린 한국 사회였다.

젠더 갈등은 복잡한 사회적 과정을 통해 형성되고 강화되고 확산된다. 먼저 젠더 갈등은 사회적 불평등과 가부장제라는 구조적 요인에 의해 잠재적 특성으로 자라난다. 둘째, 젠더 갈등은 특정한 사건에 의해 촉발되고 언론을 통해 사회적 의미를 획득한다. 셋째, 기사 접속과 시청률에 연결된 광고 수주에 민감한 신문, 방송, 유튜브는 '젠더 갈등'이라는 관점으로 분노를 일으키기 쉽도록 구성된 내용을 보도한다. 넷째, 인터넷과 소셜네트워크서비스, 유튜브에서 단순한 사실 폭로와 저널리즘을 구별하지 못하는 선정주의는 더욱 혐오 발언을 증폭시킨다. 다섯째, 정치인들이 권력 정치의 이해관계에 따라 젠더 갈등을 이용하거나 조작하는 경우가 발생한다.

이러한 젠더 갈등의 지나친 강조는 20대의 취업난과 생활고의 사회적 원인을 은폐한다. 대다수 20대 남녀는 공통적으로 기성 사회질서의 피해자이자 약자인데, 서로 갈등하는 모습을 연출한다. 정치권을 통해 젠더 갈등은 정치적 기회를 획득하고 사회적 의제로 급부상하고 보통 사람의 의식과 행동을 지배한다. 이런 점에서 젠더 갈등은 우연적 현상이 아니라 '만들어진 사실'이다.

최근 소득 불평등이 커지고 좋은 일자리가 줄어들면서 만들어진 젠더 갈등은 심각한 수준으로 커지고 있다. 여성 혐오는 개인적 일탈의 문제가 아니라 약자의 고통을 무시하고 모욕한다는 점에서 매우 위험하다. 혐오 발언은 불평등 사회의 무한 경쟁 속에서 타인에 대한 공감 능력을 상실한 사회적 병리 현상으로 볼 수 있다. 민주적 사회에서 개인의 자유와 권리를 신봉하는 사람들은 소수집단을 공격하는 혐오 발언에 단호하게 맞서야 한다. 타인에 대한 차별과 배제를 영속화하려는 혐오 발언에 대한 사회적 제재와 규제 장치를 만들어야 한다.

정치권은 여론조사의 표면적 수치의 오독을 중단해야 한다. '이대남'의 최대 고민이 젠더 갈등이라고 착각하지 않아야 한다. 20대가 정말 원하는 것은 여성 혐오가 아니라 그들의 삶에 영향을 주는 '고용, 주거, 복지, 여가' 등 삶의 질 전반의 개선이라는 사실을 깨달아야 한다.

사회적 고립의 시대

왜 사람은 외로움을 느낄까? 개인의 성격에 따라 외로움이 생기는 것일까? 외로움은 사회적 현상일까? 영국 경제학자 노리나 허츠 Noreena Hertz는 『고립의 시대』에서 "코로나바이러스가 우리를 공격하기 전에도 이 시대는 이미 외로운 세기였다"고 주장한다.[26] 허츠 교수는 외로움의 사회적 기원을 탐구하고, 경제적으로 풍요로워질수록 사회적으로 고립되는 시대를 분석한다. 인터넷을 통한 초연결 시대에 사는 현대인들이 외로움을 더 느끼는 것은 역설적이다.

『고립의 시대』는 "세계화, 도시화, 불평등 심화, 권력 비대칭에 의해, 인구 구조의 변화, 이동성 증가, 기술 발달로 인한 혼란, 긴축정책에 의해 그리고 이제는 코로나바이러스가 불러일으킨 변화에 의해 외로움은 그 형태가 달라졌다"고 주장한다. 그러나 외로움의 증가는 반드시 최근의 현상은 아니다. 1950년대 미국 사회학자 데이비드 리즈먼David Riesman의 『고독한 군중』은 미국 중산층이 개성을 잃어버린 표준적 유형으로 변화하는 동시에 '내부 지향적' 인간으로 변화했다고 지적했다.[27]

1980년대 이후 자유시장과 복지 축소를 강조하는 신자유주의 이데올로기가 확산되면서 사회적 관계가 더욱 위축되었다. 미국 사회학자 리처드 세넷은 『신자유주의와 인간성의 파괴』에서 노동시장 유연화로 인해 사람들이 장기적 관계보다 단기적 관계에 몰두하게 되고, 다른 사람의 인생 이야기보다 어떤 이익을 얻을 것인지에만 관심을 갖게 된다고 지적했다.[28] 인간은 서로 상품으로 취급한다.

외로움은 개인의 문제로 끝나지 않는다. 허츠는 외로운 개인들이 사회를 소외와 배제, 양극화와 정치적 극단주의로 내몰고 있다고 지적한다. 전 세계적으로 혐오 발언이 확산되고 외국인에 대한 적대적 태도가 증가하고 있다. 『고립의 시대』는 현대인들이 소통 본능을 잃어버린 '외로운 생쥐'처럼 서로를 공격하고 있다고 비판한다. 또한, 우리가 살고 있는 세계에 외로움이 커질수록 사회경제적 비용이 커지는 문제점도 날카롭게 설명한다. 마치 한국의 현실을 들여다보는 것처럼 느껴진다.

통계청의 「국민 삶의 질 2021 보고서」를 보면, 일반적으로 사람들을 어느 정도 '믿을 수 있다'라는 사람의 비율이 보여주는 대인 신뢰도가 2020년 50.3%로 1년 전보다 15.9%포인트 낮아졌다. 위기 상황에 도움을 받을 곳이 없는 사람의 비율을 의미하는 사회적 고립도 역시 눈에 띄게 늘어서 2021년 34.1%로 2019년 27.7%보다 6.4%p 증가하였다. 연령이 증가할수록 사회적 고립도가 증가하여 19~29세 26.7%에 비해 60세 이상은 41.6%로 14.9%p 높게 조사되었다.[29]

한국 사회는 '저(低) 신뢰 사회'이다. 한국인의 강한 가족주의의 영향으로 혈연 집단 내 신뢰는 높으나 혈연을 벗어난 개인이나 집단에 대한 신뢰가 낮다. 특히 정부나 제도적 장치에 대한 신뢰가 매우 낮다.

한국은 경제적으로 성공한 국가이지만 지난 수십 년 동안 사회적 관계가 극도로 약화되었다. 경제협력개발기구(OECD) 통계에 따르면, 한국인은 어려움에 처할 때 도움을 청할 사람이 있다는 응답이 가장 낮다. 길에서 낯선 사람을 만났을 때 안전하다고 느낀다는 응답도 밑바닥이다.[30] 한국의 사회적 자본과 신뢰가 극도로 취약한 사회가 되었기 때문에 우울증, 정신질환, 자살율의 증가에도 영향을 준다. 사회적 관계의 악화로 인해 사회갈등이 격화되고 엄청난 비용을 치르게 된다. 경제적 성공과 정신적 불행의 역설은 '한국의 비극'이다.

한국의 낮은 사회적 신뢰는 불평등의 증가와 밀접한 관련이 있다. 불평등이 커지면서 사회적 신뢰가 저하되고 있다. 전 세계적으로 불평등이 큰 사회일수록 사회적 신뢰가 낮다. 불평등은 사회적 균열을 강화하고 '우리'와 '그들'의 경계를 높인다. 특히 세습 불평등 사회는 자유로운 사회이동을 줄이고 사회적 단절을 심화시킨다. 서울의 강남에 사는 이유에는 사교육과 문화자본의 혜택보다 가난한 사람과 분리되기 위한 욕망이 숨겨져 있다. 부유한 동네일수록 공공임대주택뿐 아니라 가난한 사람들이 '섞일 수 있는' 행복주택조차 기피의 대상이 된다. 어릴 적부터 '수준이 맞는' 사람들끼리 친구가 되고 동문이 되고 결혼 상대가 되기를 기대한다.

사회의 균열이 심화되고 계급의 장벽이 높을수록 사람들은 자꾸만 개인적 연고와 인간관계에 집착한다. 노인 세대에서 종친회, 향우회, 동창회가 중요한 사회적 결사가 되었지만, 젊은 세대에게는 이마저도 정체성이 흐릿한 조직이 되었다. 혈연, 지연, 학연은 낡은 시대를 상징한다. 비정규직이 증가하고 직장을 옮기는 기회가 높아질수록 노동조합에 대한 소속감도 희미해진다. 직장의 상조회도 빠르게 사라지고 있다. 언제 다시 만날지도 모르는 사람끼리 결혼식과 장례식의 부조를 하는 것도 부담스러운 일이 되고 있다.

2030 세대에게 디지털 기술이 다양한 소통 기회를 제공하고 혈통이나 계급과 다른 감정의 공동체를 제공하지만, 외로움은 여전히 사라지지 않는다. 다양한 인터넷 커뮤니티, 사이버 공동체, 팬덤은 대면 접촉보다 비대면 접촉이 중심을 이룬다. 카카오톡, 인스타그램, 페이스북에 수많은 '친구'들이 서로 문자와 이모

티콘을 보내고, '좋아요'를 누를 때 그들은 진정한 친구로 느낄까? 디지털 기술이 만든 초연결 시대 사람들이 더 외롭다고 느끼는 것은 너무나 지독한 역설이다.

허츠의 『고립의 시대』는 외로움이 단지 영국 사회의 문제뿐 아니라 유럽과 미국, 동아시아에도 널리 만연한 현대적 현상으로 분석한다. 이 책은 우리가 일하고 투표하고 소통하는 방식을 무너뜨리는 '고립 사회'의 근원을 파헤치면서 어떻게 분열된 사회를 다시 통합하고 코로나19 위기로 단절된 사회를 재건할 것인지 해법을 모색한다.

최근 영국 사회에서 외로움은 매우 심각한 사회문제뿐 아니라 정치적 의제로 떠올랐다. 영국 정부 차원에서 외로움을 담당하는 조직을 구성하고 「외로움 연간 보고서」를 출간하고 있다. 전 세계적으로 외로움에 대한 정치적 해결책이 필요하다는 주장이 더 많은 설득력을 얻고 있다. 이는 한국 정부에도 중요한 시사점을 제공한다. 최근 한국에도 은둔형 외톨이가 거의 50만 명에 달하고 청년층뿐 아니라 중년층과 노년층에서도 나타나고 있다. 많은 사람들이 외로움으로 인한 우울증, 정서 불안, 정신질환의 고통을 겪고 있다. 정부가 경제성장률과 국내총생산에만 관심을 기울이기보다 개인들의 삶의 질, 사회적 신뢰와 통합, 행복감을 높일 수 있는 정책에 더 관심을 가져야 한다. 무엇보다도 자본주의적 무한 경쟁 대신 교육과 보건, 고용, 일과 가정의 균형, 아동 돌봄에 대한 국가의 책임을 강화하고 사회적 위험에 처한 사람을 돕는 포용적 사회보장 제도를 확대해야 한다. 또한, 중앙정부 차원에서 외로움과 정신건강, 은둔형 외톨이, 자살 충동에 대응하는 효과적인 부처 간 협력 기구를 만들 필요가 있다.

허츠는 민주주의의 훈련을 통해 고립된 개인을 모으는 공동체의 재구성이 시급하다고 역설한다. 오늘날 외로움을 줄이기 위한 정책으로 많은 대안이 거론된다. 첫째, 인터넷과 소셜네트워크서비스, 사물인터넷 등을 활용해 정보의 접근성과 온라인 소통을 강조하는 기술주의적 입장이다. 둘째, 다양한 개인들의 이익집단, 친목회, 동호회, 자원봉사 조직과 같은 자발적 결사를 강조하는 입장이다. 나는 위 두 가지 요소도 중요하지만, 공원, 미술관, 박물관, 체육시설, 평생교육기관, 어린이 시설, 공공도서관 등에서 사람들이 직접 모여 얼굴을 보고 서로 소통하고 교류하는 물리적 사회기반시설(인프라스트럭처)이 중요하다고 본다.

친구와 동료 관계를 강화하는 지역 공동체 차원의 물리적 하부구조가 중요하다. 스마트폰 등 디지털 기술을 통한 연결이 모든 것을 해결할 수는 없다. 누구나 어울릴 수 있는 교통, 보건, 평생 교육을 위한 공동체 공간은 사람들의 사회적 연결을 확대하도록 도울 수 있다. 우리가 사는 동네에서 서로 만나 말을 건넬 수 있다면 사회적 차원에서 협력하는 기회가 많아질 것이다. 아리스토텔레스Aristoteles가 말한 대로 "우정은 삶에서 절대적으로 필요한 것"이다.

사회경제적 불평등이 지나치게 커진다면 공동체는 약화될 수밖에 없다. 가난한 사람들이 많이 사는 동네에 중산층이 떠나고, 부자 동네에 집값이 비싸 가난한 사람들이 들어올 수 없으면 사회의 분열은 더욱 심각해질 것이다. 특히 부자들은 가난한 사람들과 함께 다니는 공립학교 대신 사립학교 또는 국제학교를 선호한다. 부자들은 가난한 사람들이 이용할 수 있는 공원, 도서관, 체육시설, 미술관을 건립하기 위해 세금을 더 내야 하는 일에 동의하지 않을 것이다. 이렇게 어린 시절부터 서로 다른 지리적 공간에서 태어나고, 다른 학교에 다니고 상이한 직장을 다니면서 어울릴 기회가 없다면 서로 신뢰를 쌓을 기회가 전혀 없게 될 것이다. 신뢰가 낮아지면서 타인을 바라보는 불안감이 커지고 범죄에 대한 공포감이 더욱 증가한다. 빈부 격차가 큰 사회에서 사설 경호원이 늘어나고 감옥이 커지는 것은 우연이 아니다. 한국에서도 최근 보안 용역업체와 사설 경비회사가 증가하는 것은 사회의 분리가 커지는 징후로 볼 수 있다. 아리스토텔레스가 말한 '우정'은 단지 비슷한 소득계층의 우정으로 변질되고, 사회에는 빈부 격차에 의해 높은 장벽이 세워지게 될 것이다.

아이가 사라지는 나라

2022년 5월 5일 한국은 어린이날 100주년을 맞이했다. 그러나 미래에는 어린이가 없는 세상이 닥쳐올지 모른다. 한국의 출생률은 3년 연속 전 세계에서 최하위권을 기록하고 있다. 단 한 번도 어디에서도 경험하지 못한 빠른 속도로 인구가 줄어들고 있다. 인구 감소가 아니라 '인구 붕괴'(population collapse)의 수

표 1-1 경제협력개발지구(OECD) 38개 회원국 중 가장 낮은 한국의 합계출산율

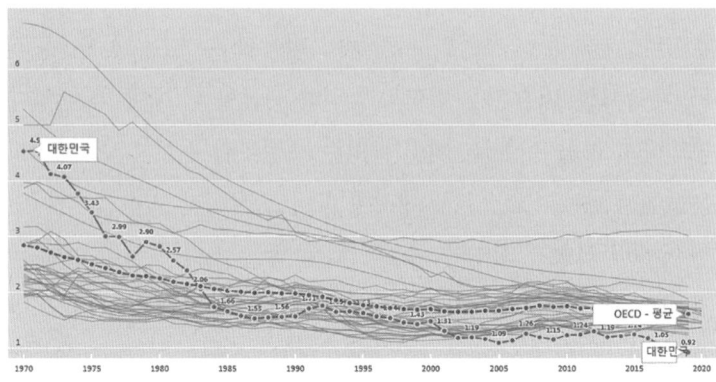

자료: OECD, 2022. OECD Labor Force Statistics. OECD.[31]

준이다. 1960년대 출산율은 약 6명이었는데, 1980년대는 2명 수준으로 줄었고, 2019년 현재 OECD 평균 1.61인데 비해 한국은 0.92명에 불과하다.

저출생은 한국 사회의 가장 큰 사회문제이다. 출생아 수와 합계출산율은 세계에서 가장 낮고, 감소 추세 또한 세계에서 가장 빠르다. 지난 20여 년간 정부는 수백조 원의 예산을 투입했지만 모두 실패했다. 원인은 인구, 경제, 문화 등 다양한 요인이 있지만, 정부의 정책 실패가 심각하다. 새로운 대안이 시급하다.

한국의 총인구가 감소하기 시작했다. 2050년에는 한국 총인구가 2020년 보다 8.6% 줄어들어서 4천700만 명대에 이를 것으로 나타났다. 테슬라 최고경영자 일론 머스크는 "20년 후에 세계가 직면할 가장 큰 문젯거리는 '인구 붕괴'라고 생각한다"고 말

하며, 자신의 트위터에 세계은행이 제공한 2020년 국가별 출산율 순위표를 공유했다. 200개 나라 중에 한국 출산율은 0.84명으로 꼴찌다. 머스크는 한국과 홍콩이 가장 빠른 '인구 붕괴'를 겪고 있다고 말하면서, 특히 한국 출산율이 변하지 않는다면 3세대 이후 인구수가 현재의 6% 미만에 그칠 것이며 대부분은 60대 이상이 될 것이라고 말했다. 수차례 결혼을 거쳐 7명 자녀를 둔 머스크가 인구 감소 걱정을 한 건 처음이 아니다. 앞서 일본이나 이탈리아의 낮은 출산율에 대해서도 우려를 표명했다. 2022년 한국의 합계출산율은 0.78명으로 더 감소했다.

과연 저출생은 인류에 재앙이 될 것인가? 앞으로 급락하는 출생율은 경제와 사회에 어떤 영향을 미칠 것인가? 인구 감소에 대한 학계의 주장은 전통적으로 크게 두 가지 관점이 있다. 19세기 영국의 목사이자 경제학자였던 토마스 맬더스Thomas Malthus는 『인구론』에서 식량 증가에 비해 인구 증가가 너무 빨라 엄청난 위기가 도래할 것이라고 주장했다. 이 당시에는 인구 감소가 아니라 인구 증가가 더 두려운 일이었다. 그러나 20세기 이후 생산성이 급속하게 향상되면서 인구 증가가 경제위기의 원인이라는 주장은 거의 사라졌다. 케인스 경제학이 수요 측면을 중시한 이후 실물자본, 인적 자본, 기술의 진보가 경제성장의 요인으로 강조되었다. 오히려 인구 규모가 크면 경제성장에 유리하다는 주장도 제기되었다. 인구 규모가 거대한 내수 시장을 형성하는 미국과 중국의 사례가 대표적이다. 하지만 인구가 많은 국가 중 매우 가난한 나라도 많다. 인도와 브라질은 인구는 많지만 여전히 빈곤층이 매우 많다. 오히려 스웨덴, 덴마크, 스위스 등 인구가 적은 나라들이 부유한 경우도 적지 않다. 인구 규모가 모든 것을 결정하는 것은 아니다.

케인스주의 관점에서 보는 일부 경제학자들은 인구 감소가 구매력을 줄이고 경제성장을 둔화시킬까 걱정한다. 반면 기술 혁신과 생산성 향상이 이루어진다면 경제성장 타격은 거의 없을 수 있다는 반론도 있다. 『특이점이 온다』를 쓴 레이 커즈와일^{Ray Kurzweil}은 현재처럼 인구가 감소하면 조만간 구직난이 아니라 '구인난'이 올 것이라는 주장도 했다. 더욱이 인구가 감소하면 탄소 배출이 줄어들어 기후 변화에 대처하는 데 도움이 된다는 사람들도 있다. 하지만 기술 진보와 인류의 미래를 정확히 예측하기는 어렵다. 게다가 어느 정도 인구 대체율이 적절한지 판단하기도 쉽지 않다.

전 세계적으로 인구의 감소 추세는 거대한 흐름으로 볼 수 있다. 산업혁명 이후 200년 동안 급격한 인구 증가가 일어났지만, 다시 그런 놀라운 일은 일어나지 않을 것으로 보인다. 2차 세계대전 이후 선진 산업국가들의 베이비붐 현상도 더 이상 발생하지 않을 것으로 보인다. 인구의 '슬로우 다운'(slow down) 현상은 장기적 추세처럼 보인다. 그럼에도 불구하고 한국과 같은 급격한 인구 감소는 부작용이 클 수 있다. 경제침체보다는 사회적 부담이 지나치게 커지고, 특히 젊은 세대의 노인 세대 부양 부담이 커지고, 나아가 세대 갈등을 유발할 가능성이 크다. 국민연금이 20~30년 내 고갈될 전망인데, 국민연금 개혁이 젊은 세대가 더 납부하고 더 적게 급여를 받는 방향으로 바뀐다면 매우 큰 사회적 갈등이 발생할 수 있다.

결국 지나치게 빠른 인구 감소는 커다란 인구 고령화 충격을 야기할 수 있다. 은퇴한 노인 세대를 부양해야 하는 중장년 세대, 나아가 청년 세대에는 엄청난 부담을 줄 수 있기 때문이다. 한국에서 2040년에는 생산연령인구(15~64세) 3명이, 65세 이상 고령인구 2명을 부양하는 수준이 될 정도로 저출생 고령화가 심화될 것으로 전망되고 있다. 그래서 많은 사람들이 국민연금 고갈을 걱정하거나, 조세 부담의 증가를 우려한다. 국민연금, 기초연금, 요양보험 등 노인 부양 부담의 심각한 증가로 재정적 제약과 연금 고갈, 나아가 엄청난 정치적 갈등을 유발할 수 있다.

왜 출산율이 낮아지는가? 합계출산율 감소 요인은 매우 다양하고 복잡하다. 일반적으로 인구학에서 가장 유명한 이론은 미국 경제학자 게리 베커Gary Becker의 '기회비용' 이론이다. 소득이 높은 중산층 부모일수록 자녀 출산의 기회비용이 크기 때문에 자녀의 수가 적다는 주장이다. 중산층 부모는 소득이 중단된다면 자녀 출산과 양육을 위한 기회비용이 크기 때문에 출산을 회피할 거라고 본다. 실제로 미국의 중산층 가정의 자녀의 수는 저소득층 가정보다 적다. 지금도 이 추세는 거의 유지되고 있다. 유럽과 아시아에서도 비슷한 현상이 나타난다. 그러나 한국의 경우에는 훨씬 복잡한 특성이 나타난다. 한국의 저출생 요인은 다양한 차원으로 나누어 볼 수 있다. 한국의 경우 소득 수준이 낮은 청년들이 결혼과 출산의 비율이 낮다는 점에서 기회비용 이론이 반드시 맞다고 볼 수는 없다. 오히려 소득 수준에 따라 결혼과 출산의 불평등이 발생하는 현상에 주목해야 한다. 취업, 연애, 결혼을 포기한 '3포 세대'라는 유행어가 지적하는 문제 제기를 심각하게 생각해야 한다.

학자들의 연구와 다양한 여론조사를 보면 저출생의 주요 원인으로 다음 내용을 지적할 수 있다. 첫째, 경제적 이유를 들 수 있다. 청년 실업, 비정규직, 저임금 노동자의 증가로 청년 세대의 결혼 준비가 어려워졌다. 결혼을 위한 소득, 주거비 부담이 지나치게 커졌다. 둘째, 문화적 이유로 개인주의 가치관이 증가하고, 비혼, 만혼이 증가하고, 결혼과 출산에 대한 사회적 규범이 많이 약화되었다. 셋째, 가정 내 가부장제 문화가 매우 강해 여성의 가사노동과 육아 부담이 너무 크다. 이로 인해 여성의 결혼 기피와 연장이 증가하는 경향이 나타난다. 또한 남녀 모두 직장의 근무시간이 지나치게 길고 여성이 일과 가정의 균형을 유지하기 힘들다. 넷째, 인구학적으로 이미 지난 30년간 감소한 출생아수로 현재 출산 가능 연령 인구가 매우 적어졌다. 또한 지리적으로 수도권 인구 집중으로 수도권 주거비 급등, 과잉 경쟁으로 청년층 결혼이 심각하게 어려워졌다. 전국 중 서울의 합계출산율은 0.6명대로 최하위권이다. 다섯째, 정부 정책이 출산에 영향을 미칠 수 있다. 무엇보다 교육비 부담을 줄이는 복지정책이 거의 전무하다. 지나친 입시 경쟁으로 인한 사교육비 부담도 지나치게 크다. 또한 여성의 경제활동 증가에 비해 직장 여성을 위한 출산, 양육휴가, 방과 후 학습, 저녁 시간 동안 아동 돌봄에 대한 정부의 정책적 지원이 매우 부족하다.

　위에서 언급한 저출생의 다양한 요인 가운데 어느 한 가지만 맞고 다른 것은 틀렸다고 볼 수 없다. 하지만 한 가지 요인만 지나치게 강조하는 경우 오류가 발생할 수 있다. 특히 청년 세대의 가치관과 문화적 요인을 지나치게 강조하는 경우 정책이 실패할 수 있다. 이명박 정부 당시 젊은 여성이 결혼을 기피하는 이유로 출산과 가정을 중시하는 가치관의 결핍을 지적하면서 복지부 장관이 나서 여성의 가치관을 바꾸는 캠페인을 벌였다. 이러한 시대착오적인 캠페인은 거액의 예산을 들였지만 무참하게 실패했다. 결혼과 출산 기피 문화는 저출생의 원인이 아니라 오히려 경제적, 정책적 실패의 결과로 보지 못한 '기능주의적 오류' 때문이다.

　저출산의 대안 정책 가운데 가장 중요한 것은 청년 세대를 위한 좋은 일자리와 주거 지원 등 경제적 차원의 대안과 함께 출산과 보육을 지원하는 정부의 정책 개입이다. 동시에 장기적으로 수도권 인구 집중과 지나친 불평등 증가를 완화하는 노력이 동시에 필요하다. 특히 교육 불평등이 매우 중요하다. 한국의 교육비 부담은 매우 높고, 특히 사교육비 부담이 세계 최고 수준이다. 한국에는 "중산층 교육은 없고 상류층 교육만 있다"는 말이 있다. 중산층이 거의 상류층 수준의 엄청난 사교육비를 지출하며, 거의 모든 계층이 '자녀 교육에 올인'하는 기이한 현상이 계속되고 있다.

　왜 교육 경쟁이 지나치게 커질까? 가장 큰 원인은 상위권 대학에 진학하기 위한 과잉 경쟁이다. 그러면 왜 대학 입시에서 과잉 경쟁이 발생할까? 이는 상위권 대학과 중하위권 대학 졸업생의 취직 후 소득 격차가 너무 크기 때문이다. 대기업과 중소기업의 임금 격차는 거의 2배 수준이다. 정규직과 비정규직도 거의 2배 수준이다. 세계 최고 수준의 노동시장 이중화가 발생했다. 같은 대졸자 가운데도 상위권 대학과 중하위권 대학 졸업자의 소득 격차가 너무 크기 때문에 입시 경쟁은 더욱 치열해지고 있다. 그래서 아무리 대학 입시를 바꾸고, 심지어 최상위권 대학을 10개로 늘려도 별로 소용이 없다. 노동시장 소득 격차가 너무 큰 상황에서 최상위권 대학에 입학하기 위한 사교육비 지출은 결코 줄어들지 않을 것이다. 교육의 과잉 경쟁이 유지되는 상황에서 부모는 자녀 사교육비 부담을 감당할 수 없고, 자녀를 이런 환경에서 교육시키고 싶지 않다고 생각하는 사람들이 늘어나고 있다. 결국 교육이 바뀌지 않으면 저출생 문제는 해결되지 않을 것이다.

사교육비 지출의 더 큰 문제는 교육의 질이다. 사교육은 단지 국어 영어 수학 위주로 주입식, 암기식 입시 준비만 치중하여 학생들의 자유로운 개성과 창의성을 높이는 교육을 가로막는다. 또한 지능지수(IQ) 이외에 감성 지능(EQ)과 사회 지능(SQ)을 중시하는 교육이 완전히 실종되었다. 현재 교육은 학생들을 거의 시험 기계로 만들고 있다. 이는 장기적으로 창의성을 중시하는 사회에서는 거의 쓸모없는 암기 능력만 키우고 있는 것이다. 지나친 사교육을 줄이고 창의성을 중시하는 교육을 강화하지 않으면 장기적인 경제성장과 혁신도 불가능하다.

과연 저출산은 여성의 책임인가? 2021년 6월 미국 피터슨 국제경제연구소가 '코로나19 대유행의 광범위한 영향: 한국의 재정 전망 및 출산율 전망'이라는 제목의 보고서를 발표했다.[32] 이 보고서는 고학력 여성의 결혼 기피, 여성의 과도한 가사노동 부담, 혼인한 부부 외의 가정에서 양육되는 자녀에 대한 법적·사회적 차별, 한국의 가족 형성에 중요한 측면인 비용 부담, 상대적으로 높은 교육비 부담 등을 저출생의 주요 요인으로 지적했다. 많은 요인 가운데 고학력 여성의 결혼 기피를 가장 중요한 요인으로 볼 수 있을까? 실제로 고학력 여성의 결혼 비율이 상대적으로 낮은 것은 사실이다. 한국에서 여성은 자신보다 학력과 소득이 낮은 남성과 결혼하는 경우가 적기 때문에 나타나는 현상이다. 그런데 중요한 문제는 고학력 여성의 결혼 기피는 낮은 출산율의 원인이 아니다. 이는 다른 경제적, 정책적 이유의 결과로 보아야 한다.

이런 점에서 직장과 가정에서 여성의 권리를 보장하는 노력이 중요하다. 젊은 여성 가운데 출산을 기피하는 현상이 점점 늘어나고 있다. 젊은 여성 중 '만혼은 필수고 비혼은 선택'으로 보는 경향이 크게 증가했다. 여론조사에서 비혼을 선택하는 사람들도 급속하게 증가하여 거의 40%를 넘기도 했다. 여성가족부 〈2021년 양성평등 실태조사〉를 보면 한국의 미혼 남성 15~39세 가운데 "결혼 의향 있다"는 응답이 52.26%인데 비해, 미혼 여성 15~39세 가운데 "결혼 의향 있다"는 응답은 37.83%에 불과했다. 또한 자녀가 없는 남성 15~39세 가운데 "자녀 가질 의향 있다"는 응답은 47.9%인데 비해, 자녀가 없는 여성 15~39세 가운데 "자녀 가질 의향 있다"는 응답이 35.2%에 그쳤다.[33]

정말 청년 세대는 결혼을 기피하는 것일까? 다양한 심층 여론 조사를 보면 자발적 비혼은 20%에 불과하다. 한국보건사회연구원의 〈2018년 전국 출산력 및 가족보건·복지실태조사〉 자료를 활용한 만 25세에서 만 39세 이하의 미혼남녀 1,208명의 응답에 대한 강유진의 연구 결과를 보면, 응답자의 80% 정도가 비자발적 비혼이다.[34] 2022년 한국리서치의 〈결혼 인식 조사〉를 보면, 미혼 응답자에게 결혼을 하지 않은 이유로 '경제적으로 여유가 없기 때문에(53%)'라는 응답이 2년 연속 가장 높았다. 내 집 마련 등 결혼 비용 증가를 지적했다. '적당한 상대를 아직 만나지 못했기 때문에(47%)'라는 응답이 그 뒤를 이었다. 모든 연령대에서 '경제적으로 여유가 없기 때문', '적당한 상대를 아직 만나지 못했기 때문', '결혼할 필요성을 느끼지 못하기 때문에' 순서로 응답했다. 다만 여성 미혼 응답자는 '결혼할 필요성을 느끼지 못하기 때문에' 현재 결혼하지 않았다는 응답이 많았다.[35] 결국 결혼하고 출산하고 싶어도 못하는 상황에 내몰린 것으로 볼 수 있다. 특히 여성이 남성보다 결혼과 출산에 대한 부담이 훨씬 크다는 걸 보여준다. 여성이 결혼 후 남편과 시댁과의 관계뿐 아니라 자녀 양육의 부담이 상대적으로 더 크기 때문이다.

다양한 통계 자료를 보면 남성 가운데 저소득층 비혼 비중이 크고, 여성은 고소득층 비혼 비중이 크다.[36] 남자는 비혼 사유가 대개 일자리, 소득, 주거 등 경제적 이유가 많다. 반면 여성은 남편, 시댁, 육아 등 개인적 부담 요인을 지적하는 경우가 많다. 이러한 현상은 중요한 시사점을 준다. 아무리 일자리와 소득이 늘어도 결혼과 출산 문제가 해결되지 않을 수 있다. 직장과 가정에서 남녀평등을 촉진하는 제도와 문화를 더 강화해야 한다.

최근 증가하는 만혼과 비혼 현상에는 경제적, 사회적 이유와 함께 정책적 요인도 크게 영향을 미쳤다. 직장과 가정 내 가부장제 문화와 여성 가사노동 부담이 너무 크기 때문이다. 직장 여성이 출산, 육아휴직을 눈치 보지 않고 신청하기가 쉽지 않다. 공공기관보다 민간 기업에서 더욱 심각하다. 자녀 육아를 위해서 노동시간 단축과 정시 퇴근 등 일과 가정의 균형을 강화하는 정책이 필요하다. 이를 위해서는 여성뿐 아니라 남성의 장시간 노동과 잔업, 야근, 휴일근무도 줄여야 한다. 2023년 윤석열 정부의 '주 69시간 노동제'는 저출생을 더욱 악화시킬 뿐 아니라 삶의 질을 더욱 떨어뜨릴 것이다. 또한 가정에서 남녀 간 육아 등 가사노동 분담의 문화가 중요하다. 결국 출산 문제는 좋은 일자리와 보육 지원의 확대뿐 아니라 노동시간 단축과 남녀 평등의 실천이 중요하다.

최근 방송 프로그램 중 〈연애 버라이어티〉, 〈나는 solo〉, 〈하트시그널〉 등 짝짓기 프로그램들이 인기를 끌고 있다. 연애는 안 하지만 연애 버라이어티를 보는 심리의 요인은 무엇일까? 2010년대 이후 연애, 결혼, 취직을 포기하는 '3포 세대'라는 말이 유행어가 되었지만, 모든 청년들에게 적용되는 것은 아니다. 최근 통계 자료를 보면, 젊은 세대가 연애하는 비율이 감소하는 이유를 보면, 경제적 이유가 매우 큰 것으로 나타난다.[37] 연애와 결혼의 성공도 상위층, 특히 고소득층 비중이 높은 편이다. 결혼 시장의 양극화와 함께 연애 시장도 양극화 현상이 발생하고 있다.

디지털 자본주의에서 사람들의 경험은 점차 가상공간에 의존하고 있다. 과거의 낭만적 연애 소설에서 점차 영화와 유튜브로 관심이 이동하면서 인터넷에서 리얼리티쇼처럼 실제 상황과 비슷한 짝짓기 프로그램의 인기가 늘어나고 있다. 이는 단순한 대리 만족을 추구하는 사회적 관음증으로 볼 수 없다. 연애 프로그램의 높은 시청율은 연애를 갈망하는 사람들의 잠재적 심리를 보여주기도 하지만, 현실에서는 불가능한 꿈이 되어버린 무기력의 표현이기도 하다. 슬픈 현실이다.

저출생이 국가적 의제로 부각된 시기는 노무현 정부의 시기이다. 2006년 이후 진보 정부와 보수 정부 모두 누적 200조 넘는 예산을 들여 저출생 대응에 나섰지만 합계출산율은 더욱 낮아졌다. 정부 예산 편성을 자세히 보면 보육 지원에 집중했다. '누리 과정' 등을 통해 어린이집과 유치원에 대한 예산에 막대한 비용을 지출했다. 직장 여성뿐 아니라 가정주부도 보육 지원 혜택을 받았다. 일하지 않는 여성에 대한 보육 지원은 복지 선진국 스웨덴에서도 실행하지 않은 정책이다. 하지만 한국의 보육 지원 확대가 양육비 부담을 낮추지는 못했다. 많은 보육 시설에서 특별 급식비, 영어 교육 등의 명목으로 상당한 액수를 학부모에게 요구했기 때문이다.

다른 한편 지방 정부에서는 다양한 이름의 출산 장려금을 지급하는데, 이 역시 거의 효과가 없는 것으로 보인다. 오히려 출산 장려금을 많이 주는 지방자치단체의 지역으로 주민등록만 옮기는 사례도 매우 많은 것으로 보인다. 최근 전국에서 가장 출산율이 높은 지자체가 전남 영광군(1.81명)이었는데, 실제로 주민등록 인구는 지속적으로 줄었다. 한편 전국 광역단체 중 세종시가 지속적으로 출생율이 가장 높은 것을 보면 공무원과 공공기관 직원처럼 안정적 일자리가 출생율에 큰 영향을 미쳤음을 알 수 있다.

지난 20년 동안 정부의 저출산 정책의 가장 큰 문제는 정작 결혼을 앞둔 청년들의 고용과 주거 문제를 제대로 해결하지 못했다는 사실이다. 더욱이 직장과 가정에서 양성평등 제도와 문화가 정착되지 않은 채 출산율의 상승은 어렵다. 다양한 여론조사를 보면, 많은 사람들이 출산하지 않은 가장 큰 이유로 경제적 이유와 함께 자녀 교육비 부담을 지적한다. 많은 맞벌이 부부들은 직장과 육아의 이중 부담을 호소한다. 또한 세계 최장 수준의 긴 노동시간으로 인해 자녀 돌봄의 부담이 너무 크다. 결국 저출생은 개인의 선택보다 사회적 압력의 결과로 보아야 한다.

한국 사회의 저출생 현상은 불평등의 증가와 깊은 관련이 있다. 청년 세대의 일자리와 주거 불안이 매우 크기 때문이다. 청년 세대 내 불평등이 커지면서 저소득층 청년에게 자녀 출산과 양육은 커다란 부담이 되고 있다. 정부의 가장 중요한 정책으로 저소득 청년을 위한 주거와 고용 지원을 중시해야 한다. 부모를 위한 보육 지원 정책도 중요하다. 나아가 중장기적으로 노동시장 소득 격차 등 지나친 사회 불평등을 줄여야 한다. 공교육 등 사회복지 제도를 확대하고 복지국가를 강화해야 한다. 또한 수도권 인구 집중 완화와 국토 균형발전 전략도 중요하다.

한국과 비슷한 산업 구조와 고용 구조를 가진 유럽 국가들의 합계출산율이 약 1.8명 내외로 한국보다 훨씬 높다. 이는 저출생을 경제나 가치관의 문제로만 보아서는 안 된다는 점을 보여준다. 특히 유럽 국가들이 무상 공교육과 관대한 보육 지원 제도를 갖추고 있다는 점에 주목해야 한다. 1980년대에 프랑스와 스웨덴도 저출생이 심각한 사회문제가 되었고 정치권에서도 커다란 관심을 가졌다. 그 후 정부가 막대한 예산을 지원해 보육 지원과 여성의 경제활동을 지원하는 제도와 프로그램을 도입했다. 동시에 양성평등 법률과 정책을 강화했다. 그 후 프랑스와 스웨덴의 출산율이 상당한 정도로 상승했다.

유럽에서 상대적으로 출산율이 높은 프랑스의 사례를 보면 유치원 교사 1인당 아동 4~5명 수준이다. 부모가 유치원을 믿고 아이들을 맡긴다. 게다가 부모가 저녁에 음악회에 가거나 친구 모임에 갈 때도 정부가 지원하는 육아 도우미의 도움을 받을 수 있다. 거의 무료다. 스웨덴에서는 육아휴직이 18개월이고, 남자도 3개월을 신청할 수 있다. 최근 스웨덴 사회민주당은 남성과 여성이 동등하게 9개월씩 육아휴직을 신청하도록 요구하고 있다. 수년 전 내가 스톡홀름에서 만난 스웨덴 사회민주당 여성 위원장의 말을 전한다. "남녀 동등한 육아휴직은 우리 당의 가장 중요한 첫 번째 공약입니다" 그 후 스웨덴 사회민주당은 다시 집권당이 되었다. 결국 소득이 증가할수록 사람들이 자녀를 적게 가진다는 '기회비용' 이론보다 정부 정책에 따라 다른 변화가 가능하다는 것을 보여준다.

최근 한국 사회에서 결혼 신고는 기피하지만 비혼 출산, 입양 등에 대한 관심도도 높아지고 있다. 지난 2019년, OECD 발표에 따르면, 한국 출생아 중에 단 2.3%, 7,166명이 결혼하지 않은 가정에서 태어났다. 독일의 혼외 출생 비중이 30%가 넘고, 미국은 40%, 덴마크와 스웨덴은 50%가 넘는다. 외국이 한국에 비해 높은 출생율을 유지하는 요인이기도 하다. 사회가 혼외출산을 수용하는 것이 저출생을 극복하는 데 큰 영향을 끼친다고 보는 견해도 등장했다.

한국 사회에서는 혼외 출산에 대해 부정적 인식이 높은 편이다. 서유럽과 미국은 1968년 학생 혁명 이후 '문화혁명'이 발생했고, 혼전 관계, 동거 문화가 널리 확산되었다. 한국에서는 그러한 문화혁명이 발생한 적이 없다. 아직도 한국, 일본, 중국 등은 가족주의 문화가 매우 강하다. 물론 법외 출생에 대한 차별을 폐지하는 제도 개혁이 필요하지만, 이는 출생아의 증가에 큰 영향을 미치지는 않을 것으로 보인다. 그럼에도 불구하고 다양한 가족 형태를 포용하고 동거 가족, 미혼모와 미혼부 가족을 지원하는 정책은 매우 중요하다. 난임 부부 지원과 자녀 입양을 지원하는 제도와 프로그램도 강화되어야 한다.

"아이는 온 마을 사람이 돌본다"는 아프리카의 오랜 속담처럼 보육은 국가의 과제가 되어야 한다. 아이가 없다면 국가의 미래가 없기 때문이다. 안보, 경제, 기술의 발전이 아무리 잘 이루어져도 아이들이 자유롭고 행복하게 자랄 수 있도록 돌봐주지 못한다면 제대로 된 국가라고 볼 수 없다. 영국 시인인 A. C. 스윈번 Algernon Charles Swinburne이 적은 "어린이가 없는 곳에 천국은 없다"는 말은 오늘날 한국 사회에도 중요한 의미를 던진다.

2장

한국의 불평등은 얼마나 심각한가?

세계 최고 수준의 불평등 국가
중산층 위기 시대
죽음도 삶만큼이나 불공평하구나
20대 반란의 원인은?

무릇 있는 자는 받아 넉넉하게 되되, 없는 자는 그 있는 것도 빼앗기리라.

− 『신약』 마태복음

위정자는 백성이 부족한 것을 걱정하지 말고 고르지 않은 것을 걱정하며, 백성이 가난한 것을 걱정하지 말고 불안해하는 것을 걱정하라.

− 공자 孔子

어린애가 노인에게 명령하고 바보가 현명한 사람을 이끌고 대다수의 사람들이 굶주리고 살아가는 데 꼭 필요한 최소한의 것마저 갖추지 못하는 판국인데, 한줌의 사람들에게서는 사치품이 넘쳐난다는 것은 명백히 자연의 법칙에 위배된다.

− 장 자크 루소

2022년 4월 문재인 대통령은 JTBC에서 방영된 손석희 전 앵커와의 특별 대담에서 "아동 빈곤율, 소득에 대한 5분위 배율이나 지니계수라든가 상대적 빈곤율, 노동 분배율과 같은 공정, 정의, 평등을 가늠해볼 수 있는 지표들은 적어도 객관적으로 아주 좋아졌다고 말씀드릴 수 있다"고 평가했다. 동시에 "부동산 가격이 상승하고 코로나19 등으로 세계적으로 자산 격차가 심화됐다. 평등을 지향하는 우리로서는 극복하지 못한 부분이며 아쉽다"고 말했다. 정말 한국의 소득 분배가 개선되었을까? 부동산 가격 상승은 전 세계적 현상일까?

세계 최고 수준의 불평등 국가

OECD 자료에 따르면 2018년 한국의 지니계수는 0.33으로 37개국 가운데 9번째로 나타났으며, 상대적 빈곤율은 16.7%로 미국, 라트비아, 이스라엘에 이어 네 번째로 높은 것으로 나타났다.[1] 노인 인구만을 봤을 때는 43.4%로 OECD 평균인 13.1%와 비교하면 약 3배 정도이고, 대다수 OECD 회원국들의 노인 빈곤율이 10% 안팎인 것과 비교하면 세계 최고 수준이다.[2]

노동소득 분배율은 국민소득에서 노동자의 임금소득이 차지하는 비율을 말하는 것으로 OECD 자료에 따르면, 2012년 67.1%, 2014년 66.9%, 2016년 68.4%, 2019년 70.0%로 점점 증가하는 것으로 나타났다.[3] 노동과 자본 간의 소득 격차를 가늠할 수 있는 지표인 노동소득 분배율의 상승은 전체 국민소득 중 노동소득 비중이 커졌다는 의미다. 그러나 노동소득 분배율이 올라간다고 해서 노동자 전체의 삶이 개선됐다고 볼 수 없으며, 임금 하위노동자의 소득개선에 주목해야 한다. 또한, 2019년 기준 노동소득 분배율은 독일 76.9%, 미국 74.2%, 영국 78.6% 순

으로, 한국의 노동소득 분배율은 OECD 주요 국가에 비하면 여전히 낮은 편이다.[4]

최근 OECD 국가들 가구들의 자산을 분석한 보고서에 따르면, 상위 5분위 가구는 평균적으로 전체 부동산 자산의 절반 이상과 전체 금융자산의 거의 80%를 소유하고 있는 것으로 나타났다.[5] 대조적으로, 하위 1분위 가계는 금융자산의 1%, 부동산 자산의 2%만 소유하고 있다. 부동산은 중산층의 자산에서 더 많은 부분을 차지하는데, 3분위 및 4분위는 부동산 자산의 3분의 1 이상을 소유하고 있지만, 금융자산은 17%에 불과하다.

부동산은 28개 OECD 국가 모두에서 자산의 최소 절반을 구성하고 20개 국가에서는 자산의 4분의 3 이상을 구성한다. 부동산 자산은 자산 분배에 균등한 영향을 미칠 수 있지만, 최근 몇 년 동안 주택 가격 상승은 특히 소유주와 세입자 가구 간의 격차를 높이며 부의 불평등을 높이는 데 기여했다(OECD, 2019). 저소득 가구의 경우 귀중품 및 차량과 같은 자산이 중산층 및 부유층 가구보다 상대적으로 더 중요한데, 이는 저소득 가구가 전반적으로 낮은 수준의 부를 갖고 있음을 반영한다. 5개 국가(호주, 캐나다, 이탈리아, 뉴질랜드, 영국)에서는 저소득 가구의 경우 다른 형태의 부가 주택 자산을 능가하며, 차량, 귀중품 및 기타 비금융자산의 상대적 중요성이 높다.

금융자산은 대부분의 국가에서 자산 분포의 최상위에 있는 가계들에서 가장 큰 구성 요소이다. 미국(67%), 뉴질랜드(65%), 영국(57%)에서 상위 5분위의 가계는 전체 자산의 절반 이상을 금융자산에 보유하고 있다. OECD 28개국 평균 금융자산은 순자산의 39%를 차지하며, 하위 1분위는 16%, 중간인 3, 4분위는 15%를 차지한다.

스위스 취리히에 있는 금융기관 크레디트스위스(Credit Suisse)가 2021년 발표한 『세계 자산보고서』(Global Wealth Report)에 따르면, 세계에서 가장 부유한 1%, 100만 달러 이상을 가진 사람들이 세계 부의 45.8%를 소유하고 있다.[6] 10,000달러 미만의 부를 가진 성인이 세계인구의 55.0%를 차지하지만 그들은 세계 부의 1.3%만을 보유하고 있다. 자산이 10만 달러 이상인 개인은 전 세계인구의 12.2%를 차지하지만 전 세계 부의 84.9%를 소유하고 있다. 초고액 순자산을 소유한 사람은 세계인구의 0.003%에 불과하지만 전 세계 부의 6.5%를 보유하고 있다.

파리경제대학의 『세계 불평등 보고서』(World Inequality Report) 자료에 따르면, 상위 10%가 차지하는 국민소득의 비율은 거의 모든 국가에서 증가했다.[7] 1980~2020년 사이에 상위 10%가 국가 경제 파이에서 차지하는 비중이 가장 많이 증가한 10개국은 인도, 러시아, 남아프리카공화국, 폴란드, 중국, 한국, 미국, 호주, 독일, 일본이다. 이러한 국가 중 일부에서 불평등의 급격한 증가는 2차 세계대전 이후, 실시된 경제적 격차를 줄이기 위한 다양한 정책의 철회와 동시에 발생했다.

2020~2021년 세계 부는 소득보다 훨씬 더 불평등하게 분배된 것으로 보인다. 세계인구의 가장 가난한 절반은 전체 순자산의 2%만 소유하고 있는 반면, 가장 부유한 절반은 지구상의 모

표 2-1 세계 소득, 자산 불평등 현황(2021)

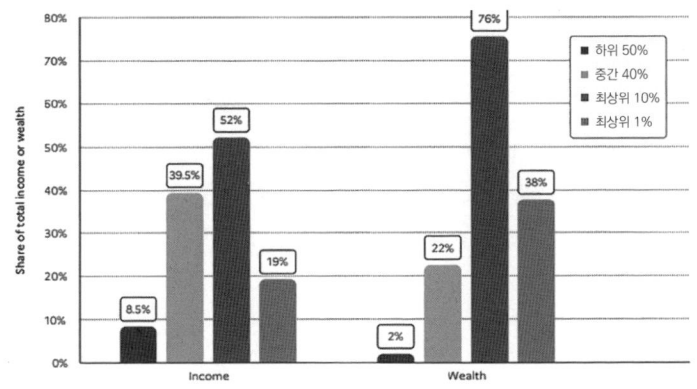

출처: 세계 자산보고서(Global Wealth Report, 2021).

든 부의 98%를 소유하고 있다. 전 세계 인구의 하위 50%는 평균적으로 약 400만 원의 자산(일반적으로 토지, 주택, 예금 또는 현금 형태)을 소유하고 있으며, 중간 40%는 총 부의 22%(성인 1인당 평균 5,697만 원)를 소유하고, 상위 10%는 76%(성인 1인당 평균 약 7억 6천만 원, 대부분 주식 및 채권과 같은 금융자산)를 소유한다. 하위 50%는 총 부의 1% 미만을 소유하고 상위 10%가 거의 82%를 소유하고 있다.

대부분 국가와 국제기구의 불평등 조사는 소득과 자산을 분석하지만, 사회의 불평등은 다양한 측면에서 고려해야 한다. 산업사회 초기 단계에서 사람들은 생산과 분배를 중시했지만, 후기 산업사회에서는 소비가 개인과 집단의 위계질서를 나타내는 중요한 요소가 되었다. 자동차, 쇼핑, 해외여행, 관광, 외식, 여가의 불평등은 불평등에 대한 주관적 체감을 증폭시켰다. 이외에도 교육, 연령, 세대, 젠더, 지역 등 다양한 사회적 기준에 따른 불평등도 중요하다. 건강, 보육, 문화, 신뢰, 환경 등 질적 차원의 불평등 역시 고려해야 한다. 그럼에도 불구하고 소득 통계 자료를 구하기 쉽다는 이유로 대부분의 학자들은 소득 불평등에 관한 연구에 집중한다.

한국의 소득 분배 지표는 2014년까지 '가계동향조사' 자료로 작성되었으나 표본 가구의 가계부 기입(36개월 지속) 부담에 따른 응답 불응 및 행정자료 미보완 한계 등으로, 고소득층과 저소득층의 대표성이 심각한 문제로 제기되었다. 2015년부터 정부는 면접 조사(연 1회) 방식으로 표본 가구의 응답 부담을 줄이고 행정자료 보완을 통해 고소득층 표본 대표성을 높인 '가계금융 복지조사' 자료를 활용한 소득 분배를 측정한다. 그러나 소득 통계에 대한 신뢰도를 의심하는 학자들이 많다. 통계청의 가계소득 조사에서 고소득층이 소득을 축소하여 답변하는 경향이 강하다. 국세청의 개인 납세 자료도 조세 회피와 탈세로 인해 신뢰의 문제가 제기된다. 그럼에도 불구하고 가장 수집하기 용이한 가계소득과 개인 납세 자료가 널리 활용된다. 앳킨슨, 팔마, 센 등 여러 학자들은 불평등을 측정하는 다양한 방법을 제안했지만, 이 글에서는 가장 사람들에게 널리 알려진 지니계수, 10분위 배율, 상위층 1%와 10% 소득 집중을 소개한다.

첫째, 소득 불평등을 측정하는 대표적 방법은 균등화 처분가능소득 기준 지니계수이다. 가구소득을 각 가구원의 소득으로 전환한 개인소득을 '균등화 개인소득'이라고 한다. 한국은 경제협력개발기구(OECD) 제곱근지수 방법을 사용하는데, 가구소득을 가구원 수의 제곱근으로 나누어 균등화 개인소득을 계산하는 방법이다. 예를 들어 성인 2명, 자녀 2명으로 구성된 가구의 소득이 400만 원이라고 하면, 이 가구의 균등화 개인소득은 200만 원이다.

　노무현 대통령이 집권한 2006년 0.306에서 점차 상승하여 이명박 정부 집권 2년 차 2009년 0.314로 정점을 기록했다가, 2015년 0.295로 낮아졌다. 가계금융 복지조사 자료로 작성된 지니계수는 2016년 0.355로 악화되었으나 2019년 0.339로 점차 하락하는 것으로 나타났다. 2019년 지니계수의 국제 비교 자료를 보면, 스웨덴, 독일 등은 한국보다 지니계수가 상대적으로 낮고, 미국, 영국 등은 한국보다 높은 국가들이다. 2020년 코로나바이러스 확산 이후 정부의 재난지원금 지급과 기초연금 인상과 복지제도의 확대로 지니계수는 소폭 개선되었다.

　둘째, 소득 5분위, 10분위 배율도 소득 불평등도의 척도로 광범하게 사용되는 지표이다. 먼저 소득 5분위 배율은 소득 상위 20%(5분위)의 평균 소득을 하위 20%(1분위)의 평균소득으로 나눈 값이다. 통계청에서 세계은행에 보고한 기준에 따르면, 기존 전국 2인 이상(농림어가 제외) 기준의 소득 5분위 배율은 2003년 5.34배에서 점점 상승하여 2008년 6.13배로 정점을 기록했다가 점차 하락하여 2016년 5.76배를 기록했다. 2016년 자료 기준 한국은 미국, 영국보다 낮은 데 비해, 캐나다, 독일, 프랑스, 스웨덴보다 높았다. 가계금융 복지조사 자료로 작성된 2011년 처분가능소득의 5분위 배율은 8.32배였고, 2012년 이후 점차 하락했다.

한국의 최근 자료를 보면, 현재 소득 상위 10% 가구와 하위 10% 가구의 격차는 10.71배 수준인 것으로 나타났다. 상위 10%가 월 1000만 원을 벌 때 하위 10%는 월 100만 원도 벌지 못한다. 2017년 자료를 바탕으로 계산한 OECD 국가별 가계소득분위별 점유율은 상위 10% 소득 점유율(24.60%)은 하위 10%의 소득 점유율(2.91%)의 10배에 달했다. 1980년대의 격차가 약 7배 수준인 데 비해 크게 증가했다. 한국의 상위 10% 소득 점유율(25.80%)과 하위 10% 소득 점유율(2.04%)은 OECD 회원국 평균보다 높았다. 멕시코, 칠레, 미국은 여전히 소득 격차가 가장 큰 국가들이며, 스웨덴, 덴마크, 독일, 프랑스 등은 평균보다 낮다.

셋째, 불평등은 상위층 소득과 자산의 집중으로도 측정한다. 프랑스 경제학자 토마 피케티Thomas Piketty가 『21세기 자본』에서 상위 1%, 10%의 소득과 자산의 구성 비율을 분석한 것이 대표적이다. 2018년 기준 한국의 상위 10%의 소득 집중도는 43.3%였다. 상위 1%의 소득 집중도는 12.2%였다. 상위 10% 계층에 진입하기 위한 경계소득은 연소득 5,141만 원, 상위 1%의 경계소득은 1억 3,265만 원이었다.

2018년 OECD 회원국 21개국의 소득 집중도를 분석한 결과를 보면, 한국의 상위 10% 소득 집중도는 4위였다. 칠레가 54.9%로 21개국 중 소득 집중도가 가장 높았고, 그 뒤로 터키,

표 2-2 OECD 국가의 소득 집중도

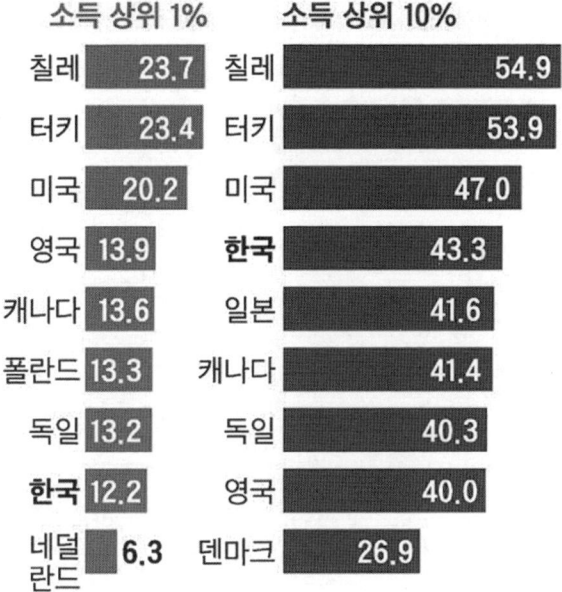

출처: 〈한국일보〉, 2018. 11. 25., "OECD 회원국의 소득 집중도"

미국 순이었다. 이에 비해 한국의 상위 1%의 소득 집중도는 8위였다. 상위 10% 소득 집중도가 상대적으로 낮았던 영국, 캐나다, 폴란드, 독일이 한국보다 상위 1%의 소득 집중도는 더 높았다.

다른 한편 상위 계층의 자산 집중도가 큰 관심을 끌고 있다. 자산은 주로 토지, 부동산, 금융자산을 포함한다. OECD 자료에 따르면, 한국의 경우 상위 1%의 자산 점유율은 9.70%로 24개국 가운데 21번째로 나타난다. 한국의 상위 10%의 가계 자산 점유율이 42.40%인 반면 하위 60%의 점유율은 16.20%로 나타나 상

표 2-3 상위 1퍼센트, 상위 10퍼센트, 60퍼센트의 자산 집중도

	상위 1%		상위 10%		하위 60%	
(1)	미국	42.48	미국	79.47	슬로바키아	25.89
(2)	네덜란드	27.83	네덜란드	68.35	벨기에	18.99
(3)	오스트리아	25.53	덴마크	63.98	폴란드	18.26
(4)	독일	23.66	라트비아	63.38	그리스	17.93
(5)	덴마크	23.62	독일	59.76	일본	17.75
(6)	슬로베니아	23.03	칠레	57.71	이탈리아	17.32
(7)	라트비아	21.39	오스트리아	55.59	슬로베니아	17.29
(8)	노르웨이	20.13	뉴질랜드	52.94	호주	16.54
(9)	영국	19.92	영국	51.99	한국	16.20
(10)	룩셈부르크	18.81	OECD	51.56	헝가리	15.45
(11)	프랑스	18.65	노르웨이	51.45	룩셈부르크	15.28
(12)	OECD	18.44	캐나다	51.08	캐나다	12.44
(13)	칠레	17.40	프랑스	50.59	뉴질랜드	12.32
(14)	헝가리	17.23	룩셈부르크	48.67	프랑스	12.11
(15)	캐나다	16.72	슬로베니아	48.62	OECD	12.06
(16)	호주	15.00	헝가리	48.48	영국	11.81
(17)	벨기에	12.06	호주	46.47	칠레	8.49
(18)	폴란드	11.73	이탈리아	42.78	오스트리아	8.00
(19)	이탈리아	11.69	벨기에	42.50	노르웨이	7.31
(20)	일본	10.77	그리스	42.42	라트비아	7.11
(21)	한국	9.70	한국	42.40	독일	6.46
(22)	슬로바키아	9.32	폴란드	41.84	미국	2.40
(23)	그리스	9.16	일본	41.02	덴마크	-3.85
(24)	뉴질랜드	-	슬로바키아	34.33	네덜란드	-3.99

출처: OECD WDD(Wealth Distribution Database) 및 각 국가의 자료를 바탕으로 작성. 권일·김미애, 2021, 「분위별 자산·소득 분포 분석 및 국제비교」, 〈경제현안분석〉 제103호, 국회예산정책처.

대적으로 상위 계층의 자산 집중도는 낮은 것으로 평가된다.[8] 이는 일반적으로 한국인들이 생각하는 자산 불평등에 대한 인식과 사뭇 다르다.

  자산 소득이 불평등에 미치는 효과가 미국과 유럽 국가에 비해 낮은 이유는 크게 두 가지로 보인다. 첫째, 한국의 중산층은 노동과 사업 소득으로 부동산 자산을 축적하는 경향이 강했다. 급속한 경제성장기에 토지와 주택 가격이 상승할 것으로 기대하는 동시에 노후 생활을 위한 자산 복지의 목적을 가지는 경우가 많았다. 둘째, 최상위층은 주식 배당과 매매 이익보다 기업을 지배하는 목적으로 주식을 보유하는 경향이 강하다. 대기업은 사내 보유금을 축적하거나 주식 지분을 확대하기 위해 자사주 매입에 나서는 경우도 있다. 한편 2021년 부동산 가격의 급상승이 어느 정도 자산 불평등에 영향을 미쳤으리라고 짐작할 수 있지만, 시기상 자료 수집의 한계가 있다. 한국의 소득 통계와 같이 부동산 가격 통계의 신뢰가 낮다는 지적이 많아 좀 더 면밀한 조사가 필요하다.

  하지만 코로나19 위기 이후 한국의 자산 불평등이 증가한 것으로 나타났다. 2022년 세계불평등연구소 자료를 보면, 상위 1%는 자산의 25.4%, 상위 10%는 58.5%를 차지했다. 하위 50%는 5.6%에 불과했다. 2022년 상위 1%는 평균 자산 규모가 약 61억 원, 10%는 평균 약 14억 원 수준이다. 하지만 하위 50%는 평균 약 2700만 원에 불과하다. 비록 다른 나라에 비하면 자산 불평등이 높은 수준은 아니지만, 지난 30년 동안 계속 커지고 있

표 2-4 OECD 회원국 상대적 빈곤율의 국제 비교

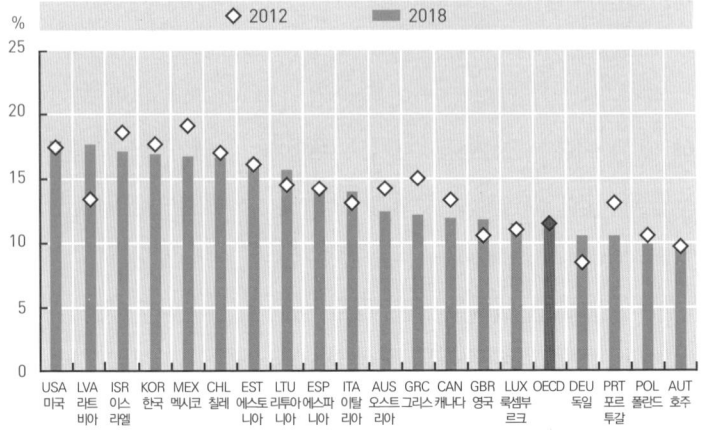

Source: OECD Income Distribution(database).

다. 상위 10%의 자산 비중이 크게 증가한 반면 중산층과 저소득층이 소유한 자산의 비중은 줄어들고 있다.

넷째, 상대적 빈곤율(poverty rate)과 빈곤 갭(poverty gap)은 빈곤의 측정에서 널리 활용되는데, 불평등을 보여주는 수단으로 간주되기도 한다. 엄밀한 의미에서 상대적 빈곤율과 불평등은 다른 개념이지만, 서로 긴밀하게 연결된 경우가 많다. OECD는 가구별 가처분 중위소득의 50%를 기준으로 빈곤율을 측정한다. 빈곤율의 국제 비교를 보면, 빈곤율이 낮은 국가가 불평등의 수준이 낮은 반면, 빈곤율이 높을수록 불평등 수준이 높다. 한국의 상대적 빈곤율은 매우 높은 편이다. 2018년 기준 OECD 자료를 보면, 한국의 상대적 빈곤율은 16.7%로, 코스타리카, 미국, 이스

표 2-5 OECD 회원국 빈곤 갭의 국제 비교

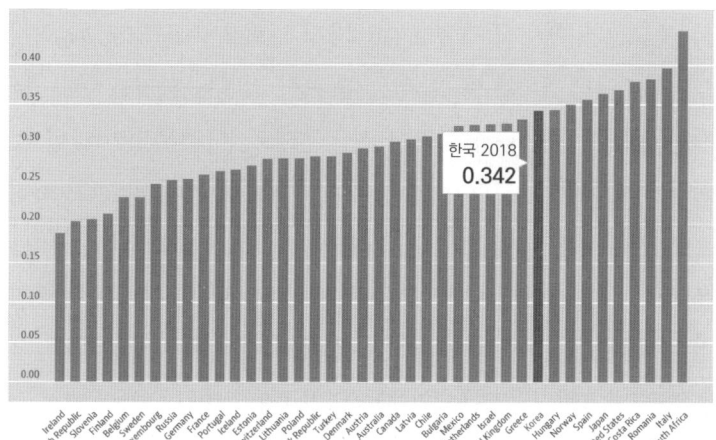

출처: OECD, 2022, Poverty gap(indicator). doi: 10.1787/349eb41b-en (2022.5.10. 접속)

라엘에 이어 4번째로 높았다. 한국의 빈곤율은 유럽 국가의 2배에 이른다. 특히 노인 빈곤율은 거의 43.4%로 세계에서 가장 높은 수준이며, OECD 평균(14.8%)의 약 3배 수준이다.

한국의 빈곤 갭 비율은 소득 분포 가운데 상대적으로 저소득층의 소득이 낮은 경우에 높게 나타난다. 한국의 빈곤 갭 비율은 34.2%로 OECD 가운데 8번째로 심각하며, 회원국 평균 29.07%에 비해서도 크게 높다. 한국의 경우 특히 임금 노인 인구의 증가가 빈곤 갭의 비율을 크게 높였을 것으로 보인다. 영세 자영업자의 소득 하락도 영향을 미쳤을 것으로 보인다.

위에서 살펴본 불평등의 변화는 한국 사회의 불평등을 줄이는

노력이 얼마나 어려운지를 잘 보여준다. 문재인 정부는 불평등을 중요한 의제로 설정했고 여러가지 노력을 기울였다. 나 역시 보건복지부의 초청으로 '불평등'에 관한 강연을 하기도 했다. 문재인 정부가 불평등을 심각한 사회문제로 본 것은 진일보한 것이라고 평가한다. 그러나 그 성과는 기대보다 크지 않았다. 특히 2021년 부동산 폭등으로 자산 불평등이 크게 증가했다는 비판은 뼈아픈 지적이다. 결국 부동산 문제는 다음 대통령선거에 결정적 영향을 미쳤다. 과연 무엇이 잘못된 것일까?

 2022년 4월 25일 문재인 대통령이 JTBC 대담 인터뷰에서 임기 동안 부동산 가격이 폭등한 것에 대해 "부동산 가격 상승은 전 세계적 현상이며, 적어도 우리와 비슷한 수준의 나라들 가운데서는 가격 상승 폭이 가장 작은 편에 속한다"고 말했다. 문 대통령은 이어 부동산 가격 상승에 대해 "전 세계적으로 코로나19 재정 지원으로 유동성이 증가했다"며 "구조적 원인을 함께 고려해야 할 문제"라고 밝혔다.

 이에 손석희 전 앵커는 "다른 나라보다 부동산값 상승 폭이 크지 않다는 근거가 무엇이냐"고 묻자, 문 대통령은 "실제 통계가 있다. 경제협력개발기구(OECD)에서 발표한다. OECD에서 한국도 평가 대상에 포함된다"며 "우리가 느끼는 건 우리나라에서 부동산값이 많이 올랐다는 것이고, 미국보다 많이 올랐냐 적게 올랐느냐는 알 수 없다. 국제 통계를 보면 확인이 된다"고 말했다. 정말 통계가 진실을 말해줄까?

 OECD의 통계를 보면 한국의 집값 명목지수는 2017년

102.85에서 2021년 116.89로 5년 새 13.6% 증가한 것으로 나타났다. 이는 문 대통령 말대로 변동률 비교가 가능한 조사대상 43개국 가운데 8번째로 낮다. OECD 평균 비율은 약 20% 수준이었다. 이 가운데 터키의 집값은 89.4% 올랐고, 헝가리(61.9%), 체코(53.9%), 룩셈부르크(53.7%) 등의 상승률이 높았다. 물가상승률을 고려한 실질지수 역시 2017년 100.00에서 지난해 107.97로 7.96% 증가했다. 이는 조사 대상 국가 가운데 10번째로 낮은 수치다.

그러나 OECD 통계 인용은 진실을 제대로 보여주지 못하고 있다. 국가별 통계는 전국 모든 지역의 통계를 보여주지만, 서울 지역의 가파른 부동산 가격 상승을 보여주지는 못한다. 이는 '평균의 함정'이다. 서울 아파트 평균 가격이 약 6억 원에서 11억 원으로 급상승한 지표와는 너무나 동떨어진 평균이다. 결국 가격 상승 폭이 상대적으로 낮은 단독주택, 빌라와 지방 부동산을 포함한 전국 통계로 서울과 수도권 아파트 폭등세에 대해 '물타기'를 한 것이라 볼 수 있다. 실제로 부동산 가격이 폭등한 서울 지역에서 2022년 대통령선거에서 여당 후보의 지지율이 낮아진 것은 부동산 폭등에 대한 '응징 투표'라고 보지 않을 수 없다.

더욱이 OECD 통계에서 집값 자료가 각기 다른 문제도 있다. 일부 국가는 실거래 통계를 제시하지만, 다른 국가는 호가를 반영하기도 한다. 모든 주택을 대상으로 통계를 내는 국가도 있고, 신축 주택만으로 통계를 만드는 나라도 있다. 한국의 주택가격지수는 한국부동산원의 주택가격동향 자료(매매가격지수)를 활용한다. 하지만 평가 가격을 기준으로 하기 때문에 실제 시장의 가격 변동과는 상당히 다른 경우가 많다. 집값 상승이 클 경우 호가와 거래 가격이 달라 체감도가 매우 다를 수 있다. 게다가 표본을 추출하는 지역과 표본의 규모에 따라 들쭉날쭉 통계의 오차가 클 수 있다. 부동산 가격이 상승한 지역이 제외되는 경우가 많아 신뢰도가 낮다. 실제로 2021년 7월 부동산원이 표본 수를 3배 이상 확대하자 가격 상승 폭이 크게 높아졌다.[9]

문재인 대통령이 집값 상승률을 다른 국가와 비교한 것은 자신의 임기 동안 집값 상승이 정책 실패가 아닌 외부적 요인이 크다는 점을 강조하기 위해서로 해석된다. 실제로 문재인 정부는 26번의 부동산 대책을 발표했지만 아무런 효과를 얻지 못했다는 비판이 거셌다. 문재인 대통령은 "코로나19 시기 많은 재정이 풀리며 유동성이 풍부해지고, 저금리의 대출을 빌려서 부동산을 사는 이른바 '영끌' 때문에 부동산 과수요를 불러일으키기도 했다"며 "이런 구조적 원인을 함께 봐줘야 온당한 평가가 된다고 본다"고 했다.

하지만 손석희 JTBC 전 앵커는 "받아들이는 입장에선 당혹스럽다"며 "다른 나라에 비해 부동산값 상승 폭이 작았다고 하지만, 현실에선 폭등세가 컸고 '영끌'은 결과론적인 것"이라고 반론을 소개했다. '영끌'이 원인이든 결과이든 상관없이, 정책의 실패를 회피하는 변명으로는 설득력은 없어 보인다.

사실 부동산 가격은 수요 공급의 법칙이나 유동성에 의해서만 결정되는 것은 아니며, 많은 경우 집값이 더 오를 것이라는 투기 심리에 의해 좌우된다. 주택 공급이 늘어나고 유동성이 많지 않아도 집값이 오르는 경우도 많다. 실수요로 주택을 사는 투자자도 이성적으로 구매 후 얻게 될 자본 이득을 생각할 수밖에 없다. 이미 지난 수십 년 동안 체득한 경험의 산물이다. 이는 미국과 유럽 등 전 세계 모든 국가에서 나타나는 공통적 현상이다. 하지만 수요 공급만 맹신하는 주택 경제학자처럼 정부의 정책 결정자들도 이를 간과했다. 모두 정부 관료의 정책 실패라고 볼 수밖에 없다.

집값 상승이 전 세계적 추세이더라도 이를 관리하는 것이 정부의 역할인데, 정부의 실패를 부정할 수 있는 것은 아닐 것이다. 결과적으로 2022년 대통령선거에서 부동산은 최대 이슈가 되었고 '정권 심판론'의 주요 요인이 되었다.

19세기 벤자민 디즈레일리Benjamin Disraeli 영국 총리는 세 가지 종류의 거짓말로 "거짓말, 빌어먹을 거짓말, 그리고 통계"라고 말했다. 20세기 윈스턴 처칠Winston Churchill 영국 총리도 "내가 만든 통계가 아니면 믿지 마라"고 말했다. 21세기에도 정치인들은 자신들에게 유리한 통계 수치만 활용한다. 그러나 통계의 사용은 정확하게 이루어져야 한다. 자신에게 유리한 통계만 인용한다면 객관적 사실을 왜곡할 수 있다. 어쩌면 사실을 의미하는 '팩트'(fact)라는 영어 역시 라틴어로 가공되거나 만들어진 것을 의미하는 '팩툼'(fatum)이라는 단어에서 유래한 것을 보면, 사실은 끊임없이 조작되는 운명일지도 모르지만.

위에서 볼 수 있듯이 소득 불평등을 측정하는 지표로 지니계수, 5분위 배율, 상대적 빈곤율, 상위층 소득 집중 등 매우 다양하다. 분석에 활용되는 자료는 주로 통계청이 조사하는 가계소득과 국세청의 개인 납세 자료이다. 가계소득을 활용한 지니계수, 5분위 또는 10분위 분배율, 상대적 빈곤율의 측정은 비교적 용이하다는 장점을 가지고 있다. 가계소득과 납세 자료를 완전하게 객관적인 자료로 보기 힘들기 때문에 소득 집중은 더 클 수 있다. 고소득층이 소득을 축소하여 응답하거나 신고하는 경향이 많기 때문이다. 그럼에도 불구하고 현재의 소득과 납세 자료 외에 확인할 방법은 거의 없다.

다양한 불평등의 지표 가운데 지니계수가 가장 많이 활용된다. 하지만 지니계수는 사회 전체의 소득 분포 수준을 보여주기 때문에 특정 인구 집단의 비교는 어렵다. 5분위, 10분위 배분율은 상위층과 하위층을 직접 비교할 수 있다. 상위층 1%와 10%의 소득과 자산 집중도를 통해서도 불평등을 파악할 수 있다. 한편 상대적 빈곤율과 빈곤 갭은 저소득층의 생활수준을 통해 불평등을 보여준다.

한국의 불평등은 측정 방법에 따라 상당히 혼란스럽게 보일 수 있다. 국제 비교를 보면, 지니계수와 5분위, 10분위 배율은 중하 수준에 머무르고 있다. 반면 상대적 빈곤율은 상당히 높은 수준이고, 소득 1%, 10% 집중도는 세계 최고 수준이다. 여러 가지 이유로 현재 불평등의 측정은 완벽하지 않고 모든 사람을 만족시킬 수도 없다. 어쩌면 다양한 측정 방법에 따른 상이한 결과는 '불평등의 다차원성'으로 이해해야 할 수 있다. 이런 점에서 우리는 불평등의 다양한 자료를 복합적으로 해석할 필요가 있다. 이는 불평등의 원인을 해석하는 이론적 논쟁과 불평등을 줄이는 정책에도 영향을 미친다.

중산층 위기 시대

불평등의 증가는 중산층을 약화시킨다. 스스로 중산층이라고 생각하는 사람들도 줄어들고 있다. 대신 스스로 서민 또는 가난하다고 생각하는 사람들이 늘어나고 있다. 현재의 중산층도 일자리 불안, 주거 불안, 교육 불안, 노후 불안으로 언제 사회의 밑바닥으로 떨어질지 모른다는 두려움을 느낀다. 많은 사람들이 중산층을 열망하지만 중산층으로 살아가기 힘든 세상이다.

과연 누가 중산층인가? 2012년 인터넷에 '중산층 별곡'이 등장했는데, 중산층이 되려면 연봉 5천, 아파트 30평, 중형 승용차를 가져야 한다고 보았다. 이에 공감하는 사람도 있을 것이다. 하지만 학자들은 소득, 자산, 직업, 교육 수준을 종합적으로 고려한다. 사회학자는 중간계급(middle class)이라는 용어를 쓰는데, 대개 사업가, 의사, 변호사, 교사, 공무원, 기업 사무원을 가리킨다. 대부분 대졸 학력, 여유 있는 소득, 유급 휴가, 사회보장, 노후연금의 혜택을 누리는 사람들이다.

경제학자들은 주로 소득 수준으로 중산층을 구분한다. 경제협력개발기구(OECD)는 오랫동안 '중간소득 계급'(middle income class)을 중위소득의 50%~150% 소득을 버는 사람들로 구분했으나, 2016년부터 75%~200%로 변경했다. 한국의 경우 4인 가족 중위소득이 약 월 400만 원인 점을 고려하면 약 300~800만 원에 해당된다. 2019년 OECD 보고서 「압박 아래서: 쥐어짜인 중간계급」을 보면, 지난 30년 동안 전 세계적으로 중산층이 줄어들고 있다. 한국의 처분가능소득 기준으로 본 중산층은 약 61%로 OECD 평균 수준이다.[10] 하지만 이 중 15% 정도가 과도한 채무로 허덕이는 것으로 나타났다.

OECD 회원국 가운데 스웨덴 등 북유럽 국가의 중산층이 약 70%로 가장 높고 미국은 약 51%로 가장 낮다. 레이건 정부 이래 부자 감세를 정당화하는 낙수 경제학(trickle down economics)이 득세하면서 부자는 더 부유해졌지만 중산층은 몰락했다. 미국의 유명한 투자자 워런 버핏Warren Buffett은 "미국에서 계급 전쟁이 벌어지는데 내가 속한 부자 계급이 빈곤 계급을 이기고 있다"라고 말했다.[11]

주목할 점은 주관적 계층 의식이 소득 수준과 일치하지 않는다는 점이다. 한국은 1990년대 중산층이라고 생각하는 사람이 전체 인구 중 약 80%가 넘었는데 현재 50% 수준으로 급감했다. 최근 유럽의 주관적 중산층 비율은 60~70% 정도이고, 북유럽 국가의 비율은 80% 수준이다. 미국은 45% 수준에 불과하다.

왜 한국에서 스스로 중산층이라고 생각하는 사람들이 급속하게 줄어들까? 바로 '추락의 공포' 때문이다. 언제 회사에서 해고될지, 자영업 가게를 닫을지 무섭다. 사교육비와 집값 부담이 너무 커 삶이 팍팍하다. 노후에 빈곤층으로 전락할까 두렵다. 중산층의 불안은 사회의 최대 질병이다.

1992년 이후 급속하게 경제 세계화와 공장 자동화가 이루어지면서 빠르게 대기업 정규직 노동자의 수가 감소했다. 정보통신 기술과 인공지능의 확산으로 이제 사무관리직 일자리도 사라지고 있다. 대신 저임금 비정규직 노동자가 급증했다. 하지만 산별노조가 무력하고 기업별 단체교섭만 가능하기에 상위 10% 대기업에서만 높은 임금이 가능하다. 대기업과 중소기업, 정규직과 비정규직 사이의 임금 격차가 2배 정도이다. 50대 조기퇴직 이후 자영업을 시작하지만, 도산의 위험이 지나치게 크다. 이렇게 불평등과 빈곤이 증가하면서 중산층이 무너졌다.

중산층이 하위층으로 추락하는 원인에는 교육비, 의료비, 주거비도 큰 영향을 준다. 공교육, 공공보건, 공공주택, 실업보험, 국민연금 등 복지제도가 취약해 중산층의 기반이 쉽게 흔들린다. 특히 자녀 사교육비 부담이 너무 크다. 연금 사각지대와 낮은 소득 대체율은 노후 생활을 어렵게 만든다. 노인 빈곤율이 45%를 넘어 세계 최고 수준이다.

그러나 한국의 국내총생산 대비 사회지출 비율은 약 12%로 OECD 최하위권이다. 북유럽 국가의 2분의 1 수준에도 미치지 못한다. 조세와 사회정책은 국회에서 결정하는데 정치권은 소수의 부자와 대기업의 입장에 기울어 있다. 대다수 사람은 투표만 할 뿐 정책 결정에 별 영향을 미치지 못한다. 민주주의가 제대로 작동하지 않으면서 중산층이 사라진다.

사진 2-1 1935년 미국 사회보장법에 서명하는 프랭클린 루스벨트(1882~1945) 대통령

출처: 위키미디어 커먼스

    중산층이 몰락하면 경제성장률도 낮아지고 행복감이 줄어드는 반면, 사회 양극화가 커지고 정치적 갈등도 격화될 수 있다. 미국 역사에서 가장 중산층을 확대한 루스벨트Franklin D. Roosevelt 대통령은 1936년 대선 후보 수락 연설에서 "(소수 부자의) 경제적 독재에 맞서 국민이 의지할 것은 조직적 힘을 갖춘 정부밖에 없다"라고 말했다. 중산층이 되려는 개인의 노력도 필요하지만, 정부 정책이 더 중요하다. 이제라도 경제 개혁, 노동 개혁, 재벌 개혁, 교육 개혁을 통해 복지국가를 만들어야 한다. 중산층은 경제

성장에 의해 저절로 출현하는 것이 아니라 사회제도에 의해 만들어지는 것이다.

죽음도 삶만큼이나 불공평하구나

건강한 사람은 누구일까? 우월한 유전자가 존재할까? 경제성장이 이루어지면 건강해질까? 의료 기술이 발전하면 누구나 오래 살게 될까? 오랫동안 건강과 기대수명은 유전이거나 경제와 기술 발전의 결과라고 간주되었다. 그런데 지난 20년 동안 사회 불평등이 건강에 미치는 영향에 관한 연구가 전 세계적 관심을 끌었다.

1960년대 이후 급속한 경제성장과 함께 한국인의 기대수명은 큰 폭으로 증가했다. 1970년 기대수명은 남성 58세, 여성 65세였는데, 50여 년 만에 80세, 86세로 늘었다. 그러나 평균에 속지 않아야 한다. 모든 사람들이 수명이 같은 것은 아니다. 가난한 사람일수록 수명이 짧고 부자일수록 오래 산다. 삶처럼 죽음도 평등하지 않다.

2019년 강영호 서울대 의대 교수 등 학자들은 〈BMJ open〉에서 국민건강보험 빅데이터 자료를 통해 2004년부터 2017년까지 기대수명의 소득 5분위 간 격차를 분석했다.[12] 2004년 소득분위 상위 20%는 기대수명이 80.97세인데 비해, 하위 20%는 74.73세에 그쳤다. 2017년 소득분위 상위 20%는 기대수명이 85.80세

사진 2-2 국립중앙의료원

유엔한국재건단(UNKRA)과 스웨덴, 덴마크, 노르웨이 및 한국 정부의 협력으로 국립중앙의료원이 1958년 설립되었다. 당시 한국 최대 병원이었다. 그런데 2020년 한국의 공공의료기관 수 비중 5.8%로 OECD 국가 중 최하위 수준이며 민간 의료 비중이 지나치게 높다. 서울에 비해 지방의 의사와 간호사의 수도 상대적으로 매우 낮아 지역 간 의료 격차가 심각하다.

인 데 비해, 하위 20%는 79.32세에 불과했다. 소득 상위 20%와 하위 20%의 기대수명 차이가 2004년 6.24세에서 2017년 6.48세로 증가하는 양상을 보여준다.

어디에 사느냐에 따라 기대수명은 다르다. 국민건강보험 지역별 기대수명 지표를 보면, 경기 과천, 용인(수지)의 경우 기대수명은 2019년 기준 86.06세와 87.15세인데 비해, 전라남도 해남, 강원도 영월의 경우 81.71세와 81.94세로 약 5년 차이가 났다.

서울 서초구에 사는 고소득층 주민의 경우 2019년 기준 기대수명이 89.52세인데 반해 강원도 화천군에 사는 저소득층 주민은 78.68세로 10.84년의 차이가 났다. 달리 말하면, 서울 서초구의 부자가 가장 오래 살고 강원도 화천의 가난한 사람이 무려 10년 이상 일찍 세상을 떠난다.

한국인의 첫 번째 사망 원인으로 알려진 암의 위험은 사회의 복잡한 특성을 보여준다. 놀랍게도 소득 상위계층 가운데 암 발생 비율은 높았다. 아마도 암 검진 과정에서 소득 하위계층보다 암 검진율이 높고 정교하고 세밀한 고가의 암 검진을 받기 때문으로 보인다. 한국은 보편적 건강보험 제도를 운용하지만 보장성 비율이 60%대이기에 저소득층이 더 부담을 느낀다. 실제로 2012년 윤태호 부산대 교수 등이 출간한 『국제 보건서비스 저널』 논문을 보면, 한국의 암 검진과 의료 이용 비율에서도 고소득층의 검진율이 저소득층에 비해 뚜렷하게 높았다.[13]

한편 암 발병 후 사망 위험은 가난할수록 높아졌다. 윤태호 교수 등의 위 논문에 따르면, 암 환자의 의료 이용의 격차는 생존율의 격차로 이어져, 남녀 암 환자의 1, 3, 5년간 생존율 모두 저소득 집단보다 고소득 집단에서 높은 것으로 나타났다. 최근 보건복지부 통계에 따르면, 필요 의료 서비스 치료율도 소득 수준에 따라 차이를 보이는데, 특히 저소득 계층에서 상대적으로 경제적 이유에 의해 치료를 받지 못하는 비율이 높다. 결국 암 환자 중 가난한 사람들이 일찍 세상을 떠날 가능성이 크다.

사회학자와 보건학자들은 살아있는 동안 주관적 건강 상태에 대한 인식도 중요하게 간주한다. OECD의 〈사회경제적 지위에 따른 건강 상태 인식〉에 관한 통계 분석을 보면, 2019년 기준 북유럽 국가의 만 15세 이상 소득 상위 20% 인구 중 덴마크 81.9%, 노르웨이 82.8%, 스웨덴 87.1%가 자신의 건강 수준이 "좋음/아주 좋음"이라 평가했다. 만 15세 이상 소득 하위 20% 인구 중 덴마크 62.2%, 노르웨이 66.5%, 스웨덴 64.6%가 자신의 건강 수준이 "좋음/아주 좋음"이라 평가했다.[14]

2019년 통계청의 〈한국의 사회 동향〉을 보면, 한국의 만 15세 이상 소득 상위 20% 인구 중 자신의 건강 수준이 "좋음/아주 좋음"이라고 평가한 비율은 39.7%로 북유럽 국가에 비해 큰 수준으로 낮다. 한국의 소득 하위 20% 인구 중 자신의 건강 수준이 "좋음/아주 좋음"이라고 평가한 비율은 겨우 25.9%에 불과하다. 이는 한국인들의 주관적 건강 수준이 북유럽 국가와 비교해 현저히 떨어져 있음을 보여준다.

정신건강으로 분류되는 우울증 발생 위험도 불평등 현상을 보인다. 거주 지역의 소득 수준에 따라 우울증 발생 위험은 20~39%까지 차이 났다. 같은 지역에서도 소득 수준에 따라 우울증 발생 위험은 약 4배까지 차이가 나타났다. 2020년 윤영호 서울대 의대 교수 등이 학술지 『삶의 질 조사』에 출간한 논문에 따르면, 남성의 경우 월 소득이 200만 원 미만인 남성은 200만 원 이상 남성에 비해 자살 충동이 약 6.2배 높았고 여성의 경우 월 소득 200만 원 미만인 여성은 200만 원 이상 여성보다 자살 충동이 약 6.4배 높게 나타났다.

2001년 영국 사회역학자 리처드 윌킨슨은 『건강 불평등』에서 OECD 회원국 가운데 11개국에 대한 비교 연구를 통한 소득 불평등과 기대수명의 상관관계를 분석했는데, 소득 불평등이 클수록 기대수명이 낮은 것으로 나타났다.[15] 윌킨슨은 가구 균등화 소득을 활용하여 표준화한 지니계수로 소득 불평등을 측정했다. 미국 등 부유한 국가의 기대수명 수준이 가장 높은 것은 아니었다. 스웨덴 등 사회의 평등 수준이 높을수록 기대수명 수준이 가장 높았다. 미국은 세계 최고의 의료 수준과 최대 의료비 지출에도 불구하고 상대적으로 기대수명은 낮은 편이다. 마이클 무어Michael Moore의 〈식코〉(Sicko)에서 볼 수 있듯이 상당수 극빈층은 의료보험에 가입조차 못했다.

윌킨슨의 연구는 많은 논란을 일으켰다. 그는 빈곤보다 '불평등'이 건강에 나쁜 영향을 미친다고 주장했기 때문이다. 사회적 지위가 낮은 사람들이 더 많은 스트레스를 경험하고 건강 위험 행동의 빈도를 높여 건강이 나빠진다는 것이다. 불평등이 심하고 위계적인 사회일수록 낮은 사회적 지위에 있는 사람들의 심리사회적 상태가 나빠져 평균 기대수명이 줄어든다고 보았다.

2004년 영국 사회학자 마이클 마멋Michael Marmot은 『사회적 지위가 건강과 수명을 결정한다』에서 영국 공무원의 건강을 분석했는데, 놀랍게도 직급에 따라 질병과 사망의 건강 격차가 나타난다는 사실을 발견했다.[16] 공무원들은 절대적 빈곤선 이상의 생활수준을 누리고 있고, 의료 서비스의 접근성도 상대적으로 높은 수준이지만, 공무원 내부도 질병과 사망의 격차가 존재한다

사진 2-3 영국 사회역학자 리처드 윌킨슨(1943~)

케이트 피켓과 함께 『평등이 답이다(*The Spirit Level*)』(2009)와 『불평등 트라우마(*The Inner Level*)』(2018)를 출간했으며, 어떻게 불평등이 사회에 나쁜 영향을 미치는가에 대한 논쟁을 주도했다.

는 사실은 위계적 구조에 의한 스트레스가 절대적 빈곤과 박탈수준 못지않게 중요한 요인이라는 점을 보여준다. 마멋의 2차 연구에서는 하위직 공무원일수록 관상동맥 질환이 많이 발생한다는 사실을 발견했다. 종속적인 지위는 만성적 스트레스를 일으키고 우울감이나 면역력을 떨어뜨려 관상동맥 질환의 위험이 증가한다는 가설을 증명했다.

윌킨슨은 『평등해야 건강하다』에서 수렵 채집 사회에서 공동체의 공유와 호혜가 보상을 받는 데 비해, "계급의 불평등이 커진 사회에서 자원을 차지하기 위한 경쟁과 위계적 사회질서가 지배하면서 스트레스가 커졌다"라고 주장한다.[17] 낮은 사회적 지위, 약한 사회적 연계, 산전, 산후 스트레스 등 사회적 위험 요인이 사회적 불안을 만들고, 이에 대한 생리적 반응이 건강을 위협하고 건강 악화에 이르게 하는 질병을 일으킨다. 사회적 위험에 따른 만성 불안이 호르몬과 면역체계에 나쁜 영향을 미치며, 음주, 흡연, 폭력 행동이 많아져 질병과 사망을 유발한다. 윌킨슨은 물질적 결핍보다 "심리 사회적 메커니즘"을 강조했다. 건강 불평등을 해결하기 위해서는 절대적 빈곤의 해소로 충분하지 않으며 사회 불평등을 감소해야 한다.

한국에서도 소득 불평등이 심해질수록 우울증과 이혼, 자살, 살인 등 건강 위험과 사회적 위험이 커지고 삶의 질이 떨어지고 있다. 2015년 황선재 씨는 『보건사회연구』에 게재된 논문 「불평등과 사회적 위험: 건강·사회문제 지수를 중심으로」에서 1993년부터 2012년까지 시계열 자료를 통해 한국의 소득 불평등 수준이 커질수록 윌킨슨이 분석한 결과와 같이 건강과 사회문제 수준이 악화되었다고 분석했다.[18] 소득 불평등은 지니계수로 측정했으며, 건강과 사회문제 지수는 자살률, 살인율, 합계출산율, 미혼율, 이혼율, 사회적 신뢰, 기대수명, 비만, 학업 성취도, 우울증 등 11개 지표로 구성했다. 불평등이 건강과 사회문제를 악화시킨다는 분석 결과는 불평등이 증가할수록 사회구성원들 간의 이질성이 증가하고, 사회통합과 결속감이 낮아지고, 개인들의 지나친 지위 경쟁을 유발하여 사회 병리적 현상이 커진다는 윌킨슨의 이론적 논의와 유사한 결론에 도달했다.

한국에서 급속한 경제성장과 함께 기대수명도 빠르게 증가했다. 하지만 소득 불평등에 따른 건강 격차와 사회문제의 증가는 무시되었다. 이제라도 소득 불평등이 건강과 사회에 미치는 영향에 주목해야 한다. 소득 불평등 수준이 낮은 덴마크, 노르웨이, 스웨덴 등 북유럽 국가는 건강과 사회문제 지수가 상대적으로 가장 좋은 편이다. 반면 소득 불평등 수준이 가장 높은 미국은 상대적으로 기대수명이 낮고 사회문제의 지수가 가장 나쁜 편이다. 당연히 미국보다 북유럽 국가 사람들의 행복감은 세계에서 가장 높다. 결론은? 불평등이 건강과 삶의 질에 영향을 미친다!

앞의 글에서 나는 소득 불평등의 증가는 명백하게 삶의 질에 부정적 영향을 미친다고 강조했다. 우리가 당연하게 생각하는 사교육 경쟁, 취직 경쟁, 지위 경쟁, 과시 소비, 미모 경쟁, 성형수술, 스트레스, 당뇨병, 심장질환, 우울증, 자살도 모두 지나친 불평등과 밀접한 관련이 있다. 겉모습만 보아서는 세상을 제대로 알 수 없다. 중요한 것은 눈에 보이지 않기 때문이다.

20대 반란의 원인은?

2021년 서울시장 보궐선거 이후 더불어민주당 박영선 후보가 국민의힘 오세훈 후보에게 참패하면서 정치권에서 '세대론'이 뜨거운 이슈로 부상했다. 20대, 30대는 흔히 'MZ 세대'라 불리는데, 국민의힘 대표 선거에서 이준석 돌풍을 일으켰다. 홍준표의

사진 2-4 KBS 시사기획 창

2021년 6월 20일 KBS 시사기획 창 '불평등 사회가 586에게' 프로그램은 1987년 정치적 민주화의 주도세력이었던 80년대 세대에게 오늘날 급증한 불평등의 책임을 묻는다. 출처: KBS

지지율 상승에도 영향을 주었다. 이에 평론가들은 '20대 보수화'를 말한다. 특히 '이대남' 현상이 부각되었다. 천관율 기자와 정한울 박사의 『20대 남자』를 보면 문 대통령과 민주당에 대한 거부감이 뚜렷하다. 정말 20대는 보수화된 것일까?

학계에서도 세대론이 중요한 쟁점이다. 이철승 서강대 교수는 『불평등의 세대』에서 한국의 불평등을 계급 대신 세대를 통해 파악해야 한다고 주장했다.[19] 민주화운동을 주도한 '386세대'가 정당, 기업, 노조의 권력을 장악하자 불평등이 더 심각해졌다고 보았다. '불평등 사회가 586에게'라는 KBS 프로그램을 보면, 청년 응답자 79.7%가 "586세대는 한국 사회의 기득권"이라고 응답했다. 소위 586세대는 50대 가운데 60년대에 태어나고 80년대에 대학을 다닌 사람을 가리킨다. 정말 586이 한국 사회를 지배하는 것일까?

세대를 통해 사회를 바라보는 관점은 1950년대 헝가리 출신 영국 사회학자 칼 만하임Karl Mannheim에 의해 널리 확산되었다. 만하임은 1928년 학계 최초로 '세대의 문제'를 독일어로 작성했는데, 1952년에야 영어로 소개되었다. 한국에서도 2007년 우석훈 박사와 박권일 기자의 『88만 원 세대』에 이어 다양한 종류의 세대론이 등장했다.[20] 하지만 만하임이 말한 대로 인구 통계의 '연령 효과'(cohort effect)와 공통의 역사적 경험을 가진 '세대 효과'(generation effect)는 구분해야 한다. 만하임은 세대 구성원들이 반드시 동질적인 것은 아니며, 사회적 위치, 계급, 문화 등에 따라 내부적으로 계층화된다고 보았다.

'세대 불평등론'처럼 20대를 50대와 단순하게 비교하는 것은 문제가 많다. 50대가 1980년대와 1990년대 대학을 졸업하고 쉽게 취직하고, 2000년대 부동산을 구매하고, 지금도 고소득층을 차지하고 있다는 주장은 과장된 허구에 불과하다. 이런 주장은 50대 내부의 불평등을 무시한다. 1980년대 학령인구 중 4년제 대학 취학률은 13%에 불과했다. 다시 말해 50대 중 대다수는 대학에 가지 않았으며 586이 아니다. 그럼에도 586 전체가 그런 것처럼 "허위 일반화"되었던 것이다.[21]

세대 불평등론은 성급하게 20대 청년도 동질적 집단으로 간주하고 세대 갈등을 강조한다. 그러나 동일한 세대에서도 심각

사진 2-5 헝가리 출신 영국 사회학자 칼 만하임

칼 만하임(1893~1947)은 독일에서 사회학을 공부했으며 지식사회학 연구와 『이데올로기와 유토피아』의 출간으로 유명하다. 그는 이데올로기는 현실을 정당화하고 유토피아는 현실을 부정하고 미래를 지향한다고 보았다. 이데올로기와 유토피아에는 계급적 요인뿐만 아니라, 문화적, 사회적 요인이 중요한 영향을 미친다고 주장했다. 출처: 나무위키, ⓒ National Portrait Gallery, London

한 불평등이 존재하며 소득 계층별, 성별에 따라 의견 차이가 확연하게 나타난다. 15~29세 청년의 경제활동 참가율은 50% 수준이지만 실업률은 7%에 그친다. 교육을 받지도 않고, 취업도 하지 않으며, 취업을 위한 직업훈련도 받지 않는 청년 니트(NEET) 비율은 20%에 육박한다. 취업 준비자, 구직 단념자 등을 포함한 청년 실질 실업률은 거의 35%를 넘는 것으로 추정된다. 청년 세대를 하나의 경제적 계층으로 보아서는 안 된다. 당연히 소수의 부유층 청년은 부모의 경제력으로 고액 사교육 혜택을 받고 부동산을 상속받는 상황을 당연하다고 생각하지만 대다수 청년들은 불공정하다고 생각한다. 젠더 불평등을 둘러싼 '이대남'과 '이대녀'의 정치 성향도 다르게 나타난다. 결국 '20대 50대 세대 불평등'은 허구에 불과하고, 세대 갈등은 만들어진 현실에 가깝다.

김창환 캔자스대학 사회학과 교수는 2020년 『한국 사회학』의 논문에서 이철승 교수의 가계동향조사 자료를 통한 가구 단위 소득을 분석한 세대 불평등론의 오류를 지적한다.[22] 20대의 결혼이 늦어지면서 가구주가 되는 비율이 40% 수준이기에 20대 가구주만 분석하면 청년층 소득이 과소 추정되고, 자녀와 동거하는 50대 가구주의 소득은 과대 계상되는 문제가 발생한다. 김 교수의 통계 분석에 따르면, 지난 20년 동안 20대와 50대의 소득 격차의 변화는 거의 없다. 오히려 세대 불평등은 청년 소득의 감소가 아니라 저소득 노인 인구의 증가에 의해 커지고 있다. 세대 불평등의 최하층은 바로 가난한 노인이다.

세대 갈등이 조작되면서 계층 갈등이 은폐된다는 사실이 더욱 심각하다. 세대 불평등론이 50대를 공격하는 동안 20대 내부의 격차는 사람들의 관심에서 사라진다. 20대 가운데 소수 부유층 자녀를 제외하고 대부분은 사교육비 지출, 입시 경쟁, 고액 등록금, 취업난, 부동산 폭등으로 엄청난 고통을 겪고 있다. 한 여론조사에서 청년의 70%가 희망이 없다고 응답했다. 그래서 조국 법무장관 딸과 추미애 법무장관 아들의 논란에서 나타나듯이 20대는 불공정 행위에 매우 민감하다. 조귀동이 『세습 중산층 사회』에서 분석한 것처럼 20대는 부모의 재산과 사회적 지위와 함께 사회적 인맥도 세습되는 사회에 대한 거부감이 강하다.[23] 부모의 인맥으로 인턴 경험을 쌓고 군대 생활을 편안하게 보내는 한국의 세습주의에 대해 분노한다.

2021년 4월 서울시장과 부산시장 보궐선거를 뒤흔든 '20대의 반란'은 정당한 이유가 있다. 민주당이 불평등으로 인한 20대의 고통과 세습 사회의 적폐를 외면했기 때문이다. 더 이상 참을 수 없는 20대는 민주당의 무능과 위선을 심판했다. 그러나 다양한 여론조사에서 볼 수 있듯이 20대 가운데 정부의 시장 개입과 복지 확대를 요구하는 여론이 높다. 이런 점을 보면 '20대 보수화'가 대세라고 단정할 수는 없다. 반민주당이 곧 보수화는 아니다.

1987년 민주화 이후 선거에서 40년 넘게 수도권과 대도시의 대부분 20대는 진보적 공약을 내세운 정당을 지지했다. 지역주의 정당으로 갈라진 선거에서 캐스팅 보트의 역할을 수행했다. 최근 거대 양당에 실망하여 부동층이 된 대다수 20대가 선거의 균형추를 흔들고 있다. 정치 지도자라면 20대의 절망과 눈물의 원인이 무엇인지 분명하게 말해야 한다. 취업 무한 경쟁, 저임금 비정규직 증가, 부동산 폭등에 대한 설득력 있는 해법을 제시해야 한다. 청년 세대가 주식, 코인, 부동산에 큰 관심을 갖는 이유는 세습 사회에서 혼자 힘으로 인생을 바꾸려는 시도로 보아야 한다. 이에 기성 세대가 청년 세대에게 공정한 기회와 사회이동의 가능성을 보여주어야 한다. 20대 30대 청년들은 사회의 변화를 원한다.

3장

불평등이 커진 원인은 무엇인가?

수출 대기업 때문에 불평등이 커졌는가?
기술의 진보는 불가피하게 불평등을 심화시키는가?
고소득 부부의 증가는 불평등을 심화시키는가?
왜 한국 노인들은 가난한가?

오늘날의 높은 불평등을 우리가 통제할 수 없는 힘의 결과로 보는 것은 오류이다.
　　　　- 앤서니 앳킨슨, 영국 경제학자, 『불평등을 넘어』 저자

부의 재분배의 역사는 항상 매우 정치적이었고, 불평등은 순수한 경제적 메커니즘에 의해 줄어들 수 없다.
　　　　- 토마 피케티, 프랑스 경제학자, 『21세기 자본』 저자

시장 경제는 효율적 배분을 위한 제도이지 연대성을 구축하는 제도는 아니다.
　　　　- 요스타 에스핑안데르센, 덴마크 사회학자,
　　　　『복지 자본주의의 세 가지 세계』 저자

1960년대 이후 주류 경제학은 미국 경제학자 사이먼 쿠즈넷의 '역U자' 모형처럼 경제가 성장함에 따라 불평등이 감소할 것으로 예상했다. 실제로 1950년대와 1960년대 미국과 유럽의 불평등은 급속하게 감소하고 있었다. 사이먼 쿠즈넷Simon Kuznets의 모형은 미국 대학의 경제학 교과서에도 등장하는 정통 이론으로 간주되었다. 그 후 오랫동안 사실상 경제학에서는 불평등은 중요한 연구 주제로 고려하지도 않는다.

그러나 이러한 주류 경제학의 낙관적 이론과 달리 지난 30년 동안 전 세계적으로 불평등이 증가하면서 학계와 정치권에서 뜨거운 논쟁이 폭발했다. 2014년 프랑스 경제학자 토마 피케티 Thomas Piketty는 『21세기 자본』에서 지난 200년 동안 주요 국가의 납세 통계를 분석하여 불평등이 지속적으로 증가했다고 주장했다.[1] 특히 1980년대 이후 유럽보다 미국에서 최상위 소득 계층이 다른 계층보다 엄청나게 많은 수입을 차지하면서 불평등이 빠르게 심화되었다고 지적했다. 그러면 왜 주요 국가에서 불평등이 증가했을까?

학계에서 불평등의 원인에 대한 연구는 크게 세 가지 접근법으로 분류할 수 있다. 첫째, 구조적 관점은 세계화, 기술 진보, 인구 변화와 같은 구조적 변화가 불가피하게 빈곤과 불평등을 증가시켰다고 본다. 둘째, 정치경제학적 관점은 기업지배구조, 기업의 전략, 노동조합의 단체교섭 역량과 같은 행위자 차원에 주목하며, 특히 자본과 노동의 권력관계의 불균형을 지적한다. 셋째, 제도적 관점은 교육, 복지 등 다양한 사회제도, 선거제도, 정치 체제 등에 관심을 가진다. 특히 국가의 조세정책과 사회정책의 역할을 강조한다.

세 가지 접근법은 서로 긴밀하게 연결되어 있고 상호 영향을 미친다. 세계화와 기술 진보는 저절로 이루어진 것이라기보다는 대개 정부와 기업의 정책 결과인 경우가 많다. 동시에 세계화와 기술의 진보가 가속화되면서 정부의 정책도 변화된 환경에 적응해야 하는 압력을 받는다. 나는 구조적 변화를 독립변수로 간주

그림 3-1 전 세계 하위층 50% 인구와 같은 수준의 부를 차지하고 있는 62명의 전 세계 초부유층

출처: 옥스팜(Oxfam) 보고서

하는 경제학자들과 달리 구조와 행위자(정부, 기업, 노동조합)의 상호관계의 역동성에 주목해야 한다고 주장한다. 이런 점에서 제도적 변화 역시 사회 내 다양한 이해관계자의 권력관계에 따른 결과로 보아야 한다. 그러나 일단 제도가 만들어지면 이해관계자들의 사회적 행동은 제도의 영향을 받는다.

불평등의 원인에 대한 연구를 보면 학자들에 따라 매우 다양한 주장이 제시되었다. 현실 세계에서 구조적 차원, 행위자의 차원, 제도적 차원은 서로 긴밀하게 얽혀 있고, 상호 영향을 미치며, 명확하게 분리하기 매우 어렵다. 그럼에도 불구하고 세계화

와 기술 진보, 인구 변화 등 구조적 조건보다 기업, 노동조합, 정부 등 행위자의 역할이 빈곤과 불평등에 미친 영향에 대해 주목할 필요가 있다. 비슷한 구조적 조건과 외부 환경의 변화에도 불구하고 국가별로 불평등 수준이 다르기 때문이다.

세계화, 기술 진보, 인구의 변화가 자동적으로 빈곤과 불평등을 악화시키는 것이 아니다. 개별 국가 차원에서 기업, 노조, 정부의 권력관계와 제도적 배치에 따라 상이한 불평등 수준이 나타나고 있음에 주목해야 한다. 특히 기업지배구조, 기업의 산업 투자와 고용 전략, 노동조합의 권력관계 등 역학 관계에 따라 형성되는 사회제도, 선거제도, 정치제도에 따른 정부의 조세정책과 사회정책에 따라 빈곤과 불평등의 수준이 크게 달라진다.

수출 대기업 때문에 불평등이 커졌는가?

1997년 독일 언론인 한스 피터 마르틴Hans-Peter Martin과 하랄트 슈만Harald Schumann은 『세계화의 덫』에서 세계화(globalization)가 불평등을 심화시켜 '20: 80 사회'를 만든다고 주장했다.[2] 이 주장은 자유무역이 모든 국가에게 이익을 준다는 주류 경제학의 '비교 우위' 이론에 대한 정면 공격이었다. 이 책은 한국에서도 베스트셀러가 되었으며 많은 학자들이 세계화가 불평등을 심화시킨다고 우려했다. 1999년 시애틀에서 반세계화 시위대는 세계무역기구(WTO) 국제회의를 반대하는 격렬한 시위를 벌였다. 이

사진 3-1 1999년 미국 시애틀 세계무역기구^{WTO} 반대 시위

출처: 위키피디아

는 '시애틀 전투'라고도 불렸다.

    세계화에 반대하는 노동자의 저항은 정당성을 가졌다. 자유무역으로 국내총생산이 증가하지만 선진 산업국가 노동자들의 일자리는 줄어들었다. 실제로 기업의 경제 활동이 지구적 수준으로 확장되어 기업 간 경쟁이 커지고 유럽과 미국의 기업들이 저임금 노동자를 찾아 해외로 이전하면서 선진 산업국가 노동자의 일자리가 사라졌다. 하지만 노동자들은 고임금을 찾아 다른 나라로 자유롭게 이주할 수 없다. 그렇다고 자동차 공장 노동자가 투자은행과 정보통신 회사에 취직할 수도 없었다. 결국 유럽과 미국의 제조업이 공동화되고 노동자들은 실업자가 되었다. 이런 사회경제적 변화를 보면 2005년 〈뉴욕타임스〉 칼럼니스트 토마스 프리드먼^{Thomas Friedman}이 『세계는 평평하다』에서 세계를 상업

3장 불평등이 커진 원인은 무엇인가?

의 관점에서 공평한 경쟁의 장으로 보는 주장은 허구에 가깝다.[3] 자유무역으로 직접적 타격을 받은 노동 집약적 산업의 노동자와 농민의 피해는 매우 크다.

그러나 수출 의존도가 높고 해외 투자가 많은 국가들이 반드시 불평등 수준이 더 높은 것은 아니다. 독일, 스웨덴 등은 대외 의존도가 높아도 상대적으로 불평등 수준은 낮은 편이다. 네덜란드와 캐나다는 거의 변화가 없다. 한국의 경우에도 수출주도 산업화를 추진하는 동안 1990년대 초반까지 불평등 수준은 낮은 편이었다. 1990년대 후반 이후 자본 자유화와 해외 직접 투자가 확대되면서 불평등이 증가했지만, 세계화가 곧 불평등을 증가시켰다는 직접적인 증거는 약하다. 경제의 세계화가 많이 이루어진 나라조차도 불평등의 증가는 대부분 비정규직 노동자의 증가와 이민 노동자의 낮은 임금으로 인한 경우가 많다. 노동자의 비정규직화가 모든 국가에서 공통적으로 나타나지만, 이는 세계화의 직접적 결과라기보다 제조업의 약화와 노동시장의 유연화로 인한 영향이 더 크다.

1991년 소련의 붕괴 이후 세계 경제의 통합이 급속도로 이루어지면서 선진 산업국가의 고소득 상층 엘리트들은 막대한 혜택을 누렸지만, 제조업 분야의 중하층 노동자들이 최대 패자가 되었다. 세계은행의 경제학자로 활동하다가 뉴욕시립대학 객원석좌교수가 된 브랑코 밀라노비치Branko Milanović는 세계화가 활발히 진행됐던 1988년부터 2011년까지 기간 전 세계 사람들을 소득 수준에 따라 줄을 세웠을 때 실질소득의 변화를 또는 변화의 양

표 3-1 1988~2008년 전 세계 소득 수준별 실질소득의 상대적 증가율

출처: 밀라노비치(2017: 29)

상을 '코끼리 곡선'이라고 불렀다.[4] 코끼리가 코를 높이 들고 있는 모양과 비슷하다고 해서 붙인 이름이다. 그래프를 보면 선진국의 최상위층(C)의 소득과 신흥국가의 중간계급(A) 수입은 증가한 데 비해, 선진국 중산층(B)의 실질소득은 감소했다. 선진국의 탈산업화로 인해 숙련 노동자들이 일자리가 대거 사라진 반면 저임금 서비스 일자리가 대거 증가했다.[5] 여기에서 중요한 것은 선진국의 최상위층과 중산층의 격차가 커지는 현상이다. 이는 선진국과 개발도상국 사이의 '국가 간 불평등'은 줄었지만 선진국의 '국가 내 불평등'은 심해졌다는 사실을 보여준다.

1990년대 이후 급속한 세계화가 진행되면서 선진국에 해외

사진 3-2 미국 45대 대통령 도널드 트럼프

트럼프(1946~) 대통령이 2020년 미국 애리조나주 유마 근처 미국과 멕시코 국경 사이에 설치한 장벽을 지켜보고 있다. 트럼프는 자유무역과 신자유주의 세계화에 반대하고 보호무역주의와 이민 반대를 주장했다. 트럼프의 포퓰리즘 정치는 가난한 백인에게 큰 영향을 미쳤으며, 중국과 이민에 대한 거부감을 강화했다. 출처: 위키피디아

이주노동자가 대거 진입하여 저 숙련노동자의 임금이 낮아진다는 우려가 커졌다. 특히 미국과 유럽에 이주노동자와 난민이 증가하면서 복지 혜택에 무임승차를 한다는 불만도 커졌다. 이러한 대중적 반감이 정치적으로 이용되면서 미국과 유럽에는 도널드 트럼프, 보리스 존슨Boris Johnson, 마리 르펭Marine Le Pen 등 극우 정치세력이 부상했다. 유럽에서도 독일을 위한 대안(AfD), 스웨덴 민주당, 더 나은 헝가리를 위한 정당(Jobbik) 등 극우 정치세

력이 유권자의 지지를 얻으며 기세를 올리기 시작했다.

신자유주의적 세계화를 주도한 미국과 영국에서 세계화에 반대하는 운동과 보호무역주의가 거세지는 것은 주목할 만하다. 지난 20년 동안 주류 경제학자들뿐 아니라 케인지언 경제학자들도 자유무역을 옹호하면서 국내총생산이 증가한 것만 계산했지 실제로 자유무역으로 직접적 타격을 받은 노동 집약적 산업의 노동자의 피해를 간과했다. 결국 2012년 하버드대학 케네디 스쿨 대니 로드릭Dani Rodrik 교수는 『자본주의 새판 짜기』에서 세계화로 인해 가장 타격을 받은 계층이 저 숙련노동자이며, 이들의 저항이 합리적 이유가 있다고 뒤늦게 인정했다.[6] 한국에서도 1990년대 기업의 해외 이전으로 일자리를 잃은 노동자와 농산물 수입 개방으로 소득이 감소한 농민들이 강력하게 저항했다. 그러나 이런 저항은 자유무역을 옹호하는 세계화의 논리 앞에서 커다란 주목을 받지 못했다.

선진 산업국가의 노동자와 농민의 저항에도 불구하고 경제적 세계화는 급속하게 확대되었다. 특히 1995년 중국의 세계무역기구(WTO) 가입 이후 전 세계 제조업에 지각 변동이 일어났다. 그러자 세계화가 불가피하게 선진 산업국가의 복지국가를 약화시킬 것이라는 우려가 커졌다. 1990년대 이후 선진국 정부들이 기업의 해외 이전을 막기 위해서 법인세, 소득세를 인하하고 공공사회지출을 줄이면서 '복지국가 위기론'이 현실화될 것이라는 주장이 확산되었다. 마르크스주의 학자들은 세계화, 즉 세계 자본의 자유로운 이동과 무역의 확대로 기업의 세금을 감면해주고 복지예산을 축소하는 '바닥을 향한 질주'(race to the bottom)가 발생할 것으로 예측했다.

그러나 세계화로 인한 '복지국가 위기론'과 반대로 지난 30년 동안 선진 산업국가들의 국내총생산 대비 전체 공공사회지출의 비중은 거의 감소하지 않았다. 영국 정치학자 프랜시스 캐슬Francis Castle은 『복지국가의 미래』에서 1980~1998년 사이의 OECD 회원국의 국내총생산 중 총 공공사회지출의 평균 비율은 9% 정도 증가했다고 분석했다.[7] 이는 지난 20년 동안 평균 2배로 확대된 것이다. 미국과 영국의 공공사회지출 비율은 독일, 네덜란드, 스웨덴 등 유럽 국가의 비율보다 상대적으로 낮은 편이지만, 감소한 것은 아니다. 1980년대 대처 총리와 레이건 대통령은 재정균형과 복지 축소를 외쳤지만 강력한 정치적 반대에 직면했다.[8] 탈산업화로 인한 실업의 증가와 인구 고령화로 인해 복지 수요가 지속적으로 커졌기 때문이다.

한국에서도 1998년 집권한 김대중 정부가 자본시장 개방 등 경제의 세계화를 급속하게 추진하는 동안에도 거의 2배 가까이 정부의 공공사회지출 비율이 증가했다. 지구적 경제의 출현이 반드시 공공사회지출을 제약하고 복지국가를 약화시킨다는 주장은 설득력을 갖기 어렵다. 이후 이명박 정부와 박근혜 정부가 등장한 이후에도 복지예산은 지속적으로 증가했다. 그런데 심각한 문제는 공공사회지출의 증가에도 불구하고 지속적으로 불평등이 증가했다는 사실이다.

한국에서 세계화가 소득 불평등에 미친 영향에 관한 실증적 연구는 많이 알려져 있다. 이 가운데 1997년 외환위기 이전부터 불평등이 커지기 시작했다는 사실은 주목할 만하다. 실제로 1994년부터 한국의 소득 분배는 지속적으로 악화되었다. 이 시기에 삼성, 현대 등 수출 대기업의 임금이 상승한 데 비해 중소기업의 임금은 정체되면서 대기업과 중소기업과의 격차가 크게 벌어졌다. 물론 1987년 정치적 민주화 이후 노동관계법이 개정되면서 강력해진 대기업 노동조합의 임금 인상 요구가 반영된 결과이기도 하지만, 1990년대 초반 이후 수출 대기업의 기업 매출과 순익이 너무 빠르게 증가한 점도 영향을 미쳤다. 하지만 기업별 노조 체계가 지배적이고 산별노조의 단체교섭이 이루어지지 않았기에 산업 부문 내부의 임금 격차가 더욱 커졌다.

1990년대 이후 경제 엘리트와 수출 지향적 대기업 임원들의 소득이 급속하게 증가한데 비해 저 숙련노동자의 소득이 정체되는 현상이 전적으로 세계화의 결과라고 단정하기는 어렵다. 무역 의존도가 높고 대기업의 비중이 큰 국가들 가운데 불평등 수준이 비슷한 것은 아니다. 수출주도 경제로 볼 수 있는 국가들 가운데 독일과 스웨덴은 상대적으로 한국에 비하면 불평등 수준이 낮은 편이다. OECD에 따르면 2018년 기준 지니계수는 독일 0.289, 스웨덴 0.273, 일본 0.334, 한국 0.345이다. 미주, 일본이 2018년 자료까지밖에 없기 때문에 2018년을 기준으로 비교했다. 유사한 수준의 수출주도 국가들의 불평등 수준이 다른 것은 여기에는 산별노조의 단체교섭, 보편적 사회보험, 무상 교육 등 다양한 원인이 작용한 결과로 보아야 한다. 농업과 일부 제조업

그림 3-2 영국 산업혁명 시기 러다이트 Luddite가 기계를 망치로 파괴하는 그림

출처: 위키미디어 커먼스

분야에서 발생하는 세계화의 피해자를 위해 정부가 관대한 복지국가 제도를 유지했기 때문이다.

기술의 진보는 불가피하게 불평등을 심화시키는가?

1980년대 대학생 시절 나는 서울 안암동에서 살았다. 은행에

서 돈을 찾으려면 통장과 함께 도장을 찍은 서류를 창구 직원에게 제출해야 했다. 그러면 손으로 돈을 세는 직원이 재빠르게 현금을 건네주었다. 그들은 대부분 고등학교를 졸업한 나이 어린 여자 직원이었다. 그러나 1990년대 이후 은행에는 돈을 세는 기계가 도입되고 현금인출기가 설치되면서 돈을 세는 직원은 모두 사라졌다. 그들은 어디로 갔을까?

1996년 미국의 저명한 미래학자 제레미 리프킨Jeremy Rifkin은 『노동의 종말』에서 정보기술의 급속한 도입으로 인해 사무관리직 일자리가 사라지고 있다고 주장했다.[9] 실제로 1980년대 미국의 은행 직원 가운데 3분의 1이 일자리를 잃었다. 영화 〈업 인 더 에어〉(Up In the Air)의 라이언 빙햄처럼 해고 전문가의 전성시대가 시작되었다. 한국에서도 1997년 외환위기 이후 은행권의 대규모 구조조정으로 수많은 사람들이 직장을 떠나야 했다. 은행의 매각뿐 아니라 새로운 기술의 도입도 고용에 큰 영향을 미쳤다. 내가 다녔던 안암동에 있었던 은행 직원도 더 이상 돈 세는 일은 하지 않게 되었다.

그러나 리프킨이 예측한 대로 일자리가 줄어 실업률이 크게 증가한 것은 아니다. 정보기술이 고용 없는 성장을 만들 것이라는 비관적 예언과 달리 2000년대 이후 가장 탈산업화 속도가 빨랐던 미국의 실업률은 급증하지 않았다. 미국 경제학자 로버트 고든Robert Gordon이 2016년 출간한 『미국의 성장은 끝났는가』에 따르면, 1990년대 이후 미국에서 제조업 일자리가 감소했지만 실업율은 높아지지 않았다.[10] 정보통신 산업과 서비스 산업에서 일자리가 증가했기 때문이다. 하지만 양보다 질이 문제였다. 서비스업의 생산성은 일반적으로 제조업보다 낮았으며, 이로 인해 저임금 일자리가 빠르게 늘어났다. 서비스업 일자리는 심하게 양극화되는 경향을 보였다. 고숙련 대 저숙련, 정규직 대 비정규직, 대기업 대 중소기업 노동자들 사이의 임금 격차가 빠르게 증가했다. 제조업과 서비스업 일자리 사이의 임금 격차도 커졌지만, 같은 산업 분야에서도 임금 불평등이 계속 증대했다.

오늘날 기술의 진보에 따른 산업구조의 변화를 강조하는 관점은 주류 경제학계에서 크게 관심을 끌고 있다. 이 관점은 불평등을 기술과 개인의 교육 수준의 불일치로 인한 것으로 본다. 그리고 컴퓨터의 도입 등 기술의 진보가 노동시장 양극화의 주요 원인이라고 믿는다. 하버드대학교 경제학과 클라우디아 골딘 Claudia Goldin 교수는 19세기 미국이 유럽보다 불평등이 줄어든 이유로 보통교육의 도입을 지적했다.[11] 실제로 미국은 유럽보다 앞서서 초등학교 의무교육을 시작했고 재빠르게 중학교와 고등학교 교육도 무상으로 제공했다. 물론 교육을 강조하는 청교도 문화와 미국 특유의 평등주의도 영향을 미쳤지만, 높은 교육 수준은 산업혁명기 숙련노동자에 대한 높은 수요에 효과적으로 대응할 수 있었다. 지난 100년의 미국 역사를 분석한 골딘은 이를 '교육과 기술의 경주'라고 불렀다. 만약 기술이 교육을 앞선다면 불평등이 커진다. 반대로 교육이 앞선다면 불평등이 줄어드는 경향이 있다.

그러면 지금 세계에서 가장 대학 진학률이 높은 미국과 한국에서 불평등이 커지는 이유는 무엇일까? 만약 모든 고등학교 졸업생이 대학에 100% 진학하면 불평등이 줄어들까? 아마도 모든 사람들이 대학에 가도 모두가 고소득 일자리를 얻기는 어려울 것이다. 최근 30~40년 동안 기술의 변화와 함께 대학 졸업자의 일자리 가운데에서도 명백하게 소득 양극화 현상이 나타난다. 왜 그럴까. 첫째로 이는 대졸자 중에서도 더 높은 숙련 기술자가 고소득을 받으면서 불평등이 증가하기 때문이다. 둘째, 세계화로 인한 ― 중국에서 수입하는 제조업 제품 등 ― 저숙련 노동자의 임금은 더욱 낮아진다. 셋째, 고등학교와 대학 졸업자 가운데 상당수 사람들이 고소득 일자리를 가질 정도의 역량과 숙련 기술을 갖지 못한 채 졸업하기 때문이다. 이는 교육이 기술의 변화를 따라잡지 못하기 때문이다. 이런 조건에서 억만장자가 된 고소득층의 증가는 디지털 자본주의의 시대에 나타나는 매우 특별한 현상이다.

1990년대 이후 자동화(automaiton) 이론이 등장하면서 로봇의 사용으로 사람들이 대거 일자리를 잃을 거라는 주장이 큰 주목을 받았다. 2014년 미국 매사추세츠공과대학(MIT) 디지털 비즈니스센터 에릭 브린욜프슨Erik Brynjolfsson과 앤드루 맥아피Andrew McAfee는 『제2의 기계 시대』에서 디지털 기술은 번영의 엔진이면서 격차의 엔진이라고 주장했다.[12] 그들은 2000년 이후 디지털 기술이 미국 경제를 이끌고 있지만, 소득 격차와 승자 독식 사회를 만들고 있다고 분석했다. 이들의 분석에 따르면, 2012년 기준 미국의 상위 10%가 전체 소득의 50% 이상을 차지했다. 이는

사진 3-3 1940년대 미국 군대에서 사용한 최초의 ENIAC 컴퓨터

당시에는 크기가 엄청나게 컸으며 반세기 후 수많은 개인 컴퓨터가 널리 사용되리라 예측한 사람은 거의 없었다. 컴퓨터가 상용화되고 인터넷이 발명되면서 많은 일자리가 새롭게 등장했다. 그러나 새로운 일자리의 기술 수준과 임금의 격차는 엄청나게 커졌다. 출처: 위키피디아

1929년 대공황 이후 최초로 발생한 현상이다. 상위 0.01%의 소득은 총 소득의 5.5%를 차지한다. 이 책은 자동화 시대가 가속화될수록 더욱 불평등이 심화될 것이라고 예측한다.

2015년 미국 스탠퍼드대학 인공지능 학자 제리 카플란Jerry Kaplan은 『인간은 필요없다』에서 미국의 초부유층은 주로 디지털 기술의 혁신을 주도하는 개발자와 투자자들로, 인공지능(AI) 기술이 응용되면 더 많은 부를 축적할 기회를 가질 거라고 주장했다.[13] 이처럼 오늘날 디지털 기술의 수익은 노동자보다 자본 또

는 로봇 소유자에게 집중되는 구조를 가지고 있다. 브린욜프슨, 맥아피, 카플란의 일자리가 사라질 것이라는 예측은 설득력이 적지만, 임금 격차가 커질 것이라는 지적은 현실적이다. 자동화와 인공지능이 확산되어 제조업의 일자리가 상당수 사라져도 저임금 서비스 일자리는 쉽게 기계로 대체되기 어렵기 때문이다.

신고전파 경제학을 지지하는 주류 경제학은 기술의 진보로 불평등이 커지고 숙련노동자에 대한 요구가 상대적으로 상승했다고 설명한다. 인적 자본에 대한 투자량의 차이가 인적 자본의 질적 차이를 유발하고 생산성의 격차를 초래하여 노동시장의 임금 수준에 영향을 준다는 것이다. 결과적으로 불평등은 기술의 진보에 따른 불가피한 결과라고 본다. 이는 하버드대 경제학과 그레고리 맨큐 N. Gregory Mankiw 교수가 쓴 『경제학』 교과서에도 등장하는 정통 이론으로 인정받고 있다.

그러나 지나친 기술 결정론은 자본 투자, 고용 관계, 노사관계에 대한 설명을 무시하는 경향이 크다. 1980년대 중반 이후 선진 산업국가의 불평등 추이를 보면, OECD 회원국 가운데 미국, 영국, 캐나다, 독일의 불평등은 높아진 반면, 오히려 벨기에, 네덜란드, 프랑스는 낮아졌다. 만약 기술의 진보가 불평등의 주요 변수라면 경제 발전의 수준, 산업구조, 교육 과정, 직업훈련이 비슷한 국가에서 비슷한 결과를 보여야 할 것이다. 그러나 비슷한 산업구조와 교육 구조를 가지고 있는 미국, 캐나다, 영국, 호주, 뉴질랜드의 불평등 수준은 상당히 다르다. 캐나다와 뉴질랜드는 미국에 비해 상대적으로 불평등 수준이 낮다. OECD가 발표한 지니계수를 보면, 미국은 0.375, 영국은 0.355인데 비해 뉴질랜드는 0.320, 호주는 0.318이다. 캐나다는 가장 낮아 0.280인데 스웨덴(0.276) 수준에 가까울 정도로 가장 불평등 수준이 낮다.[14]

주류 경제학의 인적 자본 이론은 저임금 일자리가 많아지는 이유가 저숙련 일자리가 늘어나기 때문이라고 주장한다. 그러나 지난 수십 년 동안 미국에서 저숙련 일자리가 전체 고용에서 차지하는 비중은 감소했는데도, 오히려 저임금 일자리의 비중은 커지고 있다. 노동시장 유연화로 시간제 일자리와 임시직 고용이 증가했기 때문이다.

한편 기업의 최고경영자(CEO)는 노동자의 임금보다 기업 이익을 우선적으로 고려하는 고용 계약을 결정하고, 투자할 산업과 지역도 결정할 수 있는 권력을 가지고 있다. 결과적으로 미국 국내총생산에서 노동자의 임금이 차지하는 비중은 낮아졌다. 이런 점에서 볼 때 소득 불평등의 확대는 기술의 진보보다 기업과 노동자 간의 역학 관계의 불균형으로 인한 결과로 볼 수 있다.

영국의 저명한 노동 경제학자 앤서니 앳킨슨Anthony B. Atkinson은 『불평등을 넘어』에서 향후 미국의 일자리 가운데 약 47%가 자동화(automation)로 사라질 것으로 예측했다.[15] 한국 제조업의 자동화 수준은 미국, 일본, 독일을 제치고 세계 최고 수준이 되었다. 1990년대 이후 한국의 대기업도 고숙련 인력의 양성 대신 노동력을 로봇으로 대체하는 자동화를 도입했다. 제조업 취업자 1만 명당 산업 로봇의 수가 350대를 넘어 2013년 일본을 앞질렀다.

한편 한국의 재벌 대기업은 장기적인 관점에서 부가가치를 높

사진 3-4 산업용 로봇

로봇의 등장으로 제조업 숙련 노동자의 일자리가 대거 사라졌다. 로봇을 도입한 대기업의 생산성은 높아졌지만 로봇을 사용할 수 없는 서비스 산업의 생산성은 매우 낮다. 이로 인해 노동시장의 양극화가 더욱 심화되었다.
출처: 위키미디어 커먼스

이는 기업 간 협력 관계보다 기업 업무를 외주화(아웃소싱)하는 계약을 통한 생산비 절감을 추구했다. 이로 인해 대기업의 고용 비중이 급속하게 줄어들고 대기업과 중소기업의 임금 격차는 커지고 있다. 기계의 도입과 고용 계약의 성격을 결정하는 기업에 특별한 지위를 부여할수록 불평등이 커지는 것이다.

기술의 변화에 따른 산업구조의 변화는 소득 불평등을 심화시켰다. 고학력, 숙련노동자의 생산성이 증가하면서 임금 프리미엄(wage premium)이 증가했다. 반면에 저학력 저숙련 노동자의 일자리는 점차 사라졌다. 1990년대 중반 이후 제조업 숙련노동자의 고용이 크게 줄어들었다. 제조업 고용 인구가 1991년 516만

명에서 2009년 394만 명으로 급속하게 줄어들었다. 특히 경공업 분야 비숙련 노동자의 일자리가 사라졌다. 기술의 진보에 따라 노동 절약적 생산이 확산되면서 고용 유발 계수가 낮아졌다.

결과적으로 경제성장률과 국내총생산이 증가해도 산업의 고용 창출 효과는 미비했다. 대기업은 막대한 수익을 통해 기술 개발과 노동 절약 생산을 채택하면서 중소기업과 노동자에게 혜택을 주는 낙수 효과가 사라졌다. 이 과정에서 많은 노동자들이 서비스 분야의 저임금 저숙련 일자리로 밀려났다. 이들 중 상당수가 10인 미만 영세업체에서 일한다. 이들은 비정규직이 되거나 실업자가 될 위험이 매우 크다. 이러한 급속한 산업구조의 전환 과정에서 하위층의 소득이 크게 감소했다.

기술의 진보에 의해 중간 수준의 기능직이 사라지고 고소득의 관리직과 저임금의 기능직만 남는 '공동화'(hollowing out) 현상이 전 세계적으로 확산되면서 선진 산업국가들의 중간소득 계층이 사라지고 있다. 미국의 대기업 최고경영자와 노동자의 평균 임금 격차는 역사상 최대 수준으로 증가했다. 한국에서도 1997년 외환위기 이후 재벌 대기업 최고경영자의 임금은 천문학적 고액 연봉으로 급상승한 반면, 노동자의 실질임금은 거의 정체 상태에 머물렀다.

만약 대기업 최고경영자의 연봉이 기술의 진보에 의해 이루어졌다면 엔지니어, 과학자, 기술자, 개발자의 소득도 크게 증가해야 했지만, 현실은 그렇지 않았다. 기업의 최고경영자는 자신의 임금을 스스로 결정하는 재량을 가지고 있기에 그들의 지나치게 높은 임금 수준은 노동자에 비해 더 많이 가진 권력의 결과로 볼 수 있다.

기술의 진보가 모든 사람들에게 비슷한 기회를 주기보다 상위층에게만 더 많은 혜택을 주고 있다고 볼 수 있다. 결과적으로 전체 소득에서 차지하는 자본소득 분배율은 높아지는 반면 노동소득 분배율은 낮아졌다. 브라이언 킬리Bryan Keeley의 OECD 보고서 〈소득 불평등〉에 따르면, 1980년 상위 10%가 하위 10%보다 약 7배 높은 임금을 차지했으나, 2015년에는 거의 9.5배 높다.[16] 이처럼 기술의 진보가 자본-노동 소득 분배 비율 변화의 80%를 설명한다고 주장했다.

한국에서 제조업과 서비스 산업의 임금 격차도 지속적으로 커지고 있다. 1990년대 초반까지는 산업별로 소득 격차가 심하지 않았으나, 이후 점차 확대되는 추세이다. 일반적으로 평균 소득이 가장 높은 산업은 금융업, 사회서비스업, 제조업 등의 순이다. 반면 가장 낮은 것은 개인 서비스업이다. 개인 서비스업은 최근 들어 농림어업보다 낮아졌다. 개인 서비스나 사회서비스업 등 소득 증가율이 낮은 산업의 비중이 상대적으로 빨리 확대된 반면, 금융업이나 제조업과 같이 소득 증가율이 높은 산업의 비중은 천천히 증가하거나 감소하는 추세를 보인다.

그러나 산업구조 간 불평등이 사회 전체의 불평등에 결정적 영향을 미친다고 보기는 어렵다. 오히려 동종 산업 내부에서 불평등이 더 커지는 경향이 나타나고 있다. 동종 산업 내부의 정규직 대 비정규직의 격차가 더욱 커지고 있기 때문이다. 이는 시간제, 임시직 등 저임금 일자리가 증가하는 노동 유연화와 밀접한 관련이 있는 것으로 보인다. 이 문제는 뒤에서 다시 자세하게 다룰 것이다.

고소득 부부의 증가는 불평등을 심화시키는가?

어떤 남편감이 인기가 많을까? 많은 사람들은 당연하게 경제력을 꼽을 것이다. 그러면 여성의 수입이 높아지면 배우자를 선택할 때 경제력이 덜 중요해질까? 그런데 만약 고학력 고소득 여성이 같은 수준의 남성과 결혼한다면 어떤 일이 일어날까? 지난 수십 년 동안 불평등이 증가하는 원인으로 경제 세계화와 기술 진보에 대한 엄청난 연구에 비해 인구 구조의 변화에 대한 관심은 상대적으로 적었다. 하지만 최근 경험적 연구를 보면, 결혼, 기대수명의 증가, 고령화 등 사회인구학적 변화가 불평등의 심화에 중요한 영향을 미치고 있다.

덴마크 사회학자 요스타 에스핑안데르센Gøsta Esping-Andersen은 2007년 『미국 행태 과학자』에 기고한 논문에서 교육적 동질혼(educational homogamy)이 증가할수록 가구 간 소득 격차가 커질 것이라고 예측했다.[17] 실제로 많은 나라에서 여성의 교육 수준이 높아지고 고학력 부부의 비율이 확대되면서 불평등이 증가하고 있다. 교육적 동질혼에 관한 전 세계의 다양한 연구를 보면, 경제 발전과 교육적 동질혼은 역U자형 관계를 보여준다. 동

사진 3-5 파올로 몬티|Paolo Monti(1908~1982), 1960년대 이탈리아 결혼식

결혼은 단지 개인들의 우연한 결합이 아니라 소득과 교육의 동질혼을 통해 사회적 분리를 강화한다. 출처: 위키피디아

시에 가톨릭, 이슬람교, 유교 및 가톨릭·개신교 혼합 국가는 개신교 국가보다 더욱 강한 교육적 동질혼이 나타난다.

폴란드 사회학자 헨리 도만스키|Henryk Domański와 다리우스 시비

스Dariusz Przybysz 교수는 2007년 『유럽 사회』의 논문에서 유럽 22개 국가의 사회경제적 동질혼을 분석했다.[18] 이 연구에 따르면, 중부와 동부 유럽 국가에 이어 남유럽 국가도 교육적 동질혼 수준이 높은 편이다. 아일랜드, 프랑스, 독일, 오스트리아 등의 국가에서도 비교적 높은 것으로 나타난다. 반면에 북유럽의 경우 대부분 국가들의 교육적 동질혼의 수준은 낮은 편이다.

한 국가에서도 시대에 따라 동질혼의 추이가 다르게 나타난다. 미국 사회학자 크리스틴 쉬워츠Christine R. Schwartz와 로버트 메어Robert D. Mare가 2005년 『인구학』의 논문에서 미국의 교육적 동질혼이 1940년부터 1960년까지는 감소했지만 1960년부터 2003년까지는 증가했다고 분석했다.[19] 미국에서 전반적인 교육 수준이 높아지고, 남녀평등이 이루어지고, 교육 수준별 임금 격차가 커지면서 교육적 동질혼이 증가하는 경향이 나타났다. 결과적으로 고학력자의 동질혼이 증가하면서 교육 수준에 따른 소득 격차가 더욱 커졌다.

한국과 같이 사회 안전망이 미흡하고 교육적 동질혼의 비율이 매우 큰 사회에서는 여성의 경제활동 참가와 교육적 동질혼이 함께 증가하면서 가구 간 소득 불평등이 심화되는 경향을 볼 수 있다. 한국의 동질혼 경향은 교육 수준을 중심으로 학력 단계의 양극단의 집단 즉 대졸과 초졸 이하의 학력에서 뚜렷하게 나타나고 있는데, 학력이 배우자 선택에 중요한 요인임을 보여준다. 학력이 소득에 미치는 영향이 큰 사회일수록 동질혼의 경향은 더 크게 나타난다. 결과적으로 고학력 부부 중 여성의 노동 참여율이 높아질수록 교육적 동질혼을 통해 가구 간 소득 불평등이 더욱 증가할 것으로 예측된다.

한국의 기혼여성 내 소득 불평등이 지속적으로 증가했으며 남편과 부인의 소득 연관 관계도 증가했다. 김영미 연세대 교수와 신광영 중앙대 교수가 2008년 『경제와 사회』에 게재한 논문의 분석에 따르면, 부부 소득 불평등에 대한 부인 소득의 기여분이 1998년 17%에서 2005년 36%로 증가했다.[20] 이런 추이를 보면 향후에도 학력 수준별 임금 격차가 커질수록 동질혼이 더욱 증가할 것으로 예측할 수 있다.

반면에 2023년 한국은행이 발표한 「소득 동질혼과 가구구조가 가구소득 불평등에 미치는 영향: 국제 비교를 중심으로」 보고서를 보면, 한국은 남편과 아내의 벌이가 비슷한 '소득 동질혼' 경향이 다른 나라와 비교해 상대적으로 약하다.[21] 고소득 남녀 간 결혼이 많지만 고소득 남성과 비취업, 저소득 여성 간 결혼, 저소득, 비취업 남성과 중위소득 이상 여성 간 결혼 등 이질적 결혼이 상대적으로 많은 편이다. 소득 동질혼 경향이 약한 이유는 아직 명확하지 않다. 고소득 남성은 경제활동에 전념하고 아내는 가사와 육아에 전담하는 가구 내 성별 분업이 강하기 때문일 수 있다. 결혼 후 임신과 출산 등으로 여성의 경력 단절이 많기 때문일 수 있다. 소득 동질혼에 관한 연구는 좀 더 자세한 분석이 필요하다.

국제 비교 연구를 통한 교육적 동질혼의 증감 추이를 보면, 대체적으로 복지국가가 발전할수록 교육적 동질혼의 비율이 유지되거나 감소되는 경향을 보이고 있음을 알 수 있다. 반면에 소득 불평등과 젠더 불평등이 큰 나라에서 고학력자들의 동질혼 비율이 높게 나타난다. 불평등이 큰 사회일수록 배우자의 학력과 소득을 중시하기 때문이다.

역설적으로 불평등과 동질혼의 상관관계는 중요한 정책적 함의를 제시한다. 노동시장의 임금 격차의 축소와 함께 주거, 교육, 의료 등 복지제도 강화가 교육적 동질혼의 비율을 어느 정도 감소시킬 가능성을 예측할 수 있다. 정부는 사회제도와 복지정책이 남녀 사이의 결혼에 미치는 영향을 간과하지 않아야 한다.

왜 한국 노인들은 가난한가?

한국 사회에 영향을 미치는 가장 큰 인구 구조의 변화는 고령화이다. 2021년 OECD 자료에 따르면, 한국은 OECD 국가들 중 고령화 비율이 13.8%로 선진국에 비해 낮은 편이지만, 고령화율의 속도가 가장 빠른 나라 중 하나이다. 급속한 인구 고령화와 함께 저소득 노인 인구가 증가하면서 불평등도 빠르게 증가하고 있다. 다양한 사회학적 분석을 보면, 노인의 빈곤화는 한국 불평등의 가장 결정적 요인이 되고 있다.

지난 20년 동안 한국의 노인 빈곤율은 OECD 국가 중 가장 높은 수준이며, 생활고로 인한 노인의 자살율도 세계 최고 수준이다. 한국 통계청에 따르면, 한국의 노인 빈곤율은 2006년

사진 3-6 찰머스 버터필드Chalmers Butterfield의 사진

전 세계적으로 인구 고령화로 노인 인구의 비중이 커지고 있으며, 특히 여성 가구주가 늘어나고 있다. 연금제도가 취약한 한국에서의 노인 빈곤율은 세계 최고 수준이다. 이는 한국의 빈곤과 불평등의 가장 큰 원인이다. 출처: 위키미디어 커먼스

42.8%로 이후 꾸준히 증가해 오다 2013년 47.7% 이후 전반적으로 감소하고 있으나 2019년 43.2%로 여전히 매우 심각한 수준이다.[22] 국내 추이만 놓고 보면 노인 빈곤율이 점차 개선되는 듯하지만, 국제 기준으로는 '세계 최악'이다. 국제 비교가 가능한 2019년 기준 한국 노인의 상대적 빈곤율은 34개 OECD 국가 중에서 가장 높을 뿐 아니라 격차도 컸다. 에스토니아가 34.5%로 2위를 기록했고, 미국(23%), 뉴질랜드(19.8%), 이스라엘(18.9%) 등이 뒤를 이었다.

다른 나라들의 노인 빈곤율 현황은 어떨까? 최근 OECD 자료에 따르면, 독일의 노인 빈곤율도 2006년 8.3%에서 2017년 10.4%로 소폭 증가했으며, 핀란드의 경우 노인 빈곤율은 2006년 6.8%에서 2017년 6.3%로 오히려 감소했다. 스웨덴, 노르웨이 등 사회민주주의 복지국가에서 고령화 비율이 높음에도 불구하고 노인 빈곤율과 지니계수가 낮은 편이다. 한국과 같이 국민연금 등 복지제도가 미흡하고 노인 빈곤율이 매우 높은 사회에서는 인구 고령화와 함께 불평등이 심화되는 경향이 나타난다.

왜 세계에서 10대 부국으로 꼽히는 한국에서 노인 인구의 절반이 빈곤층이 되었을까? 한국의 노인 빈곤율의 증가에는 몇 가지 중요한 특징이 나타난다. 첫째, 노인연금 제도의 도입이 너무 늦었으며 연금의 소득 대체율이 매우 낮다. 현재 노인 인구 가운데 연금 혜택을 받는 비율은 절반이 되지 않으며, 수급액이 너무 낮아 적정한 생활수준을 영위하기 어려운 경우가 많다. 둘째, 저소득층의 1인 가구 비율이 지속적으로 증가하고 있다. 가구원

수 축소 현상은 1인 가구에 노인이 많이 분포하고 있다는 점에서 노인 빈곤의 증가에 영향을 주고 있다. 특히 사별 등의 이유로 인한 경제력이 없는 여성 노인 1인 가구의 증가는 노인 빈곤율에 큰 영향을 미치고 있다. 셋째, 경제활동이 가능한 노인이 감소하는 반면 실업자와 비경제활동인구에 포함된 노인이 증가하고 있다. 50대 조기퇴직뿐 아니라 60대 정년퇴직 이후 소득 중단으로 빈곤 위험이 지나치게 높아지고 있다. 넷째, 많은 사람들의 오해와 달리 한국의 노인 고용율은 선진국에 비해 매우 높다. 노인 가운데 경제활동 참가자가 거의 3분의 1 수준으로 OECD 평균인 약 13%에 비해 매우 높다. 연금으로 노후를 보내는 선진국의 노인들과 달리, 생계를 위해 계속 일해야 하는 한국 노인들의 고달픈 현실을 보여준다. 결론적으로 세계 최고의 노인 빈곤율은 단지 고령화가 아니라 사회제도 실패의 결과로 보아야 한다. 결국 국가의 실패이다.

2017년 OECD의 보고서에 따르면, 인구 고령화는 세대 내 불평등을 증가시킬 뿐만 아니라 세대 간 불평등도 함께 증가시킨다.[23] 더 나아가 인구 고령화로 인한 불평등 심화는 현재 젊은 세대에게는 더욱 심각한 문제로 다가올 것이라 경고하고 있다. 특히 세계 최저 수준의 저출생과 연결되어 인구 고령화는 더욱 더 심각한 사회문제가 될 가능성이 크다.

한국의 인구 고령화 속도가 이대로 지속되면, 2045년 37.0%로 일본을 넘어서 세계에서 가장 고령화된 국가가 될 것이라 전망된다. 급속한 인구 고령화는 젊은 세대에게 커다란 부담을 주고, 세대 간 갈등을 심화시키며, 장기적으로 경제성장의 동력을 약화시킬 수 있다. 세계 최고 수준의 노인 빈곤율을 낮추기 위한 정년 연장, 국민연금 개혁, 기초노령연금의 인상 등 전격적인 정책이 도입되지 않는다면 고령화로 인한 불평등은 더욱 심각해질 것이다. 고령화의 충격을 극복할 정부의 시급한 행동이 필요하다.

4장

자본과 노동의 권력관계

재벌 자본주의의 희생자
정규직과 비정규직의 분열
노동조합이 약하면 불평등이 커진다

부자와 가난한 자의 불균형은 모든 공화국의 가장 오랜 치명적 우환이다.

- 플루타르코스 Plutarchos

불평등의 증가는 누가 지식을 가졌는가의 문제가 아니라 누가 권력을 가졌는가에 관한 문제이다.

- 폴 크루그먼, 미국 경제학자

미국 경제지 『포브스』가 2022년 4월 20일 '한국의 50대 부자 2022'를 다루면서, 카카오 창업주로 자수성가한 억만장자 김범수 전 의장이 96억 달러로 처음으로 1위를 차지했다고 보도했다. 삼성전자 이재용 부회장은 92억 달러로 2위를 지켰다. 이는 한국의 최대 재벌 대기업 삼성 3세대 후계자 이재용을 추월한 사건으로 세상의 주목을 받았다.

김범수는 재벌의 후계자가 아니라 1966년 전남 담양에서 농사를 짓던 집안에서 태어났다. 전형적인 흙수저 출신이다. 그의 아버지는 서울에 이사와 정육 도매업자가 되었지만, 사업에 실패해 온 집안은 큰 어려움을 겪었다. 김범수는 한 번의 대학입시 실패 후 1986년 서울대학교 산업공학과에 입학한 후 아르바이트로 학비와 생활비를 벌어야만 했다.

4장 자본과 노동의 권력관계

김범수는 대학원에서 석사학위를 마친 후 삼성데이타시스템에 입사했고 컴퓨터 언어를 다루며 소프트웨어 개발자가 되었다. 1996년 PC통신 유니텔을 개발했으며 1998년 연구소를 거치며 삼성SDS에서 근무하던 동료들과 창업에 도전했다. 스타크래프트 게임 열기가 한창이던 1998년 김범수는 서울 성동구의 한양대학교 앞에 대형 PC방을 창업한 후, 그해 연말에는 강남구 삼성동에 한게임을 창업했다. 2000년 한게임을 이해진 사장의 네이버와 합병하고 NHN 공동대표가 된다. 하지만 2007년 돌연 대표직을 사임하고 미국에 건너간다.

얼마 후 아이폰이 출시되면서 PC에서 모바일로 이동하는 시대에 맞추어 2008년 벤처기업 '아이위랩'을 인수하면서 재기의 발판을 마련했다. 2010년 카카오톡을 창업하면서 엄청난 성공을 거두었다. 카카오톡은 무료 모바일 메신저라는 새로운 사업을 시작했고 네이버의 라인과 페이스북의 메신저를 제치고 시장을 선점했다. 그 후 카카오는 카카오게임을 통해 수익 모델을 만들었다. 2014년에는 다음과 합병하고 2019년에는 자산총액 10조 이상의 대기업의 반열에 올랐다. 창업 후 9년 만의 일이다. 김범수의 성공은 부모의 상속 재산이 없었지만 서울대와 삼성이라는 네트워크가 정보통신 기술의 혁명적 발전과 결합된 결과라고 볼 수 있다. 물론 창의적 발상과 함께 도전과 모험을 감수한 김범수의 기업가정신도 큰 역할을 했다.

김범수는 1950년대와 1960년대에 창업한 삼성, 현대 등 재벌의 1세대 창업자 가문과 뚜렷하게 구별되는 새로운 한국의 기업을 상징한다. 1990년대와 2000년대 네이버의 이해진, 넥슨의 김정주와 함께 정보통신 산업의 벤처 기업가 가운데 선두주자로 꼽힌다. 이들의 성공에는 실리콘 밸리와 같은 벤처자본이 발전하지 않은 한국 경제에서 매우 독특한 사례로 평가받을 수 있다. 삼성 등 대기업을 중심으로 형성된 전문적 인력, 1998년 이후 김대중 정부의 정보통신 산업에 대한 대대적 지원, 중국의 텐센트 등 해외 자본을 활용하는 국제 네트워크도 중요한 역할을 수행했다.

하지만 문어발식 경영과 가족 세습에 집착하는 재벌 대기업과 다를 것이라는 기대와 달리 김범수는 자녀들에게 500억이 넘는 주식을 증여하면서 큰 논란을 일으켰다. 직원 수가 4명인데, 급여 지출은 14억 원에 해당되는 케이큐브홀딩스는 페이퍼컴퍼니라는 의혹에 휩싸였다. 여론이 악화되면서 자녀들은 회사에서 즉시 퇴직했다. 하지만 그는 자신의 아내와 자식들뿐 아니라 친인척들에도 상당한 주식을 증여했다.

2021년 김범수는 자신의 재산 절반을 사회에 기부하겠다고 발표했다. 그의 카카오 주식이 약 10조 원에 추산되는데 약 5조 원의 돈으로 재단을 설립하겠다고 한 것으로 알려졌다. 하지만 그의 기부는 전 세계 억만장자들이 세금을 회피하고 대기업을 사실상 지배하기 위한 수단과 같은 것으로 알려졌다.

카카오는 많은 사회적 비판에 직면했다. 회사 내부에서 직원들의 성과 체계, 인사 평가방식 같은 조직 문화의 반발이 터져 나왔다. 또한 회사 외부에서는 문어발식 사업 확장, 골목 상권 침해, 독과점 횡포 등 사업 방식에 대한 비난의 목소리가 커졌다. 심지어 주식 폭등 직후 매각으로 막대한 이익을 챙긴 주요 경영진의 도덕적 해이는 재벌 대기업보다 더 한 것이라는 공격을 받았다.

카카오는 2022년 다시 한국 사회의 뜨거운 비난을 받았다. 카카오 디지털 정전 사태로 카카오 서비스 장애가 발생한 것이다. 이 사건으로 카카오라는 거대한 플랫폼에 종속된 수많은 사업자와 노동자들은 막대한 손해를 입었다. 기업의 자유를 역설한 윤석열 대통령도 "독과점 상태에서 시장이 왜곡되면 정부가 개입해야" 한다고 말했다. 카카오의 독과점 통신망은 사실상 국가 기간산업으로 공적 가치가 큰 데 사기업에게 맡겨두는 것은 매우 무책임하다는 목소리가 커졌다. 통신망에 대한 국가의 규제를 강화해야 한다는 법안이 국회에서 더불어민주당과 국민의힘 소속 국회의원들에게 거부당한 것도 카카오의 국회 로비의 결과로 지적되기도 한다.

홍은택 카카오 대표는 기자회견을 통해 "카카오톡이 국민 대다수가 쓰는, 공공성을 띠는 서비스임에도 그에 부합하는 책무를 다하지 못했다"는 대국민 사과를 했다. 하지만 김범수는 이사회 의장에서 사임했다는 이유로 최대 주주의 지위에도 불구하고 은둔하고 있다. 김범수는 다시 거센 비판에 직면하고 있다. 그는 이미 서민민생대책위원회로부터 업무방해와 소비자기본법 위반, 허위사실유포 등의 혐의로 고발당했다. 그동안 김범수는 재벌 총수와 다르다고 주장했지만, 그의 막대한 부는 또 다른 불평등을 만드는 탐욕의 수단이 되고 있다는 비판을 받고 있다.

카카오의 급속한 성장을 단지 기업의 '성공 신화'로만 보아서는 안 된다. 카카오는 제조업을 중심으로 성장한 재벌 대기업과 달리 정보통신 산업을 기반으로 급속하게 부상한 플랫폼 대기업이 만든 새로운 디지털 자본주의의 수혜자라는 사실을 직시해야 한다. 미국의 메타(페이스북), 구글과 마찬가지로 카카오톡과 네이버는 훨씬 적은 수의 직원으로 엄청난 수익을 얻었지만, 극소수의 창업자와 개발자가 막대한 주식 수익과 배당을 받고 있다. 이는 단순히 세계화와 기술 진보의 부수물로 보아서는 안 된다. 대기업과 억만장자에게 유리한 각종 규제 철폐, 금융과 산업 분리 원칙의 폐기, 조세제도와 규제 완화가 만든 결과로 보아야 한다.

재벌 자본주의의 희생자

오늘날 자본주의 경제를 이해하려면 1991년 세계사의 대격변으로 돌아가야 한다. 소련과 동유럽 공산권이 1991년 갑작스럽게 붕괴하자 서방 학자들은 새로운 국제 질서가 도래했다고 입을 모았다. 대표적으로 1992년 미국 정치학자 프란시스 후쿠야마Francis Fukuyama는 『역사의 종말』에서 서구의 자유시장 자본주의가 궁극적으로 승리를 거두었다고 주장했다.[1] 공산주의의 붕괴는 자본주의의 우월성과 영원한 승리를 확증하는 증거처럼 보

사진 4-1 세계 자본주의의 중심 월스트리트

출처: 위키피디아

였다. 그러나 후쿠야마의 예언은 현실과 너무나 거리가 멀다. 자본주의를 자세히 들여다보면 모든 국가들이 동일한 경제 모델을 가진 것은 아니다.

2001년 하버드대학 피터 홀[Peter H. Hall] 교수와 런던정경대학 데이비드 사스키스[David Soskice] 교수는 『자본주의의 다양성』에서 주요 국가의 경제 모델을 자유시장 경제(liberal market economy)와 조정시장 경제(coordinated market economy)로 구분했다. 자유시장 경제는 자유시장의 원칙을 중시하는 경제 모델인 데 비해, 조정시장 경제는 정부, 기업, 노동자, 지역사회 등 다양한 이해관계를 조정하는 경제 모델을 가리킨다. 두 가지 경제 모델은 기업의 핵심 경쟁력, 직업훈련과 교육, 기업지배구조, 기업 간 관계, 노사관계의 특성에 따라 분류한다.[2] 자유시장 경제의 대표적 사례는 미국이고, 조정시장 경제의 특성은 독일에서 잘 나타난다.

미국, 영국 등 영미권 자본주의는 시장의 변화에 민감하고 단

사진 4-2 독일 경제 부흥의 아이콘 폭스바겐 비틀

출처: 위키피디아

기 성과를 중시하지만, 개방적이고 경쟁을 추구하기 때문에 급진적 혁신이 가능하다. 미국은 금융, 정보통신, 나노기술, 생명공학 등 산업 분야를 주도한다. 반면 독일, 스웨덴 등 유럽 대륙 자본주의는 시장 점유율과 장기적 전략을 중시하면서 단계적 혁신을 추구한다. 유럽은 자동차, 정밀 기계, 제약 등 산업 분야의 경쟁력이 높다. 선진 산업국가의 정치경제 모델을 세부적으로 보면 홀과 사스키스가 구분한 자유시장 경제와 조정시장 경제의 이분법보다 더 많은 유형의 차이가 나타나지만, 많은 학자들이 두 가지 분류법을 널리 활용한다.

　미국과 독일의 경제제도가 다르고 기업가, 중간관리자, 노동조합 사이의 협상 능력과 힘의 차이가 있기 때문에 기업지배구조

도 상이한 특징을 가지고 있다. 미국식 자본주의는 기업가들이 주식 시장을 통해 분산되어 있고 상대적으로 약한 대신, 중간관리자들이 매우 강력하고, 노동자들은 잘 조직화되어 있지 않다. 반면 독일과 유럽 자본주의에서는 기업가들이 미국의 주식시장과 달리 소수의 은행, 보험회사, 금융기관에 의해 집중되어 있고 중간관리자의 힘은 약한 반면, 노동자들은 매우 잘 조직되어 있는 편이다.

기업의 소유와 통제의 유형은 국가별로 상이한데, 영미권의 '주주 자본주의'와 유럽 대륙의 '이해관계자 자본주의'로 분류하기도 한다. 영미권과 유럽 대륙의 상이한 기업지배구조는 사회경제적 불평등에 미치는 영향이 다른 것으로 보인다.

먼저, 영미권의 주주 자본주의는 일반적으로 경영 실적에 따라 경영자와 회사가 수시로 평가를 받으며, 주식 배당을 통해 주주 이익의 극대화를 추구한다. 1990년대 이후 미국의 대기업과 은행에서 막대한 배당과 스톡옵션을 통해 대주주와 최고경영자들은 억만장자가 되었다. 영미권 자본주의에서는 노동자의 채용과 해고가 쉽고, 노동 유연화로 인해 비정규직 비율이 매우 높으며 임금 격차가 큰 편이다. 조세와 복지 수준이 상대적으로 낮고 교육과 직업훈련에 대한 투자도 적은 편이다. 기업의 부담은 낮지만 노동자의 이직과 노사 갈등이 많은 편이다.

반면에 유럽의 이해관계자 자본주의에서는 은행 등 기관투자자들의 안정적인 경영권 지배가 이뤄져 단기 이윤보다 장기 전략을 추구한다. 사회적 협의주의, 공동결정, 사회적 대화를 통한 상호협력의 문화가 강하며, 노동자의 숙련도가 높고 산별노조를 통한 단체교섭으로 산업 내 임금 격차가 상대적으로 적은 편이다. 조세와 복지 수준이 상대적으로 높고 교육과 직업훈련에 대한 투자가 많은 편이다. 기업의 부담은 상대적으로 크지만 노동자들의 기술 숙련 수준과 충성도가 높은 편이다.

앞의 글에서 다룬 세계화, 탈산업화, 고령화 등 불평등의 구조적 요인에 비해 기업과 노동조합의 권력관계에 관한 학술적 연구는 상대적으로 적은 편이다. 하지만 상당수 학자들이 기업지배구조의 특성이 불평등에 미치는 영향에 주목한다. 기업지배구조는 개인적 차원(주주와 노동자), 조직적 차원(기업지배구조 모델), 사회적 차원(사회제도에 미치는 영향), 초국적 차원(기업의 투자 결정과 배치)에 영향을 미친다.

1980년대 레이건 정부 등장 이후 신자유주의가 득세하면서 자유시장과 기업에 대한 감세가 낙수 효과를 통해 경제성장을 추동한다는 생각이 널리 확산되었다. 1990년대 이후 급속하게 진행된 세계 경제의 금융화와 '주주 가치'의 강조는 불평등에 커다란 영향을 미쳤다. 매사추세츠공과대학 경영대학원 사이먼 존슨Simon Johnson 교수와 코네티컷대학 법대 제임스 곽James Kwak 교수는 월스트리트가 어떻게 금융 규제 완화 이데올로기와 정치적 영향력을 활용해 미국 경제정책을 바꾸었는지 분석했다.[3] 실제로 1980년대 이후 대기업은 적극적으로 인건비가 낮은 해외로 공장을 이전했고, 정부의 조세와 복지를 줄이기 위한 로비를 강화했다. 월스트리트가 원하는 대로 금융 규제가 완화되고 파생

상품이 확산된 이후 2008년 서브프라임 위기와 금융 공황으로 수많은 사람들은 실업자가 되고 빈곤층으로 전락했다. 한국에서도 1997년 외환위기 이후 금융기관의 사유화와 함께 부동산 담보 대출이 증가하고 가계 대출 규모가 사상 최대 수준이 되었다. 낙수 효과는 없었다.

  21세기에 들어서면서 플랫폼 비즈니스 대기업의 등장도 부와 소득의 불평등을 증가시켰다. 19세기 말 20세기 초 석유와 철도 독점 기업과 같이 시장의 독점적 지위를 획득한 빅테크(Big Tech) 기업들은 플랫폼에 종속된 노동자 또는 긱(gig) 노동자라 불리는 저임금 비정규직 노동자들을 엄청나게 양산했다. 한편 페이스북, 구글 등 빅테크 기업가들이 경영권 통제를 통해 개인적 부의 집중이 천문학적 수준으로 치솟았다. 억만장자가 된 최고경영자들은 엄청난 수익으로 초부유층이 되었다. 빅테크 대기업의 탈세와 조세 회피도 증가했다. 법인세가 싼 바하마와 아일랜드로 빅테크 본사가 이전했지만 미국 정부는 속수무책으로 지켜보아야만 했다.

  미국 빅테크 기업의 독점은 시카고 학파의 영향을 받은 '소비자 후생'(consumer welfare)의 논리로 교묘하게 정당화된다. 아마존이 시장을 지배해도 소비자가 최저가로 물건을 살 수 있으면 그만이고 소상공인 피해나 가혹한 노동조건은 다른 정책으로 해결해야 한다고 주장한다. 소비자 후생 논리가 미국 연방대법원에서 받아들여지면서 반독점법은 무력화되었다. 한국의 공정거래위원회 엘리트 관료들도 미국 유학을 다녀온 후 '소비자가 선택한다면 독점은 좋은 거다'라는 논리를 수용했다.

　그러나 빅테크 기업의 영향력은 다양한 문제를 야기했다. 구글과 메타 등 빅테크가 수집하는 개인 정보는 결국 사람들을 조종하고, 광고를 통한 기업의 이윤 확대에 이용되며, 심지어 가짜 뉴스를 규제하지 않는 페이스북, 트위터, 유튜브가 민주주의를 위협하는 사태가 발생했다.[4] 빅테크 기업은 옛날 방식의 사악한 독점 기업이 아니다. 이들은 모든 사람들에게 착한 기업이라는 환상을 제공한다. 구글은 모든 정보를 제공하고, 페이스북은 전 세계 사람들을 하나로 연결해주고, 유튜브는 동영상과 음악을 제공하지만, 전혀 돈을 원하지 않는다. 구글은 무료 이메일, 무료 지도 애플리케이션, 무료 저장소도 제공한다. 하지만 2015년 구글은 구글 포토를 출시하고 무제한 무료 저장을 실행했지만 경쟁자들이 사라지자 2020년부터 스토리지 요금을 부과했다. 더 큰 문제는 빅테크 기업들이 어떻게 개인 정보를 광고 유치에 활용하며, 최고경영자에게 막대한 배당을 제공하고, 조세를 회피하는지는 잘 알려지지 않았다는 점이다. 2022년 미국 의회에서는 「플랫폼 독점 종식법」, 「플랫폼 경쟁 및 기회법」 등 법안이 통과되었다. 바이든 대통령도 '경쟁 없는 자본주의는 착취'라고 주장하며, 빅테크 기업에 대한 규제를 전면적으로 강화했다. 그러나 아직도 한국에서는 플랫폼 기업의 독점 규제와 노동자의 권리를 보호하는 입법이 제대로 이루어지지 않고 있다.

　기업지배구조의 내부를 다룬 미국의 연구는 주주의 우월성을 강조하는 행위자 이론을 강조하지만, 최근 연구를 보면 최고

경영자 보상 시스템에 의한 지나친 인센티브는 기업의 지속가능성과 임금 격차에 부정적 영향을 준다는 주장이 제기되고 있다. 2014년 미국 경제정책연구소(EPI) 보고서에 따르면, 미국 350여 개 기업 최고경영자와 노동자의 평균 연봉의 격차는 1978년 29.9배에서 2013년 295.9배로 증가했다.[5] 세계 금융위기 이후 2011년 뉴욕 등 주요 도시에서 '월가를 점령하라' 시위가 발생했지만, 부의 집중은 더욱 심화되었다. 1950년대 최상위 1%의 부는 전체의 약 12% 수준이었는데, 현재 20%에 육박했다. 1929년 대공황 이후 최고 수치를 기록했다.

한국의 기업지배구조는 시대에 따라 주요 특징이 변화했다. 20세기 후반 이후 국가주도 자본주의 산업화 과정에서 급성장한 재벌 대기업은 소수의 창업자 가문에 의해 통제되었다. 재벌은 사실상 가족 기업을 유지했으며, 창업자 가족과 친족이 기업 경영에 직접 참여했다. 이 과정에서 창업자 가족을 중심으로 기업을 소유하고 통제하는 '재벌 자본주의'가 발전되었는데, 이는 미국과 유럽 자본주의와 매우 다른 기업지배구조를 발전시켰다.

1980년대 공정거래법이 제정된 이후 재벌 대기업에서 전문 경영인의 역할이 커지면서 연봉도 급증했고 스톡옵션을 받아 직접 자본을 소유하는 계층으로 전환하기 시작했다. 이에 따라 재벌의 주식 소유 구조는 '개인적' 소유 형태에서 '비개인적' 소유 형태로 변화하고, 재벌의 통제 구조도 '가족 다수 통제'에서 '가족 또는 친족 소수 통제'의 유형으로 변화했다.

한국의 급속한 수출주도 산업화 과정에서 국제 경쟁력을 갖

사진 4-3 한국 최대 재벌 대기업 삼성

출처: 위키피디아

춘 대기업은 중요한 역할을 수행했다. 그러나 재벌 자본주의의 특성과 창업자 가족 중심의 기업지배구조는 거의 변화하지 않았다. 재벌 대주주와 전문 경영인의 동맹 관계는 공동 이익과 전략적 관리의 조정에 기반하고 있으며, 복잡한 학연, 지연, 혼맥을 통해 긴밀하게 연결되어 있기 때문이다.

1997년 외환위기 이후에도 재벌 대기업의 경제력 집중은 계속 심화되었다. 캠브리지대 장하준 교수와 싱가포르국립대 신장섭 교수가 『주식회사 한국의 구조조정』에서 지적한 대로 김대중 정부의 경제정책은 자유시장의 역할을 강조하는 신자유주의 이데올로기를 무비판적으로 추종했다.[6] 김대중 정부에서 권력을 잡은 경제 관료와 정치인들은 신자유주의 이데올로기를 따라 공기업 사유화, 규제 완화, 기업과 부유층의 세금 감면, 노동 유연화를 추진했다.

노무현 정부도 자유시장 접근법에 치우치면서 법인세와 소득세 감면, 노동 유연화, 의료 민영화, 무역 자유화를 추구하는 정책을 채택했다. 노무현 대통령은 공개적으로 "권력은 이미 시장으로 넘어간 거 같다"고 말했다. 그 후 김대중 정부와 노무현 정부는 복지예산을 확대하기 위해 노력했지만, 상위층의 소득과 재산은 더욱 빠르게 증가했다. 한편 재벌 대기업은 공장 자동화를 통해 고용 없는 성장을 주도하고 계약의 외주화를 통해 비정규직을 급격하게 늘렸다. 그 후 노동시장의 양극화가 심화되고 소득 불평등이 심각해졌다. 또한 경제 자유화의 분위기 속에서 재벌 대기업은 중소기업을 사실상 통제하고 동네 빵집, 라면, 햄버거, 편의점 등 영세 자영업의 영역까지 침투했다.

1997년 외환위기 직후 재벌주도 경제 체제로 인한 경제력 집중, 정경 유착, 정실 자본주의에 대한 비판이 제기되었지만, 재벌 자본주의의 특성은 지속적으로 유지되었다. 재벌 개혁을 요구하는 목소리가 약해지면서 오히려 재벌 가문의 경영 통제와 부의 세습은 더욱 공고해졌다. 재벌 자본주의가 불평등에 영향을 미치는 경로는 크게 세 가지이다. 노동시장의 불평등, 산업구조의 변화, 부의 세습이다.

첫째, 노동시장의 소득 분배를 보면, 대기업의 노동 유연화, 외주화, 자동화가 진행되면서 생산성은 높아졌지만 노동자의 평균 소득은 제자리걸음이었다. 경제위기 이후 상시적인 구조조정의 희생자가 된 노동자는 영세 자영업자로 내몰렸다. 과잉 공급된 자영업은 도산에 직면했고 실질소득은 계속 하락하였다. 대기업의 외주화로 중소기업의 고용 비중은 지나치게 높아졌지만, 중소기업의 생산성은 낮아지고 중소기업 노동자의 임금은 상대적으로 낮아졌다. 대기업의 노동 유연화로 비정규직이 전체 경제활동인구의 50% 수준으로 급증하고, 정규직과 비정규직의 임금 격차는 거의 100 : 70 수준으로 벌어졌다. 반면에 구조조정을 주도하고 비정규직을 양산한 대기업 최고경영자의 연봉은 천문학적 수치로 상승했다. 2014년 한국 최고경영자의 평균 보수는 노동자 평균 임금의 30~40배에 달한다.

이러한 엄청난 임금 격차는 불평등의 요인이 된다. 최고경영자의 고액 연봉을 설명하는 일부 경제학자들은 기본적으로 고액 연봉이 높은 생산성을 반영하고, 기술 진보가 생산성을 높였다고 주장한다. 그러나 고액 연봉을 높은 교육과 기술 진보의 결과로만 볼 수는 없다. 최고경영자 대부분은 최고의 학력과 기술력을 가진 사람은 아니다. 오히려 과학자, 엔지니어, 컴퓨터 전문가, 소프트웨어 개발자들이 더 높은 학력과 기술 수준을 가지고 있다. 그러나 과학자와 기술자의 소득 상승에 비해 기업의 최고경영자의 임금은 훨씬 더 많이 증가했다. 고액 연봉이 가장 큰 이유는 최고경영자의 연봉이 이사회에서 결정되며, 사실상 대주주의 결정에 따라 좌우되기 때문이다.

미국의 경우 1980년대 이후 노동조합이 약화되면서 최고경영자의 연봉이 상승한 것은 시사점이 크다. 최고경영자들은 더 이상 노동조합의 눈치를 보지 않는다. 동시에 대기업의 광고에 의존하는 언론과 거액의 후원금을 받는 대학, 민간 연구소, 시민단체들의 고액 연봉에 대한 견제와 비판의 목소리도 거의 사라졌다. 이런 점에서 고액 연봉은 생산성의 반영이 아니라 기업과 사회의 권력관계와 더 큰 관련이 있다.

둘째, 재벌 대기업의 경제력 집중과 함께 대기업과 중소기업의 격차도 지속적으로 커지고 있다. 1980년대 한국의 대기업과 중소기업 노동자의 임금 차이는 약 100 대 90 수준이었는데, 최근에는 100 대 60 수준으로 벌어졌다. 재벌 대기업의 상대적으로 높은 후생복지를 감안하면 임금 격차는 더 커질 것이다. 미국, 독일, 일본 등에서 중소기업 노동자의 임금이 대기업 노동자 임금의 80~90%인 점을 고려하면 한국의 대기업과 중소기업의 임금 격차는 매우 비정상적이다.

지난 20년 동안 재벌 대기업의 임금은 지속적으로 상승했지만, 전체 고용에서 차지하는 비중은 감소하고 있다. 1980년대에 전체 노동자의 약 절반이 대기업에서 일했는데, 2010년대 이후에는 20% 수준에도 미치지 못한다. 중소기업의 고용이 압도적으로 많지만, 재벌 대기업의 시장 지배력과 불공정 행위로 인해 수익률이 높지 않다. 대기업의 계열사 계약 몰아주기, 중소기업 단가 후려치기, 인력 빼가기 등으로 중소기업의 경쟁력은 더욱 악화되었다.

노무현 정부의 시기에 중소기업 고유업종 제도가 폐지되고 대기업의 국내 시장의 지배력이 지속적으로 커졌다. 심지어 대기업은 백화점과 대형마트 이외에도 슈퍼마켓과 동네 가게의 영역까지 편의점을 밀고 들어왔다. 대기업이 체인점을 통해 통닭, 김밥, 빵까지 만들면서 동네 음식점과 빵집도 거의 사라졌다.

셋째, 재벌 자본주의의 부의 세습도 불평등의 증가에 큰 영향을 준다. 다른 나라에 비해 한국에 세습 부자가 많은 이유는 재벌 자본주의 체제로 인한 경제력 집중 때문이다. 2000년대 들어 일부 신생 기업은 도산했고, 정보통신 분야 등 기업들의 성장은 정체했다. 자본주의의 혁신의 엔진인 기업가정신도 정체되고 있다. 재벌은 수익으로 새로운 투자를 하는 대신 막대한 사내 보유금을 쌓아두고 있다. 또한 경영 세습을 위한 자사주 환매에 우선순위를 둔다.

대주주의 재산도 늘고, 경영진의 스톡옵션 가치도 높아진다. 2021년 코로나19 위기 이후 재벌 대기업은 더욱 적극적으로 자사주를 매입했다. 재벌은 '책임 경영'과 '주주 가치' 제고라는 명분을 활용하지만 결과적으로 재벌 대기업의 세습 체제는 더욱 공고해졌다.

미국 경제지 『포브스』가 공개하는 주식 부자 중 4개국의 상위 40명씩 총 160명을 추려 분석한 결과를 보면, 2016년 한국은 40명 중 25명(62.5%)이 상속형 부자였다.[7] '상속 부자'의 비율은 미국은 40명 중 10명(25%), 일본은 12명(30%), 중국은 1명(2.5%)이었다. 주식 상속의 영향으로 이재용 삼성전자 부회장은 국내 기업인 자산 순위 1위에 올랐다. 심지어 재벌가 자녀들에 대한 주식증여로 억대 어린이 주식 부자가 늘고 있다. 재벌가 3세들도

사진 4-4 독일의 공동결정 제도

공동결정 제도는 1976년 도입되었지만, 전후 전범 기업의 소유권이 불분명해졌을 때 노사가 공동으로 기업을 운영하던 역사적 경험이 제도적 토대가 되었다. 독일의 노동자는 기업에 회사의 주요 정보 제공을 요구할 수 있으며 회사의 주요 의사결정과 근로시간이나 복지제도 등을 노사 공동으로 의사결정에 참여할 수 있다. 볼프강 메르켈 독일 총리는 공동결정 제도가 독일이 사회적 시장경제 모델의 핵심이며, 경제성장의 원동력이라고 말했다.
출처: 독일노동조합총연맹(DGB)

100억 원이 넘는 어린이 주식 부자 반열에 이름을 올렸다. 어린이 억대 주식 부자 중에는 태어난 지 한 살 된 '젖먹이 주식 부자'도 있다. 한국의 재벌 대기업이 '세습 자본주의'를 이끌고 있다.

한국에는 미국과 유사하게 독점을 규제하는 공정거래법이 있지만, 정부와 정치권은 사실상 재벌의 경제력 집중과 세습을 묵인한다. 50퍼센트 세율의 상속세가 있지만 재벌 대기업은 다양한 편법과 변칙으로 상속세를 회피한다. 기업 상속에 대한 공제도 세습을 합리화한다. 재벌 3세, 4세의 세습 수단은 더욱 정교해지고 있으며, 그들의 주식 가치는 수백 배로 커지고, 수조 원의 재산으로 늘어난다.

2019년 한국의 경제개혁연구소가 발표한 「지배주주 일가의 부의 증식 보고서」에 따르면 국내 24개 기업집단 39개 회사의 총수 일가 95명이 사익 편취로 불린 재산 가치가 35조 8000억 원인 것으로 조사됐다. 지난 2016년 조사했을 때보다 4조 8000억 원가량 증가한 것으로 이재용 삼성전자 부회장, 최태원 SK 회장, 서정진 셀트리온 회장 등이 1~3위를 차지했고 이들 세 사람이 챙긴 재산만 16조 원에 이른다. 1조 원 이상 재산을 증식한 9명이 77.8%, 5000억 원 이상을 기록한 14명이 전체의 86.6%를 차지했다.

대기업의 재산 증식의 주요 방법으로 저가 주식 취득, 무기명 채권 이용, 일감 몰아주기 등 다양한 방법이 활용되었다. 재벌 대기업은 한때 경제성장의 원동력이었지만, 이제 불평등의 중요한 요인이 되고 있다. 재벌 체제가 지나치게 비대해지면 불평등이 심해지고, 노동자의 권리가 제한되고, 공공서비스가 와해되며 장기적으로 경제성장이 둔화될 수 있다는 경고의 목소리가 커지고 있다.

낮은 조세부담율과 저복지 체제와 같은 재분배의 실패가 소득 불평등의 주요 요인이지만, 노동시장의 임금 격차도 큰 영향을 미친다. 부의 분배에 영향을 미치는 대기업의 역할은 과소평가되고 있지만, 불평등의 주요 요인으로 보아야 한다. 대기업은 자본 투자자에게 더 많은 수익을 분배하는 권한을 가지고 있으며, 주주는 이사회를 선출할 권리를 통해 기업을 통제한다.

그림 4-1 미국 화가 찰스 스프라그 피어스 Charles Sprague Pearce(1851~1914)의 그림, 〈노동〉, 1896

전통 사회에서 인간의 노동은 토지와 신분 제도에 종속되었다. 현대 사회에서 인간의 노동은 자본에 종속된 상품이 되었다. 노동은 사회제도에 따라 전혀 다른 성격을 가진다. 출처: 위키피디아

 노동 관련 법안과 근로기준법은 노동자의 최소 수준과 공정한 처우 기준을 강조하지만 기업지배구조 내부의 노사 간 권력 불균형을 해결하기에는 매우 부족하다. 미국의 종업원지주제도와 독일의 기업 공동결정 제도, 스웨덴의 노동자 이사제와 같은 기업지배구조의 대안적 형태의 확산에 주목해야 한다. 또한 대주주의 전횡을 제한하는 감사 제도와 사외이사 제도의 강화도 필요하다. 다양한 부와 소득의 불평등에 영향을 미치는 요인 가운데 기업의 역할이 매우 중요하며, 기업지배구조의 개혁과 기업에

대한 민주적 규제 장치에 더 많은 관심을 가져야 한다.

정규직과 비정규직의 분열

"레디메이드 인생이 비로소 겨우 임자를 만나 팔리었구나" 1935년 군산 출신 소설가 채만식의 『레디메이드 인생』에서 주인공 P가 아들을 인쇄소 직공으로 취직시키며 뱉은 탄식이다. '레디메이드 인생'이란 당시 고학력 실업자가 취업이 불가능해지면서 팔리지 않은 기성품에 비유한 말이다. 일본은 신교육이 신분을 상승시킨다는 환상을 만들었지만 식민지 시대 고학력자들은 졸업 후 일제에 협력하지 않으면 농촌에 가거나 잉여 인간으로 전락했다. 이는 슬프게도 21세기 한국에서도 대학을 졸업한 후 많은 사람들이 공무원 시험에 몰두하거나 비정규직 노동자나 실업자가 되어야 하는 안타까운 현실과 겹쳐 보인다.

1980년대 OECD 경제학자들은 경제성장이 둔화되면서 기업이 임금 수준이 높은 일자리를 위해서 새로운 자본을 투자하지 않을 것으로 예측했다. 그래서 평균 이하의 임금을 받는 다수의 일자리를 창출하기 위해서 노동의 유연화가 필요하다고 주장했다. 그들은 경제 회복이 이루어진 후에도 지속적으로 노동 유연화가 필요하다고 역설했다. 하지만 그들은 노동 유연화가 얼마나 사회 분열과 혼란을 만들 것인지는 전혀 예측하지 못했을 것이다.

OECD 경제학자들의 주장대로 지난 30년 동안 전 세계적으로 노동시장의 유연화가 확산되면서 비정규직 노동자가 매우 빠른 속도로 증가했다. 2015년 OECD 보고서「그 안에 함께: 왜 낮은 불평등이 모두에게 혜택을 주는가」를 보면, 회원국 노동자 가운데 약 3분의 1이 비정규직이고 이 가운데 40%가 청년이다.[8] 한국에서도 1997년 외환위기 이후 기간제, 계약제, 시간제 고용 등 비정규직이 급증하면서 저임금 일자리가 크게 늘었다. 통계청 자료를 보면 외환위기 이전 비정규직의 비율은 10% 수준이었는데, 현재 임시 노동자와 일용노동자를 합한 비율은 전체 노동자의 30%를 넘었고, 임금노동자만 대상으로 할 때는 50%를 넘어섰다. 또한 비경제활동인구 가운데 일할 능력이 있음에도 일을 포기하는 장기 실업자, 프리터, 니트 등 노동권 영역에서 포괄될 수 없는 인구 집단이 확대되고 있다.[9]

2020년 한국노동사회연구소 김유선 소장의 보고서는 비정규직 규모를 41.6%로 추정했다.[10] 파견 노동자는 법률적으로 독립사업자이지만, 사실상 대기업과 플랫폼 '종속' 노동자인 경우가 대다수이다. 결과적으로 2020년 영세 자영업(25.1%)과 비정규직 노동자(33.3%)를 합한 비정형 노동자(non-standard worker)의 비율은 58.4%로 세계 최고 수준이다.

보수적 정치인들은 노동 유연화가 기업 경쟁력을 위해서 인건비 절감을 추구하는 전 세계적 대세라고 목청을 올린다. 주류 경제학자들은 시장의 '보이지 않는 손'에 의해 비정규직 증가는 불가피하다고 주장한다. 대기업의 인사 담당 고위 임원들도 글로벌 경쟁에서 살아남기 위해서는 어쩔 수 없다고 항변한다. 그러나 지난 20년간 대부분의 나라에서 나타난 노동 유연화의 증가는, 시장 환경과 기술의 변화보다 정부와 기업이라는 '보이는 손'이 만든 정책의 결과이다. 실제로 경기 회복 후에도 기업들은 지속적으로 노동 유연화를 통해 비정규직을 늘려왔다.

전 세계적으로 신자유주의 이데올로기를 추종하는 국가와 기업은 노동시장의 유연성을 늘린다는 목적을 가지고 해고와 채용 등 고용규제 완화, 기간제 노동자, 파견 고용 계약을 대거 확대했다. 노동 유연화 입법은 전 세계적 추세처럼 보였다. 최근 다양한 경험적 연구가 발표되면서 노동시장의 불평등이 세계화와 기술의 진보라는 구조적 압력만이 아니라 각국 기업과 정부가 추진한 정책의 결과라는 사실이 드러났다. 미국에서 1990년대 이후 제조업이 쇠퇴하고 서비스 경제가 확대되면서 맥도날드, 월마트 등 저임금 비정규직 노동자를 채용하는 관행이 전 세계적으로 급속하게 확대되었다. 대기업은 컨설팅 회사를 통해 노동조합 설립을 적극적으로 방해했다. 상대적으로 노동 보호제도가 강한 독일, 프랑스 등 유럽에서도 점차 비정규직이 증가했다. 대표적으로 1990년 후반 독일의 게하르트 슈뢰더(Gerhard Fritz Kurt Schröder) 총리가 제안한 하르츠위원회는 '미니잡'(mini job)이라고 불리는 비정규직 확대를 포함한 노동 개혁을 주도했다.

한국에서도 1996년 김영삼 정부는 노동시장 유연화를 위한 입법을 추진했다가 노동조합과 야당의 강한 반발에 직면했지만, 1997년 외환위기 직후 재벌 대기업의 요구에 의해 김대중 정부는 노동법에서 정리해고를 인정하는 조항을 개정했다. 2007년 노무현 정부가 「비정규직 보호법」을 제정한 후 2008년 일시적으로 비정규직이 감소했지만, 2009년 이후 지속적으로 증가했다. 이명박 정부 시기에 비정규직 2년 제한은 사실상 효과가 없었고 오히려 시간제와 임시직 등 비정규직이 계속 증가했다. 지난 20여 년 동안 한국의 비정규직 증가는 선진 산업국가에 비해서도 매우 빠른 속도로 이루어졌다. 이는 국제 경쟁에 의한 어쩔 수 없는 결과가 아니라 대기업과 정부가 밀어붙인 노동 유연화 전략의 필연적 결과이다. '보이지 않은 손'은 없다.

노동 유연화 가운데 가장 큰 쟁점은 플랫폼 대기업에 종속된 긱(gig) 일자리의 급증이다. 원래 '긱'이라는 용어는 무대 공연을 뜻하는 말로, 공연을 위해 필요한 연주자들을 공연장 근처에서 임시로 섭외한다는 의미를 갖고 있다. 공유경제에서는 노동이 긱으로 변했다는 의미에서 '긱 경제'라는 용어를 사용한다. 긱 경제는 노동력을 거래하는 공유경제 서비스의 저임금 노동을 가리킬 때 사용되기도 한다. 미국의 썸택, 태스크래빗 등과 같은 인적 자산 기반의 공유경제 서비스에 참여한 노동력 제공자는 서비스를 운영하는 플랫폼 기업과 정식으로 직접고용 계약을 맺고 있지 않다. 한국에서도 배달의민족 운영사인 우아한형제들의 '배민라이더스'와 '배민커넥트', 쿠팡의 일반인 배송 '쿠팡플렉스', 요기요 운영사 딜리버리히어로코리아의 '요기요플러스 라이더', 배달 대행 회사 '바로고' 등도 긱 경제로 볼 수 있다.

일반적으로 긱 경제에서 노동력 제공자는 자신이 일하고 싶은 시간에 일하고 일한 만큼 돈을 버는데, 이를 긍정적인 관점에서 보면 개인의 사업 기회가 늘어나고 일자리 선택 및 노동시간의 유연성이 높다는 주장도 있다. 이는 긱 경제 지지자들이 보는 장점이다. 반면에 긱 경제를 비판하는 사람들은 기업이 노동자들을 저렴한 비용으로 이용하면서 정식 고용에 따르는 세금을 회피하고 사회 보험료가 개인에게 떠넘겨질 나쁜 일자리를 늘린다고 지적한다. 긱 일자리 노동자들은 법적으로 독립 사업자이지만, 사실상 '플랫폼 종속 노동자'라는 지적이다.

1997년 외환위기 이후 한국에서 자동차, 철강, 조선 등 핵심 산업을 제외한 대부분 산업의 노동자들은 고용 불안과 저임금의 압력을 받았다. 금융, 보험, 학원, 콜센터, 택배, 물류 등 저임금 서비스 일자리가 크게 증가했다. 정규직과 비정규직은 비슷한 노동자일까?

비정규직 노동자의 임금 수준은 정규직 노동자에 비해 지나치게 낮다. 2020년 고용노동부의 통계에 따르면, 최근 5년간 비정규직과 정규직 사이의 임금 수준 차이는 줄어들고 있지만, 비정규직은 정규직의 72.4% 수준으로 여전히 차이가 크다. 300인 이상 정규직 노동자의 시간당 임금 총액을 기준으로 했을 때 300인 미만 비정규직 노동자는 44.5% 수준이다.

기본급의 비중이 낮은 대신 상여금과 수당의 비중이 높은 한국의 임금 체계에서 소득 불평등은 더욱 커진다. 1997년 외환위기 이후 성과주의 임금 체계가 부분적으로 도입되면서 성과급의 비중도 높아지고 있지만, 비정규직은 배제되는 경우가 많다.

더욱 심각한 문제는 비정규직 노동자가 보편적 사회보험에서 배제되고 있다는 점이다. 2020년 기준 정규직의 국민연금과 고용보험 가입률은 각각 88.0%와 89.2%이지만, 비정규직의 가입률은 각각 37.8%, 46.1%에 불과하다. 대부분의 정규직은 퇴직금과 상여금의 적용을 받지만, 비정규직의 적용률은 각각 40.4%, 37.6%에 불과하다. 정규직과 비정규직은 '내부자'(insider)와 '외부자'(outsider)로 분열되어 노동시장의 이중화(dualization)가 심화되고 있다.

영국 경제학자 가이 스탠딩Guy Standing은 2011년 출간한 『프레카리아트』에서 전 세계적으로 저숙련, 저임금, 비정규직 프롤레타리아가 급속하게 늘어나 수십억 명에 달한다고 주장했다.[11] '프레카리아트'라는 용어는 1980년대 프랑스 사회학자들이 임시직 노동자를 가리키는 용어로 사용했다. 일본에서는 '프리터'라고 불리는 젊은 노동자 집단이 등장했다. 자유롭게 아르바이트한다는 모순적인 의미가 결합된 신조어이다. 한국에서도 기간제와 시간제 고용이 증가하면서 직업의 안정을 잃은 비정규직 노동자가 급증했다. 이들 대다수는 자신이 원하지 않은 위치로 내몰렸다.

임금이 낮고 사회보험 혜택을 못 받고 노동조합도 없는 노동자들이 증가하면서 노동자가 두 개의 계급으로 분열되고 있다. 비정규직에는 주로 여성, 청년 등 사회적 약자가 흡수되었다. 비정규직 노동자는 2등 시민으로 전락하고 차별과 배제를 겪으며 지속적으로 빈곤 위험에 직면한다. 이들은 고용 불안뿐 아니라

사진 4-5 2006년 미국 캘리포니아 산호세 노동자들의 메이데이(노동절) 기념 시위

출처: 위키피디아

질병, 실업, 은퇴 등 사회적 위험에 고스란히 노출되어 있다. 비정규직이 증가할수록 노동시장의 불평등이 더욱 커졌다. 오늘날 대한민국은 '하나의 국민'이 아니라 사실상 정규직 대 비정규직이라는 '두 개의 국민'으로 분리되었다. 저임금 노동자의 증가는 한국의 사회통합을 위협하는 가장 심각한 요인이다.

노동조합이 약하면 불평등이 커진다

1919년 스위스 제네바에서 국제노동기구(ILO)가 출범했다. 1

차 세계대전의 포연이 사라지자 전승국이 만든 베르사유 조약에 따라 국제연맹과 협력하는 노사정 3자 기구로 만들어졌다. "사회정의 없이는 항구적 평화도 없다"는 국제노동기구의 구호였다. 노동과 자본의 대립과 갈등 대신 노동기준을 개선해 산업 평화를 만들자는 목표를 추구했다. 이는 전승국의 지배계급이 세계전쟁을 억제하고 노동자 혁명을 예방하는 수단으로 국제 노동기준을 만들기 위한 것이었다. 국제노동기구는 자본주의 체제 유지라는 보수적 목표를 실현하기 위해 노동조합 결성, 단체교섭, 파업권을 보장하는 국제 노동법을 모든 국가에 적용하기 위해 노력했다.

1944년 2차 세계대전이 끝나가는 무렵 미국 필라델피아에서 '필라델피아 선언'을 통해 "노동은 상품이 아니다"라고 천명했다. 이후 국제노동기구는 유엔의 산하기구가 되었고, 모든 국가가 노사정 3자 대표를 국제노동기구 이사회에 보낸다. 한국은 1991년에야 가입했다. 한국을 포함한 모든 회원국은 남녀 고용 균등, 동일노동 동일임금, 강제노동 및 아동 노동의 금지, 이주 노동자 및 가사 노동자의 권리 개선의 의무를 가진다.

오늘날에도 노동조합은 노동자의 임금을 정하는 단체교섭에서 필수적 역할을 수행한다. 2차 세계대전 이후 경제 부흥과 자본주의 황금기의 선진 산업국가의 노동조합 조직율은 35~80% 수준이었다. 그러나 지난 30년 동안 노동조합이 강한 스웨덴 등 북유럽 국가를 제외하고 대부분의 선진 산업국가에서 감소 추세를 보인다. 한국의 노동조합 조직율도 1989년 18.6%로 정점을 찍은 후 지속적으로 낮아져 2019년 12.5% 수준에서 머무르고 있다.

많은 사회학자와 정치학자들은 노동조합의 약화가 소득 불평등에도 영향을 미친다고 주장한다. 2015년 발표한 국제통화기금(IMF) 보고서 「불평등과 노동시장 제도」에 따르면, 경제정책과 기업의 의사결정에서 노동조합이 미치는 영향력이 작을수록 소득 불평등이 커지는 것으로 나타났다.[12] 1981~2010년 1분기 사이 소득 불평등과 노동조합 조직률은 -0.462의 강한 부정적 상관관계를 보였다. 노동조합 조직률이 10% 포인트 하락한 데 비해 소득 상위 10%의 소득은 약 5% 포인트 증가했다. 지니계수도 노동조합 조직률과 -0.364의 부정적 상관관계를 보였다.

프랑스 경제학자 토마 피케티와 미국 경제학자 에마뉘엘 사에즈Emmanuel Saez는 2014년 『사이언스』 기고 논문에서 1980년대 이후 미국의 금융 규제 완화, 고소득층 감세와 함께 노동조합의 약화를 소득 불평등의 원인으로 지적했다.[13] 노동조합이 약해지면서 중간 소득층의 임금은 정체된 반면 최상위 소득층에 속하는 대기업 임원들은 노동조합의 견제를 받지 않은 채 연봉을 인상했다.

반대로 노동조합이 강할 경우 기업은 노동자 대표와 임금 협상을 수용하는 경향이 강했고, 노동조합은 최고경영자의 보수 결정에 일정한 영향력을 행사할 수 있다. 그러나 노동조합이 약화되면서 노동자의 임금은 정체되고 대기업 임원의 연봉은 천문학적 수치로 급증했다. 주요 선진 산업국가 20개국의 노동조합

그림 4-2 2011년 미국 위스콘신 노동조합 저항운동 당시의 포스터

자료: 위키피디아

가입률과 소득 상위 10%가 전체 소득에서 차지하는 비율도 비슷한 양상을 보인다. 상위 10%로 가는 소득의 비율이 증가함에

따라 노동조합 조직률이 감소했다. 노동조합 가입률이 50~70%에 달하는 스웨덴(65.2%), 덴마크(67%), 노르웨이(50.4%)와 같은 북유럽 국가들은 상대적으로 소득 불평등 수준이 낮다.

예외적으로 프랑스는 노조 가입률이 낮지만 불평등 수준도 낮다. 이는 산별노조가 체결한 단체협약이 노조가 없는 사업장에 적용되는 단체협약 적용률이 98%에 이르기 때문이다. 네덜란드와 스페인의 단체협약 적용률은 각각 90%, 80% 수준이다. 2021년 OECD 자료에 따르면, 한국의 단체협약 적용률은 14.8%로 미국(11.7%), 멕시코(10.0%), 터키(8.1%) 등을 제외하면 OECD 회원국 중 가장 낮은 편이다.

한국의 노동조합 조직율은 1987년 민주화 이후 급증했으나 1990년대 중반 이후 지속적으로 낮아졌다. 현재 OECD 회원국 가운데 터키, 에스토니아, 프랑스에 이어 4번째로 낮다. 임금 인상을 위한 단체협상, 최저임금 인상, 복지제도의 도입과 발전에 중요한 역할을 수행할 수 있는 노동조합의 약화는 노동시장의 양극화에 큰 영향을 미쳤다. 더욱이 한국의 노동운동은 유럽과 달리 기업별 노동조합 체제를 통한 경제적 조합주의에 머무르고 있다. 결과적으로 대부분 노동조합은 임금과 노동 조건에 비해 조세와 복지에 대한 관심이 상대적으로 적다. 노동자들의 정치적 역할이 약하고 정당을 통한 입법과 노사정 3자 협상에도 소극적이다.

단체교섭은 기업별 차원에서 이루어지는 경우가 많다. 산별노조가 취약한 조건에서 기업별 노조가 강한 현대자동차 등 일부 대기업의 임금은 상승할 수 있지만, 노동조합이 약하거나 아예 없는 중소기업 노동자의 임금은 정체되는 경우가 많다. 특히 노동조합이 없는 비정규직 노동자는 아예 단체협상에서 체계적으로 배제된다.

전통적 제조업이 약화되고 정보 서비스 산업이 증가하는 급격한 산업구조의 변화 속에서 노동자들은 사회적 약자로 희생되기 쉽다. 저임금과 실업의 위험 속에서 노동자의 기본적 생존권도 제대로 보장받지 못하는 경우가 증가한다. 노동조합의 약화는 재분배적 사회정책을 약화시켜 사회경제적 격차를 더욱 심화시키는 요소로 작용한다. 불평등을 위해서는 강한 노동조합과 단체협상 역량, 산별노조의 강화가 매우 중요하다.

위에서 살펴본 대로 불평등을 세계화와 기술의 진보로 인한 결과로만 보는 오류에서 벗어나야 한다. 국제 비교 연구를 보면, 무역 의존도가 높고 대기업이 많은 국가들에서 불평등 수준이 비슷한 것은 아니다. 기업의 지배구조, 기업의 인사관리 전략, 노동조합의 단체교섭 능력, 연대임금 정책, 보건복지정책이 중요하다. 노동자의 임금은 순수하게 교육과 기술 수준이나 시장의 경쟁에 의해 결정되는 것이 아니며, 복지정책도 반드시 중립적으로 결정되는 것은 아니다. 경제적 불평등 연구로 저명한 영국 경제학자 앤서니 앳킨슨의 분석대로 "자본과 노동의 권력관계"에 따라 불평등 수준이 달라진다.[14]

5장

국가와 제도 개혁의 중요성

왜 한국의 복지제도는 취약한가?
선거제도, 다수제 민주주의, 승자 독식 정치
왜 한국인은 불공정은 못 참아도 불평등은 참는가?

만약 가난한 사람의 불행이 자연의 법칙에 의해 만들어진 것이 아니고 우리의 제도에 의해 만들어졌다면, 우리의 죄가 너무나 크다.

- 찰스 다윈

평화와 전쟁의 시기에 정부의 목적은 통치자나 인종의 영광이 아니라 보통 사람들의 행복이다.

- 윌리엄 베버리지, 『베버리지 보고서』

정부가 해야 할 중요한 일은 개인들이 이미 하고 있는 일을 하는 대신, 현재 전혀 하지 않은 일을 하는 것이다.

- 존 메이너드 케인스 John Maynard Keynes

누진소득세와 부의 상속세를 발명한 나라는 1910년대와 1920년대의 미국이다.

- 토마 피케티, 프랑스 경제학자

상속세를 폐지하면 갑부의 자식들만 살찌게 하고 힘겹게 생계를 꾸려가는 가정들에게 납세 부담을 가중시킬 뿐이다. 사회보장과 의료, 환경보호 등 중요한 사회프로그램에 대한 정부 지원을 줄이는 결과를 초래할 것이다.

- 윌리엄 게이츠 2세 William H. Gates II, 빌 게이츠의 아버지

사진 5-1 농지개혁을 주도한 대한민국 초대 농림부 장관 조봉암

조봉암(1898~1959)은 1925년 일제 식민지 강점에 저항한 조선공산당 창당에 참여한 인물이다. 하지만 해방 후 조선공산당의 최고 지도자였던 박헌영을 공개 비판한 후 공산주의 세력과 결별했다. 제헌의회에 참여한 조봉암은 강화도에서 제헌의원으로 선출되었고, 무소속 의원들 가운데 주도적인 역할을 했다. 당시 최대 정치세력이었던 이승만의 독촉(대한독립촉성국민회의)과 김성수의 한민당(한국민주당)과는 매우 다른 경력을 가진 조봉암은 1948년 대한민국 정부 수립과 함께 이승만 정부의 농림부 장관으로 입각한다.

1948년 8월 경기도 남양주의 사찰 봉선사에서 사람들이 모였다. 여기에서 조봉암 농림부 장관이 주재한 농사심의위원회가 열렸다. 농업관계 학자와 전문가 10여 명이 토론을 벌였다. 이 자리에 일본 니혼대학에서 법학을 공부한 후 오랫동안 농촌문제를 관심을 가졌던 강진국이 참가했다. 해방 후 그는 조선산업재건협의회에 참여해 산업 개혁을 주장하는 정책을 입안했다. 토론회에서 강진국은 농지개혁과 농협조직의 필요성을 역설했다. 얼마 후 그는 조봉암의 제안을 받아들여 농지국장으로 임명된다.[1]

한국의 토지개혁은 미군정의 오랜 전략적 과제이기도 했다. 2차 세계대전 이후 미국은 일본을 점령한 후에 토지개혁을 추진하고 전전 재벌을 완전히 해체했다. 이런 토지개혁은 사실상 공산주의 혁명을 예방하기 위한 전략에서 비롯된 것이라는 평가를 받았다. 실제로 중국에서 1949년 공산화 이후 급속하게 토지개혁이 이루어졌고, 1950년대 초 대만에서도 장개석 정부에 의해 토지개혁이 실시되었다. 이러한 동아시아의 토지개혁은 대토지 소유 체제를 유지한 필리핀 등 다른 아시아 국가나 브라질 등 중남미 국가와 매우 달랐다. 공산주의의 위협이 민주적 토지개혁을 실시하는 중요한 요인이 되었던 것이다.

토지개혁을 추진하려는 열정을 가졌던 조봉암은 농림부 차관으로 농업문제위원회의 총책임자 출신 강정택, 농지국장으로 강진국을 임명했다. 농지국의 이름은 원래 '토지개혁국'이었다. 미군정이 사용하던 'Land Reform'이라는 명칭을 그대로 번역했기 때문이다. 강진국은 이를 '농지국'으로 변경했다. 농지국의 실무를 담당하는 인력으로 지정과장 윤택중, 분배과장 배기철, 사정과장 안창수를 충원했다. 농림부의 토지개혁을 추진하는 이들은 당시 기준에 매우 급진적 인물로 구성되었다. 이에 반발한 한민당 소속 제헌의원들은 농림부의 토지개혁 담당자를 '빨갱이', '공산당 앞잡이'라고 공격했다. 그들에게는 미군정이 추진했던 토지개혁도 혁명으로 보였던 것이다.

농림부는 1948년 9월 조봉암, 강정택, 강진국, 기획처장 이순탁 4인으로 구성된 농지개혁법기초위원회를 결성했다. 이순탁은 한민당계 인사이기는 했으나 토지개혁에 진보적 입장을 가졌다. 농지개혁법기초위원회는 조사를 거쳐 농림부 초안을 11월 22일 발표했다. 그 후 1949년 1월 4일부터 각 도청 소재지에서 공청회를 개최하여 의견을 수렴한 뒤 1월 24일 농림부안을 완성하여 국무회의에 이송했다. 이렇게 한국의 농지개혁 역사가 시작되었다.

열렬한 반공주의자였던 이승만은 왜 공산당 출신 조봉암에게 농지개혁을 맡겼을까? 이승만은 대통령 수석 고문 로버트 올리버Robert Oliver에게 보내는 편지에서 '농민을 장악하기 위해서'라고 이유를 밝혔다. 그는 서울신문 48년 12월 7일자 보도에서 "공산혁명을 막기 위해서라도 시급히 농지개혁을 해야 한다"고 주장했다. 당시 남한 전체 인구의 70%가 농민이었다. 그중 80%가 소작농이었다. 절반 이상이 극빈 상태의 무토지 농민이었고 이들은 강력하게 토지개혁을 열망했다. 대다수 농민은 무상몰수, 무상분배 방식의 농지개혁을 주장하는 남로당(남조선노동당)에 동조했다. 그래서 해방 직후 미군정의 여론조사에서 남로당이 최대 다수의 정치적 지지를 받았던 것이다. 하지만 지주 출신이 대거 모인 한민당은 토지개혁에 반대하거나 소극적이었다. 이런 점에서 이승만의 농지개혁은 비스마르크가 혁명을 예방하기 위해서 노동자를 위한 사회보험을 도입한 것과 마찬가지로 냉정한 정치적 계산의 산물이라고 볼 수 있다.

그렇다면 공산주의자였던 조봉암은 왜 이승만과 손을 잡았을까? 조봉암은 처음에는 이승만의 각료 임명 제안을 농지개혁 노선이 다르다는 이유로 거절했다. 하지만 이승만은 조봉암의 노선에 따르겠다고 설득했고, 결국 조봉암이 이를 받아들였다. 나중에 조봉암이 각료에서 물러난 후 국회에서 이렇게 연설했다. "소작제도란 수천 년 내려오는 이 제도를 고치자는 것이에요 없애버리자는 것이에요. 이것이 개혁이에요. 개혁이란 그렇게 무서운 것도 아니고 어려운 것도 아니에요. 그런 까닭에 소작제도를 없애고 우리나라의 봉건적인 사회조직을 근대적인 자본주의 제도로 발전시키기 위한 노력이올시다." 조봉암은 봉건 제도인 소작제도를 의회를 통해서 현대적인 자본주의 제도로 만들고자 하는 개혁가였다.

1949년 6월 제헌의회가 통과한 농지개혁법에 대해 정부가 수정안을 제출한 다음 1950년 3월 정부가 농지개혁안을 최종적으로 공포했다. 주요 내용은 다음과 같다. 첫째, 농지의 소유 상한은 3정보(약 3만m^2, 약 9,000평)로 제한했다. 둘째, 초과 농지는 유상매입·유상불하를 통해 처분하기로 결정했다. 셋째, 농지를 얻은 농민은 지주에게 평년작의 150%를 지가증권으로 지급한다. 지가증권은 농지개혁 때 정부가 매수한 토지의 보상금으로 지주에게 발행한 유가증권이다. 넷째, 농민은 평년작의 30%씩 5년간 분할 상환한다.

농지개혁은 1949년부터 실질적인 행정 절차를 거쳐 한국전쟁 직전까지 대상 농지의 70~80%를 분배했다. 결과적으로 1945년 해방 직후 농지의 65%를 차지했던 소작지는 1951년 8%까지 줄어들었다. 대규모 토지를 소유한 지주계급은 소멸했다. 대신 소규모 토지를 소유한 다수의 자작농이 출현했다. 결과적으로 한국의 농촌 사회는 매우 평등한 사회로 전환했다. 비록 전쟁을 거치면서 인플레이션이 발생하고 농민들의 삶은 어려움에 직면했지만 농지개혁의 사회정치적 효과는 매우 컸다.

한국의 농지개혁은 두 가지 중요한 의미를 가진다. 첫째, 조선을 건국할 때 실시한 과전법 이후 최초의 토지 개혁으로 한국 사회의 계급 구조가 혁명적으로 바뀌었다. 평등한 농촌 사회는 공산주의 혁명을 예방하는 데 큰 효과를 발휘했다. 한국 전쟁 시 인민군의 통제에도 농민들은 크게 공산주의 선전에 영향을 받지 않았다. 농지개혁으로 혜택을 입은 농민들은 이승만의 정치적 안정에도 크게 도움을 주었다.

둘째, 농지개혁 이후 비록 영세한 규모이지만 자작농이 된 농민들은 생활수준의 향상과 함께 자녀의 교육에 커다란 노력을 기울였다. 농민의 문맹률은 급속하게 떨어졌다. 초등학교뿐 아니라 중학교 이상으로 진학하는 학생이 급속하게 늘어났다. 당

사진 5-2 영국 런던정경대학 총장을 역임한 후 전후 '사회보장 계획'을 제안한 윌리엄 베버리지

윌리엄 베버리지(1879~1963)는 2차 세계대전 당시 영국 거국내각의 요청을 받아 1942년 전후 복지제도의 청사진을 표현한, 『사회보험과 관련 서비스』를 출간했다. 『베버리지 보고서』라고도 불리는 이 문서는 '국민최저선'과 '보편주의' 원칙에 입각한 국민보험을 제시하여 복지국가의 이정표로 평가를 받는다. 『베버리지 보고서』는 1948년 '세계 인권 선언'과 한국의 제헌 헌법에도 커다란 영향을 미쳤다. 자료: 위키미디어

시 한국이 전형적 소농 경제인 점을 고려하면, 학력 수준이 경제 수준을 앞지른 셈이다. 이렇게 농민의 엄청난 교육열로 인해 우수한 노동력을 배출하게 된 한국은 산업화를 준비하기 위한 강

력한 토대를 구축할 수 있었다. 이는 한국 사회가 1980년대 후반까지 전 세계적으로 유례없는 평등한 사회를 유지하게 된 결정적인 이유이다. 만약 농지개혁이 없었다면, 농촌 사회의 계급구조도, 한국 전쟁의 효과도, 농민의 교육열도, 급속한 산업화 과정도 전혀 다른 방향으로 변화했을 가능성이 컸을 것이다. 농지개혁이라는 사회제도의 변화가 한국의 역사를 바꾸었다.

2차 세계대전 이후 서유럽과 미국의 역사상 평등에 가장 큰 영향을 준 제도는 '복지국가 제도'이다. 복지국가라는 개념을 처음 사용한 사람은 1930년대 영국의 윌리엄 템플 캔터베리 주교이다. 그는 "독일은 전쟁국가(warfare state)인데 영국은 복지국가(welfare state)를 만들자"고 주장했다. 그 후 1942년 윌리엄 베버리지William Beveridge는 전시 거국내각의 요청을 받아 「사회보험과 관련 서비스」라는 유명한 보고서를 발표했다. 『베버리지 보고서』는 '궁핍'을 사회의 '거대 악'으로 간주하고 국가가 사회보장제도를 개혁하여 '국민 최저기준'과 인간다운 삶을 보장하겠다는 새로운 사회계약의 청사진을 제시했다.

복지국가라는 용어가 영국의 발명품인데 비해, 영국에 앞서 복지제도를 세계 최초로 발명한 사람은 1880년대 독일의 오토 폰 비스마르크 총리Otto E. L. von Bismarck였다. 융커라 불리는 지주 귀족 출신의 보수적 정치인이었던 비스마르크는 공장 노동자를 위한 산재보험과 건강보험을 도입했다. 그는 사회주의 영향을 받은 노동운동을 억압하는 「사회주의 탄압법」을 만드는 반면, 산업 노동자를 포섭하기 위해 국가 복지제도를 창안했다. 당근과

사진 5-3 19세기 독일제국을 건설한 오토 폰 비스마르크 총리

비스마르크(1815~1898)는 역사상 최초의 복지국가를 만든 귀족 출신의 보수적 정치인이다. 당시 사회주의자들은 복지제도 구상을 반대했으나 비스마르크 총리는 1880년대에 산재보험, 건강보험, 노령연금을 도입했다. 오늘날에도 사회보험은 전 세계적으로 복지국가의 핵심 제도로 운용되고 있다. 자료: 위키미디어

채찍을 동시에 활용한 것이다. 그래서 당대에 독일 사회민주당은 복지제도에 대해 반대했다. 노동자들의 혁명성이 약해질 것을 우려했던 것이다. 이런 점에서 복지국가는 사회주의를 아주 싫어하는 극우 정치인에 의해 만들어진 것이다. 오늘날 한국에서 복지국가가 사회주의적 성격을 가졌다고 생각하는 사람들에게는 매우 충격적일 것이다.

비스마르크의 사회보험 제도는 1차 세계대전 직전 독일을 방문한 영국 자유당 정치인 데이빗 로이드 조지David Lloyd George에게 강한 인상을 주었다. 로이드 조지는 독일을 모방하여 노동자를 위한 사회보험 제도를 설계했다. 이후 『베버리지 보고서』를 거쳐 복지제도는 전 세계적으로 필수적 사회제도로 확산되었다.

복지제도는 인류가 만든 최고의 사회제도로 볼 수 있다. 이는 영국 사회학자 토마스 험프리 마셜이 지적한 대로 공민권과 정치권의 도입에 이어 사회권(social right)의 보편적 적용과 밀접한 관련이 있다. 19세기 이후 급속한 산업화로 노동자계급은 급속하게 증가하면서 노동자의 권리를 신장하기 위한 노동조합과 정당을 만들었다. 노동자들은 임금 인상, 근로 조건의 개선과 함께 투표권을 비롯한 정치적 시민권을 요구했다.

1930년대 대공황 이후 유럽과 북미의 많은 정부들은 노동자와 실업자의 불만을 달래기 위한 조치를 통해 계급의 타협을 모색했다. 1935년 미국의 루스벨트 행정부는 사회보장법을 도입했다. 루스벨트 대통령은 두 번째 대통령 취임 연설에서 다음과 같은 말을 했다. "우리 사회가 얼마나 진보했는지는 많이 가진 사람들이 더 풍요로워졌는지 여부가 아니라, 적게 가진 사람들에게 우리가 충분한 도움을 제공하는지에 달려 있습니다" 루스벨트 대통령은 대공황 이후 경제에 적극적으로 개입하는 정부를 공표하고, 거대기업을 해체하고 공정거래법을 도입했다. 금융과 산업을 분리하고 금융위기의 재발을 막기 위해 은행에 대한 강력한 규제를 강화했다. 뉴딜 정책을 추진하여 대규모 토목사업으로 일자리를 만드는 한편, 최저임금제를 도입하고 노사간 권력 균형을 위해 노동조합을 지원하고 소작농과 이주 노동자를 지원했다.

1938년 스웨덴은 살트셰바덴이라는 휴양 도시에서 노조 대표, 사용자 대표, 정부 대표가 함께 모여 임금 억제와 복지 확대를 동시에 추구하기로 합의했다. 이 역사적 노·사·정 3자 회의는 '살트셰바덴 협약'이라고 불린다. 다른 서유럽 국가들과 미국에서도 2차 세계대전을 거치면서 완전고용과 사회보장을 통한 복지국가 건설과 노사 타협의 제도를 강화했다. 만약 이러한 새로운 사회제도가 없었다면 1945년부터 1975년까지 30년 동안 이룩한 '거대한 평등'의 시대는 불가능한 일이었다. 역사를 아는 사람이라면 제도가 중요하다는 사실에 당연히 동의할 것이다.

왜 한국의 복지제도는 취약한가?

덴마크 사회학자 요스타 에스핑안데르센은 1990년 출간한

『복지 자본주의의 세 가지 세계』에서 복지예산의 양적 분석이 아니라 건강보험, 노령연금, 실업보험의 질적 특성을 분석하는 '복지국가 체제'(welfare state regime)라는 개념을 제시했다. 그는 복지국가를 자유주의, 보수주의, 사회민주주의 유형으로 분류했다. 미국의 자유주의 모형은 빈곤층을 표적 집단으로 설정하는 선별적 복지를 중시한다. 독일의 보수주의 유형은 직업별 사회보험과 가족의 책임을 강조한다. 스웨덴의 사회민주주의 유형은 직업별 사회보험뿐 아니라 조세를 통해 보건서비스와 평생교육을 제공하면서 보편주의 복지국가를 추구한다. 미국의 조세 부담률과 복지예산 비중이 가장 낮고 스웨덴의 조세 부담률과 복지예산 비중은 높은 편이다. 스웨덴은 미국에 비해 빈곤과 불평등이 낮고 사회적 신뢰와 행복감이 높다. 그러나 시간이 지나면서 복지국가는 새로운 도전에 직면하고 지속적으로 변화했다.[2]

20세기 중반 인류가 발명한 복지국가는 21세기에도 지속가능할까? 이는 뜨거운 정치적 이슈이자 학문적 논쟁의 주제이다. 1980년대 이후 세계화, 기술의 변화, 신자유주의의 전 세계적 확산으로 많은 학자들은 복지국가가 불가피하게 약화될 거라고 예측했다. 그러나 그들의 비관적 전망과 달리 대부분의 선진 산업국가에서 복지 지출 예산은 계속 증가했다. 지난 30년 동안 세계 경제의 통합과 기술의 진보로 인해 정부의 사회지출을 늘려야 할 필요성이 더욱 커졌기 때문이다.

1980년대 영국, 미국 등 선진 산업국가들에서 로널드 레이건 Ronald Regan 미국 대통령과 마거릿 대처 Margaret Thatcher 영국 총리 등이 주도한 신자유주의 이데올로기가 득세했지만, 아이러니하게도 기업의 구조조정으로 실업자와 빈곤층이 증가하면서 오히려 실업 급여와 공공부조의 수요가 늘었다. 인구 고령화로 인한 노령연금의 지출 부담도 크게 증가했다. 레이건과 대처는 복지국가를 이념적으로 격렬하게 공격했지만 실제로 없애기는커녕 오히려 복지예산은 더욱 증가했다.

2008년 세계 금융위기가 발생하자 더욱 더 복지국가의 기능이 필요해졌다. 감세와 긴축을 주장하는 신자유주의 이데올로기는 많은 국가에서 불신받았으며 다시 케인스주의 재정 정책이 대거 도입되었다. 앙겔라 메르켈$^{Angela\ Merkel}$ 독일 총리는 노골적으로 미국의 자유시장 자본주의를 거부하고 복지예산을 확대했다. 2020년 코로나19 위기가 전 세계를 강타하자 대부분의 선진 산업국가들은 다시 한번 복지제도의 확대를 추구했다. 도널드 트럼프 미국 대통령은 긴급 재난지원금을 위해 막대한 재정을 투입했으며, 일본의 아베 신조 총리는 천문학적 양적 완화 정책을 밀어붙였다. 20세기 후반을 풍미한 신자유주의의 전성시대가 사라진 것처럼 보였다.

1991년 소련과 공산주의 체제의 갑작스런 붕괴 이후 복지국가는 좌파와 우파 학자들의 집중적인 공격을 받았다. 마르크스주의 학자들은 경제적 세계화와 탈산업화로 인해 '복지국가의 위기'가 발생했다고 주장했다. 기업이 해외로 이전하면서 각국 정부는 조세 인하를 약속하고 '복지의 하향 평준화'가 발생할 것으로 비관적으로 예측했다. 통화주의 경제학자들은 복지국가가

기업의 부담을 늘리고 경제성장을 악화시킨다고 비판했다. 대신 경제 회복을 위해 기업에 대한 조세 인하와 복지 삭감이 필요하다고 외쳤다. 복지국가에 대해 가장 격렬한 비난을 퍼부었던 신 우파(New Right) 학자들은 복지국가가 '의존의 문화'를 강화시키고 도덕적 해이를 부추킨다고 비난했다.

신 우파의 주장을 적극 활용한 대표적 정치인은 마거릿 대처 영국 총리와 로널드 레이건 미국 대통령이었다. 대처 총리는 "복지국가는 보모 국가(nanny state)가 아니다"라고 말한 것으로 유명하다. 레이건 대통령은 복지 혜택의 부정 수급자들을 무위도식하며 편안하게 살고 있는 '복지 여왕'(welfare queen)이라고 조롱했다. 그들에게 복지국가는 경제성장과 도덕을 망치는 장애물이었다.

그러나 영국의 대처 정부와 미국의 레이건 정부는 그들의 공약과 달리 복지예산을 대폭 삭감하지 못했다. 1994년 하버드대 정치학과 폴 피어슨Paul Pierson 교수는 『복지국가는 해체되는가』에서 영국과 미국의 일부 복지 프로그램의 축소는 이루어졌지만 복지 시스템은 거의 그대로 유지되었으며 사회지출의 총액은 오히려 증가했다고 지적했다.[3] 왜 그랬을까? 문제는 기술과 경제가 아니라 정치였다.

1980년대 대대적인 구조조정으로 인한 실업자가 증가한 이유도 있지만, 오랫동안 제공된 복지 지출에 대한 정치적 지지가 매우 높았기 때문이다. 미국에서는 하원의 다수당을 차지한 민주당이 복지 축소에 반대했다. 영국에서 보수당은 의회의 과반수

사진 5-4 보편적 복지국가, 높은 고용률, 낮은 빈곤율과 불평등의 성과를 만든 스칸디나비아 국가 지도

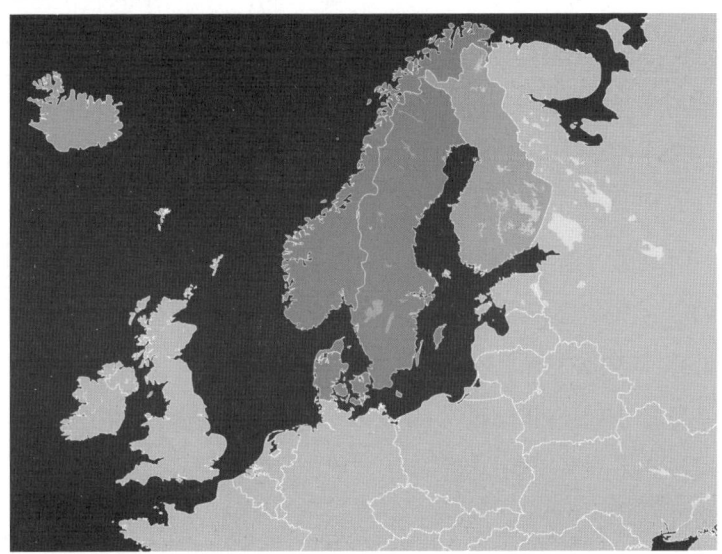

자료: 위키피디아

를 장악했지만 국민 여론의 반대를 무릅쓰고 복지 축소를 추진하기는 어려웠다. 실제로 많은 나라에서 조세와 사회정책은 정치투쟁의 다른 수단으로 볼 수 있다.

미국 버클리대학 정치학과 해롤드 윌렌스키 Harold Wilensky 교수는 2001년 출간한 『부유한 민주주의』에서 복지국가가 경제성장과 민주주의를 촉진한다고 주장했다.[4] 그는 유럽 복지국가들이 사회적 합의 기구의 제도화와 높은 사회지출을 유지했다고 지적했다.

미국 캘리포니아대학 데이비스 캠퍼스 경제학과 피터 린더트

5장 국가와 제도 개혁의 중요성 **225**

Peter Lindert 교수는 2004년 출간한 『공공지출의 증가』에서 유럽 복지국가들이 무조건 세금을 올리는 대신 '성장 친화적인 조세 구조'를 유지했다고 지적했다.[5] 복지국가에서 부유층, 기업, 재산에 대한 세금을 과도하게 부과한다는 지적과 다르게, 유럽의 법인세와 재산세의 의존도는 낮다.

대신 유럽의 복지국가는 근로소득세, 부가가치세, 주세, 담배세의 비중이 높다. 미국과 한국의 부가세는 약 10% 수준인 데 비해 스웨덴은 20%를 훨씬 넘는다. 중산층과 노동자들은 복지국가를 유지하기 위해서 자신들에게 불리한 역진적 소비세 인상도 수용했기 때문이다. 복지 지출도 실업자와 빈곤층을 위한 현금 지급보다 교육, 직업훈련, 공공보건 등 생산적 사회투자에 집중했다.

결과적으로 1980년대 '복지국가의 위기'에 대한 우려와 달리 OECD 회원국의 사회지출 예산은 계속 증가했으며 복지의 '하향 평준화'는 발생하지 않았다. 오히려 미국과 영국에서 기업 감세 정책을 도입해도 경제성장률과 고용율은 전혀 나아지지 않았다. 기업과 부자 감세가 투자를 늘리고 고용을 확대하여 낙수 효과를 만들 것이라는 주류 경제학은 전혀 현실에 맞지 않았다. 낙수 경제학은 철저한 오류로 판명되었다.

부자 감세는 정부 재정을 축소하는 긴축정책을 강제하고 필연적으로 불평등을 악화시켰다. 1980년대 이후 미국의 부유층은 경제 세계화의 성과를 차지하며 소득이 엄청나게 증가하고 막대한 재산을 축적했지만, 소득세와 재산세는 계속 낮아졌다. 반면에 노동자계급의 임금은 억제되고 노동 조건이 나빠졌으며 부채가 증가했는데도 세금은 인상되었다. 레이건 행정부 이후 미국의 조세 체계는 시장 경쟁의 승자를 더욱 부유하게 만들고, 경제성장의 혜택을 받지 못하는 빈곤층을 더욱 가난하게 만들고 있다.

버핏과 같은 수피리치가 부담하는 금융소득세율은 15%인데 비해 버핏의 비서인 노동자의 근로소득세는 30%가 넘어 훨씬 세율이 높다.

가난한 사람들이 부담하는 소득세는 거의 낮아지지 않았는데, 부자들이 주로 세금을 부담하는 금융소득세, 상속세는 크게 낮아졌다. 1930년대 루스벨트 행정부 당시 소득세 최고 세율은 90% 수준이었는데 점차 낮아져 1980년대 레이건 행정부가 들어서면서 35% 수준으로 낮아졌다. 금융소득세는 최고세율이 15%로 급감했다. 많은 사람들의 선입견과 달리 미국의 진짜 부자는 유명 배우, 스포츠 선수, 가수가 아니라 주식 배당을 받는 사람들이라는 사실을 고려하면 감세가 누구에게 이익이 되는지는 너무나 자명하다. 더욱이 2018년 증여세와 상속세 면세 상한선이 62억 원에서 132억 원으로 높아져 부자들은 거액을 자식에게 과세 없이 물려줄 수 있다. 법인세도 거의 20% 수준으로 낮아져 부자들은 법인의 탈을 쓴 채 소득세를 사실상 겨우 집행 가능한 소비세로 왜곡시켰다. 미국 경제학자 이매뉴얼 사에즈Emmanuel Saez와 게이브리얼 저크먼Gabriel Zucman이 『그들은 왜 나보다 덜 내는가』에 따르면, 미국에서 재화의 소비에 대한 매출세와 소비세와 달리 대부분의 서비스에 대해서는 부과되지 않는데, 이는 가난한

사진 5-5 페르 알빈 한손 스웨덴 사회민주당 지도자

페르 알빈 한손Per Albin Hansson(1885~1946)은 1930년대와 1940년대 스웨덴 총리가 되어 대공황의 위기를 극복하고 노사정 대타협을 이루며 보편적 복지국가를 만들었다. 지금 스웨덴은 기업의 경쟁력이 높고, 노사협력을 잘하고, 전 세계에서 삶의 만족과 행복감이 가장 높은 나라 중 하나이다. 자료: 위키미디어

사람들이 주로 소비하는 재화는 과세 대상이고 부유한 사람들이 소비하는 서비스는 면세 항목이 된다는 의미이다.[6] 결국 미국은 가난한 사람들이 세금을 더 많이 내는 나라다.

보편적 복지제도와 선별적 복지제도의 차이에도 주목해야 한다. 스웨덴 스톡홀름대 사회학과 발터 코르피Walter Korpi 교수와 웁살라대학 정치학과 요하킴 팔메Johakim Palme 교수는 1998년 『미국 사회학 평론』에 기고한 논문에서 선진 산업국가의 복지제도

를 조사하며 '재분배의 역설'을 주장했다.[7] 저소득층을 표적 집단으로 설정하여 복지를 제공하는 국가에서 저소득층에게 더 적은 금액의 재분배가 이루어졌다. 선별적 복지제도보다 보편적 복지제도가 불평등을 줄이는 효과가 더 컸다.

선별적 복지제도를 통한 저소득층 집중 지수가 높으면 저소득층에게 더 많이 재분배하고 중산층에게는 더 적게 분배하게 된다. 당연히 중산층은 저소득층 집중 지수가 그대로 유지되는 한 복지 확대를 반대한다. 이렇게 복지예산이 작아지면 저소득층에게 재분배되는 예산이 줄어들고, 불평등과 빈곤은 덜 감소한다. 반면에 보편적 복지제도에서는 중산층도 자신들이 받는 혜택을 늘리기 위해 복지 확대에 찬성하여 전반적으로 복지예산이 증가한다. 저소득층에게 재분배되는 예산도 커지고, 불평등과 빈곤은 더 감소한다.

복지제도의 특성은 복지에 대한 대중의 인식과 태도에도 영향을 미친다. 선별적 복지를 실행하는 미국에서는 복지 확대에 대한 반대 여론이 매우 높은 데 비해, 보편적 복지제도를 운용하는 스웨덴에서는 중산층도 복지 확대를 지지한다. 결과적으로 미국보다 스웨덴이 빈곤과 불평등의 수준이 낮다.

한국에서도 정부의 조세정책과 사회정책은 불평등에 중요한 영향을 미쳤다. 1997년 외환위기로 대량 실업이 발생하면서 김대중 정부는 복지 재정을 확대해야 하는 정치적 압력에 직면했다. 김대중 정부는 국제통화기금(IMF)의 요구에 따라 자본시장 개방과 노동시장 유연화 등 신자유주의 개혁을 급진적으로 추진한 반면, 노동자와 빈곤층을 위한 사회보험과 공공부조의 도입을 추진했다.

한국에서 경제위기 시기에 복지국가의 제도적 토대가 강화된 사실은 중요한 역사적 의미를 가진다. 김대중 대통령은 한국형 복지국가의 설계자다. 국민기초생활보장법, 국민연금, 국민건강보험 등 혁명적 제도 개혁이 이루어졌다. 복지예산도 김영삼 정부에 비하면 거의 2배를 증가했다. '생산적 복지'가 국정 방향으로 제시되었다. 2003년 이후 노무현 대통령도 복지예산을 증액했다. 국가재정 중 복지예산의 비중은 2002년 19.9%에서 2006년에는 27.9%로 급격하게 커졌다. 아동보육 예산을 확대하고 노인장기요양보험도 도입했다. '사회투자국가'가 국정방향으로 제시되었다. 하지만 김대중 정부와 노무현 정부는 법인세와 고소득층에 대한 소득세를 감면하고 재정 부담을 최소 수준으로 제한하면서 복지국가는 충분히 발전하지 못했다. 여전히 국내총생산 대비 복지 지출 수준은 선진국 가운데 최하위권이었다. 상대 빈곤율과 불평등은 계속 증가했다. 국민연금과 고용보험의 혜택을 받지 못하는 사람이 절반에 이르는 등 사회보험의 사각지대가 여전히 너무 많다. 특히 노무현 정부 시기에 대표적인 노후소득 보장제도인 국민연금의 소득대체율이 60%에서 40%로 큰 폭으로 감소하여 '용돈 연금' 논란을 만드는 동시에 복지제도에 대한 불신을 증폭시켰다. 노인 빈곤율이 50%가 넘어 세계 최고 수준이 되었다. 결국 낮은 조세와 낮은 복지로 유지되는 '약한 복지국가'는 불평등의 감소에 큰 도움이 되지 못했다.

2003년 등장한 노무현 정부는 취임 직후 '2만 달러 시대'를 선언하고 성장 중심 모델을 중시했다. 정부의 복지 재정은 약간 증가했지만 불평등 심화를 막지 못했고, 노사정의 사회적 대화가 제대로 이루어지지 못했다. 보육 예산이 급속하게 증가했으나 저출생 문제를 제대로 해결하지 못했다. 건강보험의 보장성 비율을 높이고 중대 질병의 자기부담 비율을 낮추었지만, 재벌 대기업이 주도하는 실손보험 확대로 인해 건강보험의 공공성은 악화되었다. 신자유주의 구조조정 속에서 '약한 복지국가'는 급증하는 비정규직과 불평등에 제대로 대처하지 못했다.

위와 같은 많은 한계에도 불구하고 김대중 정부와 노무현 정부의 10년 동안 한국이 복지국가 시대로 진입한 것은 사실이다. 김대중 대통령과 노무현 대통령이 도입한 복지국가는 지속적으로 공고화의 과정을 거쳤다. 보수적인 이명박 정부와 박근혜 정부의 10년 동안에도 복지예산은 지속적으로 증가했다. 많은 사람들의 예상과 달리 이명박 정부와 박근혜 정부는 부자 증세를 단행했다. 이명박 정부는 집권 초기에 종합부동산세를 무력화시켰지만, 소득세율 35%에서 38% 인상과 과표 구간 3억 신설로 '부자 증세'를 추진하면서 노무현 정부의 '부자 감세'에 제동을 걸었다. 오히려 중간 과표(4600만 원 초과~8800만 원 이하) 소득자에 대한 세율은 26 → 24%로 떨어뜨렸다.[8] '중산층 감세'로 볼 수 있다. 이명박 정부가 원래 대대적 감세를 예고했지만 실제로는 정반대의 정책을 선택했는데, 이는 당시에 '광우병 쇠고기' 수입을 반대하는 촛불집회와 2008년 세계 금융위기에 직면하면서 '친서민 실용' 노선으로 전화했기 때문으로 보인다. 2012년 대선에서 박근혜는 '경제 민주화'와 '복지국가'를 내세우고 노인 기초연금의 인상을 공약으로 내세웠다. 박근혜 정부는 최고 세율 38% 적용 소득 구간을 1억 5천만 원으로 낮추어 부자 증세를 추진했다. 그리고 5억 원 초과 과표 구간을 만들고 소득세율 40% 적용을 신설했다. 이명박 정부보다 더 적극적으로 부자 증세를 시도했다. 유럽과 미국처럼 보수 정당은 조세 인하와 복지 축소를 추진하고 진보 정당은 조세 인상과 복지 확대를 추진한다는 공식은 한국 정치에 들어맞지는 않는다. 결과적으로 지난 20년 동안 한국의 복지 지출 비율은 전 세계적으로 가장 빠른 속도로 증가했다. 하지만 진보 정부(김대중 정부와 노무현 정부)와 보수 정부(이명박 정부와 박근혜 정부)의 복지정책이 독일과 유럽 국가에서 나타나는 초당적 합의 정치의 결과로 보기는 어렵다.

진보 정부와 보수 정부의 복지예산 비중의 양적 비교 이외에 복지정책 방향의 질적 차이도 존재하기 때문이다. 진보 정부는 경제위기의 악조건에서 새로운 복지제도와 정책을 도입하고 적극적으로 복지예산을 증가했던 데 비해, 보수 정부는 기존의 복지제도와 고령화에 따른 소극적 대응이 주조를 이루었다. 또한 보수 정부는 자산조사를 통해 저소득층을 표적 집단으로 설정한 선별 복지에 치중했고, 민간주도 사회서비스의 영리화를 강화했다. 한국의 보수 정부는 대처와 레이건이 주도하는 신자유주의 시대와 같은 '복지 축소'의 정치를 추구하지는 않았지만, 매우 제한적 복지국가를 추구했음이 분명하다. 결과적으로 1인당

그림 5-2 세계의 억만장자들

지난 30년 동안 전 세계 억만장자들의 부가 하루 25억 달러씩 느는 동안, 하위 50%에 해당하는 38억 명의 재산은 11% 감소하였다. 자료: 옥스팜, 〈2019 불평등 보고서〉 표지사진

국민총생산 3만 달러가 넘는 현시대에도 한국의 약한 복지국가는 불평등으로 야기된 저출생, 노인 빈곤, 자살율, 우울증 등 다양한 사회문제를 전혀 해결하지 못했다.

    2000년대 중반 이후부터 공공부조와 공적연금에 의한 소득 불평등 완화의 효과가 조금씩 나타났지만, 차상위 사각지대에 대한 공적 이전이 약하고 노인 빈곤의 감소 효과도 크지 않다. 고용보험의 경우에도 국민 2명 중 1명이 제외되어 불평등 완화에 미치는 효과가 적었다. 1997년 외환위기 이후 김대중 정부와 노무현 정부가 도입한 사회정책이 빈곤감소에 어느 정도 영향을 미쳤지만, 소득 불평등을 줄이기에는 턱없이 부족했기 때문이다.

    한국의 재분배 효과가 적은 가장 큰 이유는 지나치게 낮은 조세 부담률과 사회지출 비율이다. 1980년 소득세 최고세율이 70%였는데, 1990년대를 거치면서 절반 수준으로 인하되고 소득세의 누진성이 후퇴했다. 소비세의 비율도 상대적으로 낮은 편이다. 2016년 촛불시위 이후 문재인 정부가 집권했지만 조세 부담률은 크게 증가하지 않았다. 2020년 한국의 조세 부담률은 20%로 OECD 회원국 가운데 여전히 가장 낮은 수준이다.

결과적으로 국내총생산 대비 사회지출 비율은 OECD 회원국 가운데 최하위권이다. 문재인 정부 집권 이후에도 2019년 한국의 국내총생산 대비 공공사회지출 예산의 비율도 12.2% 수준으로 OECD 회원국의 평균 비율인 20%에 비해 크게 뒤처진다. 프랑스(31.0%), 스웨덴(25.5%), 노르웨이(25.3%), 덴마크(28.3%)에 비하면 2분의 1 수준에 그친다.

사회지출 비율이 낮기 때문에 사회지출을 통한 불평등의 개선 효과도 낮을 수밖에 없다. 2015년 OECD 36개 국가 자료를 보면, 국내총생산(GDP)의 20~30%를 복지에 지출하는 북유럽과 서유럽 국가에서는 대체로 지니계수 개선 정도가 양호하다. 반면 2021년 OECD 자료를 보면, 한국은 공적 이전과 조세에 의한 지니계수의 개선 효과가 4번째로 낮다. 공적 이전과 조세가 지니계수를 거의 낮추지 못하고 있다.

국제구호단체인 옥스팜(Oxfam International)이 2014년에 발표한 OECD 회원국의 조세제도로 인한 빈부 격차의 개선 효과(지니계수 감소율)를 보면, 핀란드, 네덜란드, 오스트리아, 덴마크 등은 지니계수의 감소율이 40%를 넘는데, 한국은 OECD 평균의 4분의 1에 불과한 9%를 기록했다(0.355에서 0.338로 변화). 이는 한국의 조세 부담률이 낮고 재분배 효과도 적기 때문이다.

옥스팜은 2017년부터 세계 158개국을 대상으로 불평등 해소를 위한 노력에 따라 불평등 해소 실천(CRI) 지표를 만들어 발표하고 있다. 2020년 CRI 지표는 불평등 해소와 직접적으로 연관된 공공서비스(보건 의료, 교육, 사회보장), 조세제도, 노동권 세 가지 영역을 기준으로 각국 정부의 정책 및 조치를 측정했는데, 독일은 3위, 스웨덴은 10위, 영국 22위, 미국은 26위를 기록했다. 한국은 46위에 그쳤다.[9]

보수적 정치인과 경제학자들은 불평등 완화보다 경제성장이 필요하다고 주장한다. 파이를 어떻게 나눌 것인가라는 문제보다 어떻게 키울 것인가라는 문제가 더 중요하다고 목소리를 높인다. 그러나 경제성장이 자동적으로 빈곤과 실업을 없애고 불평등을 줄이는 것은 아니다. 200여 년 전 영국의 산업혁명 당시에도 소년노동의 금지, 8시간 노동제, 노동조합의 단체협상에 관한 입법이 빈곤층의 생활수준 향상에 크게 기여했다. 나아가 2차 세계대전 이후 도입된 공교육, 공중보건서비스, 실업보험, 국민연금 등 사회보험이 없었다면 불평등은 매우 커졌을 것이다.

1980년대 신자유주의 이데올로기가 세계를 지배한 후 기업과 부자에 대한 감세, 규제 완화, 노조 억압, 구조조정, 자동화가 가속화되면서 급속하게 불평등이 증가한 현실에 주목해야 한다. 기업과 부유층에 대한 세금을 줄이면 투자와 고용이 늘어나 중산층과 빈곤층의 생활수준이 나아진다는 '낙수 경제학'은 완전히 파산했다. 비록 복지국가는 크게 후퇴하지 않았지만, 불평등의 급속한 증가에 비해 복지 지출의 수준은 매우 부족하다. 한국에서도 낮은 조세 부담률과 복지 지출 비율로 인해 빈곤으로 고통받는 사람이 너무나 많고 불평등의 폐해가 더욱 심각해지고 있다. 제한적 복지제도로 인해 불평등 완화가 제대로 이루어지지 못하는, '불평등한 복지국가'의 개혁이 시급하다.

복지국가의 강화를 위해서는 모든 국민의 정치적 합의가 필요하다. 모든 사람들에게 공짜로 복지를 제공할 수 있는 것이 아니기 때문이다. 그래서 '무상복지'라는 말은 틀린 말이다. 복지국가는 산타클로스 국가가 아니다! 모든 복지는 국민의 세금과 사회보험료로 운영된다. 능력이 많은 사람이 더 세금을 납부하고 능력이 적은 사람은 덜 세금을 내지만, 모든 사람들이 납세의 의무를 가진다. 결국 복지는 우리의 세금으로 공동 관리하는 것이다. 이런 점에서 21세기 한국에서 복지국가를 강화하기 위해서는 공정한 조세와 보편적 복지제도를 확충해야 한다. 21세기의 한국에서 국가는 공정한 조세와 보편적 복지제도의 확충이라는 중대한 과제를 해결해야 한다. 그러나 한국의 정치인들은 여전히 경제성장 담론에 매달리고 있고 조세와 복지 개혁에는 거의 관심을 기울이지 않는다. 정치인들의 가장 중요한 임무가 경제성장이 아니라 어떻게 경제 번영의 성과를 모든 계층에게 공정하게 분배해야 하는가라는 사실을 송두리째 잊고 있다. 하지만 정치인의 선택은 단지 개인의 판단에 좌우되는 것이 아니라 선거제도와 정치제도의 특성에 따라 큰 영향을 받는다.

선거제도, 다수제 민주주의, 승자 독식 정치

불평등의 역사를 돌아보면 20세기 초반까지 유럽이 미국보다 불평등했지만, 최근에는 유럽보다 미국의 불평등 수준이 훨씬 높다. 왜 이런 변화가 일어났을까? 하버드대 정치학과 토벤 아이버센Torben Iversen 교수와 런던정경대학 정치학과 데이비드 사스키스David Soskice 교수는 2006년 『미국정치학회보』에서 유럽과 미국의 상이한 선거제도와 정치제도가 사회 불평등에 큰 영향을 미쳤다고 주장했다.[10] 유럽에서는 주로 비례대표제로 의회제 정부를 구성하지만, 미국에서는 단순 다수대표제와 대통령제를 운용한다. 선거제도의 차이가 어떻게 다른 결과를 만든 것일까?

일반적으로 비례대표제를 도입한 유럽 국가들은 불평등을 완화하는 증세와 복지 확대 정책을 선택했다. 유럽 국가의 정치제도는 합의 민주주의(consensus democracy)의 특성을 가진다. 합의제 민주주의는 대부분 의회제, 비례대표제, 중대선거구제, 다당제의 특성을 가진다.

독일, 오스트리아, 스웨덴, 덴마크, 네덜란드 등 주요 유럽 국가에서는 다수당이 집권하는 경우가 드물고 대부분 연합 정부(연정)를 구성하면서 정당의 정치적 타협이 수시로 발생한다. 노동조합, 기업, 정부 사이의 사회적 대화와 사회적 협의 제도가 발전하여 노동조합의 목소리가 정책 결정 과정에 반영된다. 결과적으로 노동자, 빈곤층, 사회적 약자를 지원하는 복지제도가 발전되고 빈곤과 불평등을 줄이는 통합적 사회제도가 발전했다.

사진 5-6 스웨덴 의회 리크스닥Riksdag 의사당

자료: 위키피디아

반면에 선거구에서 최다 투표자만 당선되는 단순 다수대표제를 운영하는 미국은 세금 인상을 반대하고 복지 지출을 제한하는 효과를 가진다. 다수제 민주주의(majoritarian democracy)는 불평등을 심화시키는 제도와 선택적 친화성을 갖는다. 미국, 영국 등에서 운용되는 다수제 민주주의는 대개 유력한 양당제를 만들며, 선거에서 승리한 정당이 정부를 장악하고 권력을 독점한다. 반면 선거에서 패한 정당과 지지자들은 정치 과정에서 배제된다. 결국 정권 교체의 시기마다 경쟁이 치열해지고 정당 양극화가 발생한다.

토벤 아이버센 교수와 데이비드 사스키스 교수는 단순 다수대표제에서는 복지 공약을 내건 중도좌파 정당이 집권하기 어렵고, 집권하더라도 유지하기 힘들기 때문에, 미국, 영국 등 단순 다수대표제를 선택한 국가에서는 중도우파 정부가 집권한 시기가 3분의 2를 차지했다고 분석했다.[11] 중도우파 정부가 집권하면서 세금 감면으로 부유층의 소득은 증가한 반면 중간계급과 노동자계급의 소득은 별로 증가하지 않았다.

한국에서도 오랫동안 단순 다수대표 선거제도(소선거구제)를 유지하면서 보수 정당이 압도적으로 우세했다. 1987년 민주화 이후에도 소선거구제하에서 민주정의당, 통일민주당, 평화민주당, 신민주공화당 등 4당 체제라는 지역주의 정당 구조와 여소야대 구조가 만들어졌지만 노동자와 약자를 대변하는 정당은 거의 없었다. 한국 정치는 반공주의와 지역주의의 지배를 받으면서 사실상 계층 이슈를 주도할 정당이 없었다.

1990년 3당 합당으로 거대 여당이 만들어지면서 한국 정치는 보수 우세 구도가 계속 유지되다가 1997년 보수 정당의 분열과 DJP 연합(김대중과 김종필의 공동정부와 내각제 개헌안)을 통해 극적인 정권 교체가 이루어졌다. 그 후에도 단순 다수대표제 선거제도하에서 지역 개발 공약이 주요 정치적 쟁점이 되었고 조세와 복지는 의제로 부각되지 못했다. 지금도 한국 국회의 협상에서는 복지예산보다 지역 예산의 확보가 최대 관심사이다. 국회의원은 지역구를 위한 예산을 확보해야 한다는 압력을 받지만 전국적 차원의 조세와 복지 이슈에는 소극적 태도를 보인다. 노동자,

사진 5-7 미국 대통령 집무실 백악관(White House)

자료: 위키미디어

빈곤층, 청년, 여성, 노인 등 사회적 약자의 대표가 선출될 기회가 적기 때문에 국회의 입법과 예산 과정에서 취약계층의 목소리가 반영되기는 매우 어렵다. 국회에서 재분배 정치가 발전할 가능성이 매우 낮으며, 노동자와 빈곤층을 무시하는 배제의 정치가 강화된다.

미국 벤더빌트대 정치학과 레리 바텔스Larry M. Bartels 교수는 2008년 출간한 『불평등 민주주의』에서 미국에서 막대한 자금력을 가진 기업이 공화당뿐 아니라 민주당의 정책을 바꾸는 과정을 분석했다.[12] 1990년대 후반 빌 클린턴Bill Clinton 대통령과 민주당은 전통적인 누진세와 재정 확대 정책을 포기하고 대기업이 요구하는 부자 감세와 재정 균형을 선택했다. 또한 월가의 요구에 따라 금융 규제를 철폐하고 부동산 투기를 부추기는 정책을 도입했다. 오바마 행정부도 거의 유사한 정책을 따랐다.

미국 예일대학 정치학과 제이콥 해커^{Jacob Hacker} 교수와 버클리대학 정치학과 폴 피어슨 교수는 2010년 『승자 독식 정치』를 출간했는데, 미국의 다수제 민주주의에서 사회적 약자를 대표하는 정당이 영향력을 행사할 가능성은 낮다고 지적했다.[13] 승자 독식 정치에서 노동자, 빈곤층, 사회적 약자가 체계적으로 배제되면서 정부는 점차 대기업과 부유층에 편향된 정책에 기울기 시작했다. 그들은 자신들이 쌓아 올린 막대한 부가 정당하다고 믿으며 사회의 모든 사람을 설득할 강력한 수단을 확보하고 있다. 대기업과 은행은 거액의 돈을 언론, 대학, 연구소에 기부하고, 고위 공직자를 영입하고, 선거 자금을 통해 정당과 의회에 영향을 미친다.

1990년대 '제3의 길' 정치가 전 세계적 인기를 끌면서 영국 노동당, 독일 사민당, 스웨덴 사민당도 조세 인하, 재정 균형, 복지 개혁을 추진하면서 무역과 금융 자유화를 지지했다. 그러나 2008년 세계 금융위기가 강타하고 빈곤과 불평등이 심각해지자 과거의 보수적 정책의 수용을 반성했지만, 이미 때가 늦었다.

노동자와 빈곤층을 대변하는 진보 정당이 전통적 지지층을 외면하는 현상은 미국과 유럽 등 부유한 선진 산업국가에서 널리 나타나는데, 이는 정당의 정치 전략과도 관련이 있다. 1960년대 이후 탈산업화가 시작되면서 선진 산업국가의 노동자계급 인구가 감소하고 노동조합운동이 급속하게 약화되었다. 대학을 졸업한 화이트칼라의 정보 서비스 분야의 일자리가 대거 늘어났다.

1990년대 이후에는 미국 민주당과 유럽 사회민주당에서도 고학력 고소득 당원 비율이 높아지면서 낙태, 동성애 등 문화적 이슈와 정체성 정치가 부상한 반면, 경제적 진보의 목소리는 심각하게 약화되었다. 진보 정당은 보수 정당과 비슷하게 금융 규제를 완화하고 부자의 세금을 감면해주는 반면 빈곤층을 위한 복지를 축소하고 사회보장 제도의 사유화를 추진했다. 보통 사람들은 임금 정체와 긴축으로 고통을 받았고 의료와 공공서비스의 질은 하락했다. 자동화와 자유무역으로 인해 일하는 사람들의 삶이 팍팍해졌지만 정치인들과 기업들은 노동자의 피해를 줄이기보다 경영자와 주주의 소득을 늘리면서 자신들의 이권만 챙겼다는 비난을 받았다.

프랑스 파리경제대학 경제학과 토마 피케티 교수는 2020년 출간한 『자본과 이데올로기』에서 고학력 고소득 진보파를 '브라만 좌파'라고 불렀는데, 이들은 말로는 진보를 주장하지만, 정책은 부자 감세를 추진하고 교육을 통한 사회적 지위 세습을 옹호한다.[14] 이들은 빈곤층의 고통과 사회 불평등은 거의 외면하고 중간계급의 라이프스타일과 동성애, 페미니즘, 낙태 등 정체성 정치에 큰 관심을 기울였다. 자신들은 문화적 진보를 자처했지만 사실상 실업자와 빈곤층의 고통을 줄이기 위한 노력에는 무관심했다.

미국 역사학자이자 정치평론가인 토마스 프랭크Thomas Frank는 도널드 트럼프가 당선된 2016년에 출간한 『민주당의 착각과 오만』에서 예일대학 출신 클린턴과 하버드대학 출신 오바마가 이끈 민주당이 어떻게 저학력 노동자의 이익을 외면하고 전통적 지지층을 배신하는지 분석했다.[15] 민주당은 기업의 세금을 감면하고 금융 규제를 완화하여 부자와 투자자의 부를 천문학적 수준으로 늘렸지만 노동자와 중산층의 소득이 정체되거나 나빠진 공교육과 과중한 의료비 부담을 덜기 위한 정책은 외면했다. 결과적으로 2016년 미국 대선에서 가난한 노동자들은 이민을 반대하고 여성을 혐오하는 극우 성향의 도널드 트럼프를 지지하는 포퓰리즘 정치가 부상했다(토마스 프랭크의 책은 도널드 트럼프의 당선을 예측했다).

한국에서도 민주화 이후 민자당 등 보수 정당보다 상대적으로 진보적 정책을 추구하는 민주당 정부가 집권하는 동안에 더 빈곤과 불평등이 증가했다. 왜 이런 일이 발생했을까? 1990년대 후반 이후 집권하는 동안 민주당은 '중산층과 서민의 정당'이라고 주장했다. 이 시기에 한국의 복지국가 제도가 공고해지고 빠른 속도로 복지예산이 확대된 것은 사실이다. 그러나 공기업 사유화, 정리해고, 비정규직 입법, 부유층 소득세와 기업의 법인세 인하, 민간의료보험 활성화가 불평등에 미친 영향은 매우 컸다. 정부가 경제 자유화 정책과 부유층 감세 정책을 추구하는 동안 재벌과 부유층의 연봉과 재산은 급증하고 중산층과 노동자의 소득은 정체되거나 줄어들었다.

사진 5-8 김대중 대통령

김대중(1924~2009)은 오랫동안 야당의 지도자로 군사정부에 저항했으며, 1998년 한국 대통령에 취임했다. 김대중 정부는 복지국가 제도를 확대하고 복지예산을 획기적으로 증액했다. 건강보험 통합, 국민연금과 고용보험 확대, 국민기초생활보장제도 도입 등 서구식 보편적 복지국가를 강화했다.

노무현 정부가 등장한 이후 일부 학자들은 경제 불평등을 강조하는 사람을 '구좌파'로 매도하는 한편, 탈권위주의 문화를 주도하는 '신좌파'의 등장을 강조하며 중산층이 신주류가 되었다고 주장했다. 노무현 정부는 삼성경제연구소가 제안한 '2만 달러 시대' 구호를 받아들이고 의료 민영화, 비정규직법, 서비스산업법, 자유무역협정을 밀어붙였다. 아동 보육과 노인연금 등을 위한 복지예산은 증가했지만 급증하는 빈곤과 불평등을 막기에는 턱없이 부족했다. 오히려 소득세 과표 상향조정을 해 부자 감세를 추진했고 법인세도 기업의 요구대로 인하했다. 약한 복지국가는 신자유주의 시대의 자유시장이라는 거대한 수레 앞에 서 있는 사마귀와 같은 신세였다.

2008년 세계 금융위기 이후 보수적인 이명박 정부와 박근혜 정부가 집권하면서 부유층과 대기업의 부는 더욱 집중되었다. 오늘날 세계 최고 수준의 소득과 재산 집중, 하늘로 치솟는 사교육비, 부동산 가격, 가계부채 증가에는 정치권의 책임이 크다. 2016년 촛불집회에서 국정농단과 정경 유착뿐 아니라 사회경제적 불평등에 대한 불만이 터져 나왔지만, 문재인 정부가 집권한 이후에도 불평등이 크게 개선되지 않았다. 집권당이 된 민주당의 핵심 당원들에는 40대·50대 고학력 중산층이 많기 때문에 정치적, 이념적 이슈에 민감한 반면, 사회경제적 이슈에 대한 관심은 적은 편이다. 반면에 팟캐스트와 유튜브, 온라인 댓글과 투표를 통해 고학력 열성 지지층의 영향력이 급격하게 커졌다. 민주당 정치인들은 정치적 추문과 정쟁과 같은 사소한 문제에 지나치게 집착하는 반면 정치의 가장 본질적인 문제인 일자리, 교육, 보건, 세금, 복지 등 먹고사는 문제와 불평등을 줄이는 문제에 대해서 큰 성과를 거두지 못했다.

민주당 국회의원들이 50대 고학력 정치인들로 충원되면서 국회의원 가운데 언행이 일치하지 않는 사람들이 크게 늘어났다. 2020년 총선에서 이인영 민주당 원내대표는 강남에서 종부세 인하를 외쳤다. 2022년 6월 지방선거에서 "불평등 문제의 핵심은 부동산 불평등"이라고 말한 김성환 정책위원회 의장은 다주택자의 종합부동산세(종부세) 부과 기준을 현행 공시가 6억 원에서 11억 원으로 높이는 등 보유세를 완화하겠다는 모순적 정책을 주장했다. 오락가락 공약은 철학의 빈곤과 전략의 부재를 보여준다. 정체성을 잃은 정치인들은 그저 서민의 이름을 이용하면서 사실은 기득권층의 대변자가 된 것이다. 국가를 생각하는 정치가가 아니라 선거꾼이 된 이들의 머리 속에는 오직 선거공학과 표 계산만 남은 것이다.

민주당은 네거티브 캠페인과 선거 공학에 빠진 채 핵심 지지층을 동원하여 선거에 당선되는 목표에 매몰되었다. 한국의 민주당 정치인들은 노동조합과 거리를 두고, 비정규직을 외면하고, 부유층 또는 중상 소득 계층의 반발을 걱정하기 시작했다. 그들은 최저임금 동결, 노동시간 단축 유예, 종합부동산세 감면을 추진했다. 한국의 '약한 복지국가'는 손발이 잘린 채 조용히 죽어가고 있다. 민주당에서 온라인 권리당원 상향식 공천과 당원 투표가 확산되는 가운데, 의사결정이 소수의 인플루엔서와 적극적

당원에 의해 좌우되는 '민주화의 역설'이 발생했다. 이들 중 상당수는 고학력 고소득 계층이 많은 편이며, 대부분 40대 이상 중년층이 많다. 반면에 저소득층과 청년층을 위한 '정책 결정의 민주화'는 제대로 이루어지지 못했다. 결국 민주당은 소선거구제에서 적극 투표층을 통한 당선가능한 득표율이라는 당선 만능주의의 함정에 매몰되고 있는 것이다. 이렇게 민주당의 선거 전략이 변화하는 가운데 민주당의 전통적 지지층인 저소득층의 투표율은 점점 낮아지고 있다.

민주당의 변신은 저소득층의 투표 성향에도 영향을 미친다. 한국 정치에서도 서구 사회에서 발견되는 '투표 참여의 소득 격차' 현상이 나타나고 있다.[16] 투표의 소득 격차는 저소득층이 고소득층에 비해서 더 투표 불참을 많이 하고, 소득이 높을수록 투표참여를 더 많이 하는 현상을 가리킨다. 선출직 대표들이 저소득층의 요구와 이익에 반응하지 않는 대신에 고소득층의 경제적 이해관계에 매우 민감하게 반응하는 '불평등한 반응성'과 깊은 관련을 가진다. 투표의 소득 격차와 선출직 대표들의 불평등한 반응성이 결합되어 '불평등한 민주주의'로 이끈다. 소득 불평등과 정치적 불평등은 긴밀하게 결합되어 있다

영국 워릭대학 사회학과 콜린 크라우치Colin Crouch 교수는 2004년 출간한 『포스트 민주주의』에서 현대 정치의 특징을 '포스트 민주주의(post-democracy)'라는 새로운 용어로 분석했다.[17] 포스트 민주주의는 형식적으로 절차적 민주주의와 법에 의한 지배가 작동하지만, 민주주의의 근본적 목적을 배신하는 국가가 등장하

는 역설적인 상황을 묘사한다. 그는 엘리트가 지배하는 대의제의 한계뿐 아니라 신자유주의가 정치를 지배하면서 민주주의가 위기에 직면하고 있다고 본다. 보수 정당과 진보 정당의 이념적 차이가 불분명해지고 후보의 이미지가 사회적 이슈를 대체한다. 선거는 정책 경쟁의 장이 아니라, 마케팅과 광고가 결합된 스펙터클로 변화했다. 유권자들은 정책 결정에 참여하지 못한 채 선거운동을 쇼처럼 관람하는 구경꾼으로 전락하거나 인터넷 댓글을 쓰는 정치적 취미에 몰두했다. 결과적으로 포스트 민주주의에서 사실상 정치를 지배하는 기업 엘리트의 영향력이 지나치게 커졌다.

미국과 영국뿐 아니라 한국과 일본 등 전 세계적으로 정부는 기업의 로비를 받으며 막후 거래를 통해 공기업을 매각하거나 민간 위탁을 주는 결정을 내린다. 정부는 대기업과 금융기관에 대한 규제를 완화하는 정책을 통해 그들의 막대한 수익을 보장한다. 그리고 고위 공무원은 퇴임 후 대기업, 법률회사, 투자회사, 회계법인의 고문으로 취업한다. 현대 정치의 입법 과정에서 민주주의의 원칙이 사라진다. 국회는 국민의 보편적 이익보다는 경제 엘리트의 특수한 이익을 정당화하는 메커니즘으로 왜곡된다. 이를 통해 민주주의의 본질적 의미와 목표가 사라진다. 이렇게 민주주의는 죽어가고 있다.

왜 한국인은 불공정은 못 참아도 불평등은 참는가?

2021년 11월 경제협력개발기구(OECD)가 불평등에 대한 인식을 조사한 『2021 불평등 보고서』(*Does Inequality Matter*)를 발간했다. 1980년대부터 최근까지 8개 주요 국가를 대상으로 추적한 결과를 보면, 불평등 정도를 주관적으로 평가하는 '불평등 인지도'는 1980년대 이후 급격히 상승해 2008년 최고 수준에 이르렀다가 최근 10여 년 동안 약간 하락했다. 불평등을 용인하는 정도를 뜻하는 '불평등 선호도'도 비슷한 추이를 보였다. 이는 불평등의 증가를 우려하는 동시에 불평등에 적응하는 사람들이 증가한다는 사실을 보여준다. 마치 '뜨거운 물 속의 개구리'처럼 서서히 변화하는 현실에 대처하지 못한 채 무기력해지고 있는지도 모른다.

한국은 불평등에 대한 가장 모순적 인식을 보여준다. 소득 격차의 원인에 대한 설문에서 부모의 부라는 응답이 46%로 경제협력개발기구 평균(26%)보다 매우 높다. 하지만 불평등을 완화하기 위해서 개인의 노력이 중요하다고 응답한 비중도 86%로 평균(74%)보다 높다. 한국인들은 불평등을 우려하면서도 국가의 책임을 강조하거나 사회적 차원에서 해결하려기보다 각자 개인의 책임을 중시하고 개인적 차원에서 해결하려는 태도를 보여준다. 왜 한국인들은 이런 인식을 가지는 것일까?

20세기 초 이탈리아 정치인이자 탁월한 정치사상가였던 안토니오 그람시 Antonio Gramsci는 '헤게모니'의 개념을 이용해 권력관계

사진 5-9 이탈리아 사상가 안토니오 그람시

안토니오 그람시(1891~1937)는 이탈리아 사회당의 지도자였으며 20세기 초반 가장 중요한 마르크스주의 이론가였다. 그람시는 자본주의가 경제위기에도 불구하고 장기적으로 유지되는 이유를 설명하기 위해 '헤게모니'라는 개념을 제시했다. 그는 자본주의 사회에서 강제를 담당하는 정치사회와 동의를 담당하는 시민사회를 구분했는데, 헤게모니는 물리력에 의한 강제가 아니라 자발적 동의를 통해 형성된다고 보았다. 자료: 위키피디아

를 분석했다. 그는 모든 지배에는 강제와 동의가 동시에 존재한다고 주장했다. 지배계급이 직접적으로 지배하는 정치사회는 경찰, 군대, 법률, 제도 등으로 구성된다. 피지배계급이 자발적으로 운영하는 시민사회는 가족, 교회, 학교, 언론, 기업, 노동조합 등으로 이루어진다.

18세기 후반 이후 서구에서 등장한 자본주의는 사회의 동의를 만들고, 개인의 사고와 판단을 규정하고, 대안적 전망과 담론을 제시했다. 전통 사회에서 종교의 권위, 순응과 순종, 근검과 절약, 공동체 윤리를 강조한데 비해, 현대 사회에서는 물질적 성공에 대한 선망, 더 많은 부를 획득하려는 도전 정신, 소비주의, 개인의 선택과 자유 등이 새로운 문화와 이데올로기가 되었다. 이는 사회의 불평등을 불가피한 결과로 받아들이게 만들었다.

오늘날 21세기의 신자유주의 이데올로기는 불평등을 정당화하는 가장 중요한 지배의 구조로 작동한다. 전 세계적으로 불평등이 유지되는 이데올로기의 메커니즘에는 다양한 사회정치적, 경제적, 심리적 차원의 권력 효과가 작용한다. 불평등의 이데올로기를 구성하는 담론은 매우 다양하지만, 능력주의, 낙수 경제학, 자기 계발이 강력한 권력 효과를 가진다. 이 세 가지 담론은 긴밀하게 결합되어 불평등을 합리화하는 강력한 이데올로기 효과를 만든다.

첫째, 능력주의는 개인의 능력에 따라 보상을 다르게 받아야 한다는 주장이다. 부모의 배경과 상관없이 누구나 노력하면 성공할 수 있다는 논리를 제공한다. 능력주의라는 용어는 처음부터 긍정적 의미로 사용된 것은 아니었다. 1950년대 영국 사회학자 마이클 영Michael Young은 미래를 풍자하는 『능력주의의 등장』에서 2033년에 모든 사람은 평등한 기회를 누리지만, 상위 계층은 모두 똑똑한 데 비해 하위계층은 모두 어리석은 사람이 된 사회를 묘사했다.[18] 영은 능력에 따라 직업이 결정되는 미래 사회가 암울한 디스토피아가 될 수 있다고 경고했다.

마이클 영의 신랄한 풍자에도 불구하고 20세기 후반 능력주의는 긍정적 의미를 획득하였다. 20세기 후반 미국의 기능주의 사회학자들은 마르크스의 생산수단에 따른 계급의 구분과 개념과 달리 불평등한 보상체계를 가진 사회계층이 사회의 기능적 필요성을 가지고 있다고 주장했다. 그들은 상이한 보상을 받는 사회체계가 개인의 근로 동기를 촉진할 것이라고 보며, 계급 구조에서 발생하는 불평등을 정당화하였다. 1950년에서 1980년대까지 미국에서 능력주의는 소련의 기계적 평등주의에 맞서는 대안으로 인기를 끌었다.

한국에서도 능력주의는 평등주의의 반대 개념으로 수용되었다. 1960년대 급속한 산업화가 이루어지면서 부모의 신분 대신 개인의 성공이 가장 중요하다는 의식이 확산되었다. 1980년대 이후 폭발한 교육 열풍은 계층 상승을 실현하는 중요한 수단으로 간주되었다. 한국에서는 자식이 성공하면 가족도 성공한다고 믿는 가족주의 문화와 능력주의 이데올로기가 결합하여 세계 최고의 대학 진학률에 큰 영향을 미쳤다.

오늘날 한국에서 능력주의는 불평등을 합리화하는 강력한 이데올로기가 되었다. 최근까지 보수 언론은 "불평등은 사회를 움직이는 원동력이다"라고 노골적으로 불평등을 옹호하고 "능력에 따라 선발된 리더가 조직을 이끌어가야 한다"고 주장한다. 그러나 능력주의의 담론은 개인주의적 외피 속에서 세습을 통한 부의 세대 간 계승을 교묘하게 은폐한다. 최순실의 딸 정유라가 "능력 없으면 니네 부모를 원망해"라는 말에 많은 젊은이들이 공분한 것은 우연이 아니다. 조국 서울대 교수 딸의 부정 입학도 수많은 대학생들의 거센 저항을 불러일으켰다.

이준석 전 국민의힘 대표는 "실력 혹은 능력이 있는 소수가 세상을 바꾼다"고 주장했다.[19] 개인의 능력을 사회와 분리하고 절대화하는 능력주의 담론은 사회의 불평등을 정당화하는 도구가 되고 있다. 개인의 능력을 단지 자연이 부여한 특별한 재능이나 부유한 부모를 만나는 것처럼 우연한 결과로 간주할 수는 없다. 능력주의를 사회의 지배 이데올로기로 신봉하는 사람들은 자신이 차지한 부와 소득이 다른 사람들과 공동체의 기여를 통해 이루어진다는 사실을 외면한다.

둘째, 낙수 경제학은 경제성장이 이루어지면 부가 모든 사람에게 확산되는 낙수 효과를 만든다는 주류 경제학을 가리킨다. 이런 관점은 기업이 성공하고 부자가 늘어나면 경제성장의 성과가 사회 전체에 확산될 것으로 본다. 부의 불평등한 분배가 장기적으로 모두에게 도움이 된다는 주장이 새로운 과학적 이론으로 간주되었다.

1980년대 이후 낙수 경제학은 과학적 지식, 특히 경제학 이론

사진 5-10 시카고대학 경제학과 밀턴 프리드먼 교수

밀턴 프리드먼(1912~2006)은 통화주의 이론을 주도적으로 제기한 '시카고 학파'의 대표적 인물이다. 그는 지나친 화폐 발행으로 인플레이션이 발생하면 통화량을 줄여 경제 안정을 이룩해야 한다고 강조했다. 따라서 정부의 채무를 줄이고 복지 지출을 삭감해야 스테그플레이션을 해결할 수 있다고 주장했다. 그의 생각은 1980년대 미국 레이건 행정부와 영국 대처 정부에 수용되었으며, 국제통화기금과 세계은행의 자유시장을 중시하는 경제정책 변화에도 커다란 영향을 미쳤다. 자료: 위키피디아

을 통해 정치인들을 설득하여 신자유주의적 경제개혁을 추진했다. 가장 대표적인 학자가 시카고대학 경제학과 밀턴 프리드먼 Milton Friedman 교수이다. 그는 매우 머리가 뛰어났고 자신의 생각을 정치인들에게 전달하기 위해 많은 노력을 기울였다. 프리드먼의 통화주의 경제학은 1929년 대공황이 은행제도의 붕괴에서 비롯되었고, 1970년대 스태그플레이션이 지나친 통화 팽창에서 비롯되었다고 분석했다. 통화주의는 정부의 역할을 강조한 케인스 경제학을 비판했고, 정부의 역할을 축소하고 인플레이션 억제를 위한 긴축 정책을 도입해야 한다고 주장했다. 많은 사람들은 프리드먼의 성급한 성격 때문에 정치인들에게 이용만 당할 것이라고 예상했다. 하지만 오랜 시간 끝에 프리드먼은 자신의 이론을 실현할 정치인을 발견했고, 그 정치인이 대통령에 당선되었다. 그 사람이 바로 1980년 미국 대통령이 된 로널드 레이건이다. 레이건 행정부는 프리드먼의 조언에 따라 미국의 경제정책을 근본적으로 바꾸고 통화량 축소, 조세 감면, 복지 축소와 긴축 정책을 단행했다. 밀턴 프리드먼과 통화주의 경제학의 논쟁은 많은 관찰을 통한 수학적 모델로 제시되지만, 사실 수많은 변수를 통제한 상황에서 이루어진다. 과학적 방법을 강조하는 경제학의 이론적 간결성이 종종 현실의 배반에 직면하는 가능성을 철저히 무시했다.

 1979년 영국 총선에서 압승한 보수당의 대처 총리는 신자유주의에 확신을 가지고 공기업의 사유화, 감세, 탈규제를 통해 케인스주의 복지국가의 토대를 근본적으로 바꾸었다. 신자유주의의 태동기에 마거릿 대처는 1975년 보수당 전당대회 연설에서 "우리는 모두 불평등하다... 우리는 모두가 불평등할 권리를 가지고 있다..."고 말했다. 대처는 불평등이 사람들을 열심히 일하게 만들고, 위험을 감수하게 만들고, 효율성을 높인다고 주장했다. 이러한 관점은 공산주의 국가에서도 발견할 수 있다. 덩샤오핑은 개혁개방을 추진하면서 '선부론'을 내세우고 부자가 되는 것이 부끄러운 것이 아니라 경제 발전에 도움이 되는 것이라고 주장했다.

지금도 실증적 과학의 방법을 신봉하는 대다수 경제학자들은 높은 조세 부담을 우려하고 복지국가가 근로 동기를 약화시키고 경제성장을 가로막는다는 비판을 반복한다. 그러나 낙수 경제학의 성과는 빈약하고 케인스 경제학보다 더 심각한 부정적 결과를 만들었다. 1980년대 레이건 행정부 이후 막대한 부자 감세에도 불구하고 기업의 국내 투자는 증대하지 않았고 장기적 경제침체가 계속되었다. 또한 지난 30년간 선진 산업국가들이 낙수 경제학을 채택하면서 전반적으로 불평등은 심화되었다.

한국의 상황도 비슷하다. 1997년 외환위기 이후 낙수 경제학이 경제정책을 지배하면서 부의 확산 대신 부의 집중이 역사상 최고 수준에 도달했다. 2022년 현재 상위 1%의 소득은 전체 소득의 14.7%를 차지하며, 상위 10퍼센트의 소득은 약 46.5%를 차지한다. 반면에 상대적 빈곤율은 계속 증가해 16%가 넘고 저임금 노동자의 비율도 25% 수준으로 가장 높다. 지난 20년 동안 대기업과 부유층의 세금을 낮추면 경제가 회복될 것이라는 낙수 경제학의 기대는 현실에서 좌절되었다.

낙수 경제학은 스스로 객관적인 과학적 지식의 이름으로 포장했지만, 고소득층과 기업의 이윤을 확대하는 정치적 프로젝트의 기능을 수행했다. 2008년 세계 금융위기가 발생하자 노벨 경제학상 수상자인 조지프 스티글리츠Joseph Stiglitz 교수는 『불평등의 대가』에서 역사와 이론에서 명확하게 낙수 경제학에 대한 반증이 존재한다고 주장했다.[20] 그러나 한국 사회에서는 아직도 특히 기업이 살아야 경제가 잘된다는 논리에 기반한 기업과 부유층에 대한 감세는 강력한 경제 이데올로기로 작동하고 있다. 이런 점에서 낙수 경제학은 실증적 증거를 가진 과학적 이론이라기보다 학문과 정치를 지배하는 일종의 이데올로기로 작동한다.

셋째, 자기 계발(self help)은 불평등 사회에서 살아가는 개인들의 생존 전략이 되고 있다. 자기 계발은 새로운 학문과 산업이 되었으며, 나아가 종교적 특성을 획득하고 있다. 능력주의와 무한 경쟁이 격화되면서 생활세계에서 자기 계발에 대한 열광, 긍정적 사고의 중시, 힐링 문화의 등장이라는 세 가지 중요한 문화 심리적 변화가 발생한다.

자기 계발은 새뮤얼 스마일스Samuel Smiles의 『자조론』에 역사적 뿌리를 두고 있다.[21] 오늘날 자기 계발은 경제학의 인적 자본 이론의 심리학적 변형으로 사람들에게 강력한 경제적 동기를 부여한다. 사회를 바꾸기보다 현재 상태에 순응하는 가운데 오로지 자기 계발을 통한 경쟁이 삶의 목표가 된다. 외모를 관리하는 것도 자기 계발의 중요한 요소로 간주되고, 특히 여성에게 코르셋

사진 5-11 펜실베이니아대학 심리학과 마틴 셀리그먼 교수

마틴 셀리그먼(1942~)은 '긍정 심리학'의 대표적 주창자이며, '주관적 웰빙' 과 행복 연구의 대중적 인기에 커다란 영향을 미쳤다. 자료: 위키피디아

과 같은 과중한 부담을 준다.

자기 계발을 강조하는 관점은 사회구조적 조건을 무시하고 개인의 긍정적 태도를 찬양한다. 삶에 대한 긍정적 태도를 강조하는 대표적 학술 이론은 '긍정 심리학'이다.[22] 마틴 셀리그먼Martin Seligman은 행복이라는 용어 대신 '주관적 웰빙'을 사용하며 주

관적 행복감을 분석했다. 그는 행복을 연구하려면 연구과제 지원금을 따내기 힘들어 새로운 용어를 만들었다고 공공연하게 떠들었다. 긍정 심리학은 미국에서 시작했지만, 한국에서도 학계뿐 아니라 베스트셀러 서적 상위에 오르면서 대중적으로 인기를 끌고 있다. 긍정 심리학은 긍정적 태도가 행복감과 삶의 질을 높일 수 있다고 주장한다. 이들은 외부 지향적 물질주의적 가치를 버리고 내면의 평안을 추구해야 한다고 설득한다.

무한 경쟁에서 실패한 사람을 위한 심리적 장치로 힐링과 멘토링이 제공된다. 누구나 성공할 수는 없으며, 성공하는 사람보다 실패하는 사람들이 더 많으니 힐링과 멘토링의 수요가 훨씬 많다. 『아프니까 청춘이다』는 청년들의 베스트셀러가 되었지만, 왜 입시 지옥과 청년 실업이 심각해지는지 어떤 질문도 던지지 않는다.[23] '혼자 있는 시간의 힘', '혼자 잘해주고 상처받지 마라' 등 대중 심리학이 유행할수록 사회의 문제를 개인의 문제로 보려는 사람들이 늘어난다. 『아프니까 청춘이다』를 쓴 저자는 인세로 큰 돈을 벌었지만 그 책을 읽은 청년들은 더욱 가난해졌다.

미국 사회학자 리처드 세넷은 『신자유주의와 인간성의 파괴』에서 미국에서 구조조정으로 해고된 사람들이 책임을 자신에게서 찾는 상황을 지적했다.[24] 한국에서도 많은 청년들이 취업이 안 되는 것을 자신의 학벌과 스펙의 탓으로 돌린다. 과잉 경쟁에 대한 체계적인 분석과 비판적 논쟁은 사라지고 개인적 차원의 진단과 처방을 제시하는 대중 강연이 인기를 끈다. 기분을 관리하는 기술은 거대한 산업이 되어 불평등이 만든 고통을 외면하는 순응적 이데올로기를 재생산한다. 기업은 심각한 사고 대신 순간적 쾌락을 위해 더 많이 소비하라고 강요한다. 고급 레스토랑과 럭셔리 리조트를 찾아다니는 사람들은 자신들이 남보다 우월하다고 생각한다. 오늘날 자신의 행복을 중시하여 소비하라는 '욜로'(YOLO)는 새로운 시대정신이 되었다. 자본주의가 인간 내면으로 파고들면서 경제와 소비의 논리는 사람의 사유방식과 정신을 사실상 지배한다.

독일 철학자 발터 벤야민Walter Benjamin은 '종교로서의 자본주의' 제목의 에세이에서 "자본주의는 순전히 제의로만 이루어진 교리도 없는 종교"라고 말했다.[25] 그가 말한 대로 자본주의는 어떤 초월성도 은총도 없지만, 그렇다고 자본주의에 어떤 교리도 없는 것은 아니다. 자본주의는 사람의 걱정, 고통, 불안을 줄이기 위해 다양한 담론과 논리를 창안하고 활용한다. 스티브 잡스처럼 성공한 기업인은 종교의 성인이 되고, 자신도 성인의 삶을 따라야 한다. 미친 듯이 일하고 수단과 방법을 가리지 않고 성공해야 된다는 사고는 새로운 미덕과 삶의 목표가 된다.

자본주의가 막스 베버Max Weber가 말한 개신교 윤리에 따라 근검과 절약의 미덕만 강조하는 것은 아니다. 오늘날 자본주의와 소비주의는 야누스의 얼굴처럼 뗄 수 없는 관계를 유지하고 있다. 소비주의는 소수의 부자와 자본가들이 누릴 수 있는 특권이 아니라 대부분의 보통사람도 향유할 수 있는 새로운 생활방식이 되었다. 이제 부자들은 더 많은 돈을 벌기 위해 '투자하라'고 외치고 있고 대중은 더 많은 쾌락을 얻기 위해 '소비하라'는 주

사진 5-12 발터 벤야민

발터 벤야민(1892~1940)은 『아케이드 프로젝트』에서 19세기 말 파리에 등장한 회랑식 상가인 아케이드가 상품의 교환 가치를 미화시키고 현실을 가리는 베일의 역할을 하는 판타스마고리아(pantasmagorie)를 분석했다. 그에 따르면, 사람들은 아케이드의 번쩍거림에 도취해 꿈을 꾸듯 자신들의 시대를 살아간다. 그 후 자본주의는 본격적으로 백화점, 쇼핑몰, 아울렛을 창조하고 사람들에게 새로운 소비주의 라이프스타일을 제공한다. 자료: 위키피디아

문을 따르고 있다. 이러한 사회적 전환은 과거의 종교에서도 이루지 못한 현상이다. 기독교 신자는 예수의 말씀을 따르지 않고, 불교 신자도 부처의 가르침을 따르는 경우가 거의 없다. 유교 경전을 심각하게 읽는 사람 가운데 공자의 생각을 실천하는 사람은 사실상 존재하지 않는다. 하지만 오늘날 부유한 자본가들이 누리는 소비문화는 모든 사람들이 따르고 있다. 이런 점에서 자본주의는 역사상 가장 성공한 종교가 되고 있다. 이러한 자본주의-소비주의 윤리는 부와 소득의 불평등을 심화시키고 있지만 개인이 노력해서 평등해질 수 있다고 믿게 만드는 경향이 있다.

한국인 가운데 많은 사람들이 불평등을 심각하게 생각하면서도 불평등을 개인의 노력으로 해결해야 한다고 믿는 이유는 복잡하다. 전통 사회의 종교적 교리는 개인의 행운, 조상의 음덕, 또는 신의 은총에 의해 부유함과 빈곤이 정해져 있다고 믿었다. 현대 산업사회로 전환한 이후에 오랫동안 국가 복지가 발전하지 못하고 불평등을 줄이려는 정당과 노동조합의 역량이 약하기 때문에 개인들이 스스로 불평등을 해결하려는 경향이 강했다. 동시에 다양한 교육과 대중 매체의 영향에 의해 사람들의 의식에 능력주의, 낙수 경제학, 자기 계발의 논리가 커다란 영향을 미쳤다.

그러나 능력주의, 낙수 경제학, 자기 계발의 이데올로기는 과학적, 도덕적, 심리적 정당화의 노력에도 불구하고 논리적 오류를 가지고 있으며 사회적으로 심각한 파괴적 결과를 만들었다. 불평등이 사회의 문제가 아니라 개인의 문제라고 설명하는 논리는 근본적 한계를 가진다. 지나친 불평등이 만든 사회문제는 무시할 수 없을 정도로 심각하다. 자본주의에서 일정한 경제적 불평등이 존재하는 것은 불가피하지만, 지나친 불평등은 명백하게 민주주의의 원칙과 충돌한다. 불평등을 정당화하는 이데올로기는 모든 사람들이 평등한 인간이며, 동등한 권리를 가지고, 서로 협력한다는 민주적 정치 공동체의 이상과 공존할 수 없다. 사회적 평등이 대안 담론이 될 수 있는 상호협력, 시민권, 민주주의가 문명사회의 필수적 요소라고 믿는 사람은 불평등을 합리화하는 이데올로기의 본질을 정확하게 이해해야 한다.

6장

불평등을 넘어 보편적 복지국가로

『베버리지 보고서』의 사회혁명
토마스 험프리 마셜의 사회권
리처드 티트머스의 보편적 복지국가
마이클 영의 능력주의 비판

과도하게 자비심이 없어도 사회가 존속할 수 있지만, 정의가 없다면 사회는 붕괴한다.

- 애덤 스미스

모든 인간은 태어날 때부터 자유로우며 그 존엄과 권리에 있어 동등하다. 인간은 천부적으로 이성과 양심을 부여받았으며 서로 형제애의 정신으로 행동하여야 한다.

- 세계인권선언, 1948

모든 국민은 인간으로서의 존엄과 가치를 가지며, 행복을 추구할 권리를 가진다.

- 대한민국 헌법 10조, 1987

불평등은 인간이 만든 것이다. 그렇기 때문에 시대와 국가에 따라 불평등 수준은 상이하게 변화했다. 인류의 역사를 돌아보면 문명이 시작된 이래 20세기 중반기에 가장 불평등이 줄어들었다. 이 시기는 인류가 가장 비약적인 경제 발전을 이룬 시기이다. 평등과 번영을 동시에 이룬 시대이다. 특히 1945년 이후 30년 동안 인류 역사상 가장 평등한 시대였다. 이 시기에 기업을 소유한 자본가들은 역사상 가장 부유한 계층이 되었지만 노동자

계급도 큰 영향력을 가졌다. 이들은 100년이 넘는 동안 서로 대립했지만 2차 세계대전 이후 서로 타협을 이루었다.

1945년부터 1975년까지 자본주의의 놀라운 약진과 함께 불평등이 크게 완화된 '평등화'의 시대가 등장한 이유는 크게 네 가지를 지적할 수 있다. 첫째, 세계대전은 평등의 역사에 중요한 의미를 가진다. 무엇보다도 잔혹한 전쟁을 거치며 많은 공장과 건물이 잿더미가 되면서 부유층의 재산이 대부분 사라졌다. 또한 2차 세계전쟁에서 나치 독일과 이탈리아의 파시즘, 일본의 군국주의가 패망하면서 인종주의 등 반평등주의 우익 이데올로기가 몰락했다. 대신 국가의 단합과 결속을 위해 국내적 차원의 평등주의적 분위기가 크게 고조되었다.

둘째, 선진 산업국가들의 노동조합과 사회민주당, 자유주의 정당이 정치적 권력을 통해 의회에서 평등을 확대하는 입법을 추진했다. 대표적으로 모든 국민을 위한 보편적 사회보험과 빈곤층을 위한 공공부조를 비롯한 복지국가 제도가 도입되었다.

셋째, 공산주의 체제가 확산되면서 사유재산 제도가 철폐되고 생산수단의 국유화를 통해 경제적 불평등이 크게 감소했다. 소련과 동유럽뿐 아니라 중국 혁명 이후 토지개혁을 통해 대토지 소유 지주가 갑작스럽게 소멸되었다.

넷째, 2차 세계대전 이후 공산주의와 자본주의 사이의 긴장과 냉전의 시대 동안 아이러니하게도 자본주의 국가는 공산주의에 대한 공포감으로 불평등을 줄이기 위한 정책을 도입했다. 서유럽 국가들뿐 아니라 동아시아의 일본, 대만, 한국에서도 농지개혁을 통해 지주계급이 사실상 사라졌다. 한국에서도 농지개혁은 평등주의 사회를 만들었다. 동아시아 발전국가들은 서유럽 국가와 같은 높은 세금과 복지제도는 도입하지 않았지만 고용 창출, 가격 통제, 다양한 규제를 통해 높은 수준의 평등을 유지했다.

이러한 역사적 변화는 몇 가지 중요한 정치적 이념과 가치관의 변화를 이끌었다. 먼저 1941년 연합국의 주요 세력이었던 미국과 영국은 「대서양 헌장」을 통해 노동 조건의 개선, 경제 발전, 그리고 사회보장을 위한 목적을 가지고 경제 분야에서 모든 국가 간의 완전한 협력을 공언했다.

1942년 전쟁의 포연 속에서 영국은 『베버리지 보고서』를 발간하고 국민최저선, 보편주의 원칙, 사회보장, 아동수당을 포함한 계획을 발표했다. 이는 소련과 동유럽 공산주의 체제의 사유재산 제도의 철폐를 추구하는 대신 보편적 사회권의 제공을 통해 평등 수준을 높였다. 특히 보건, 연금, 실업, 산재보험 도입과 공교육 도입은 혁명적으로 불평등 수준을 낮추었다. 이 가운데 서유럽과 북미의 선진국가에서는 보수와 진보 정당들이 공통적으로 케인스 경제학, 정부의 시장 개입, 노사 타협, 복지국가를 지지하는 정치적 합의를 이루었다. 이러한 사회민주적 합의는 1970년대 후반 신자유주의가 등장하기 전까지 인류 역사상 가장 놀라운 평등의 시대를 만들었다.

『베버리지 보고서』의 사회혁명

1942년 윌리엄 베버리지가 주도적으로 작성한 〈사회보험 및 관련 서비스〉(Social Insurance and Allied Services)는 복지국가의 역사에서 중요한 이정표 가운데 하나이다.[1] 『베버리지 보고서』라고 불린 이 문서는 전후 복지국가의 길을 열었으며, 수 세대에 걸쳐 사회정책의 방향을 제시하였다.[2] 그 후 70년이 넘게 베버리지는 '복지국가의 아버지'라는 호칭으로 불렸다.

그러나 출간 당시 『베버리지 보고서』가 사회정책의 변화를 끌어낼지는 아무도 예측하지 못했다. 『베버리지 보고서』는 영국 사회정책의 개혁을 위한 행동 계획이 아니라 청사진에 불과했기 때문이다. 당시 영국은 사실상 유럽 전역을 지배한 나치 독일과 힘겨운 전쟁을 벌이고 있었다. 전쟁을 이끌던 처칠의 거국내각은 보수당, 자유당, 노동당의 연합정부였으며, 국민을 전쟁에 동원하기 위해서는 강력한 정치적 지지가 필요했다. 당연히 『베버리지 보고서』는 탁자에 앉아 있는 학자의 논문이 아니라 현실적 필요에 의한 정치적 문서로 쓰였다.

베버리지는 자신의 직접 쓴 보고서에 심오한 이상주의적 가치와 열정을 불어넣었다. 베버리지의 마음에는 사회정의에 대한 강력한 충동이 자리 잡고 있었으며, 전후 새로운 이상 사회를 만들겠다는 개혁적 의지로 충만했다. 그는 현실적인 사회경제 법안이 사회문제를 해결할 수 있을 것이라고 확신했다. 1년 6개월에 걸쳐 완성된 보고서는 과거 50년 동안 국가가 제공하는 복지의 다

그림 6-1 영국 복지국가의 홍보 포스터

출처: 위키미디어 커먼스

양한 유형을 합리화하는 기준을 제시하려고 시도했다.

베버리지가 당시의 중요한 사회문제를 "사회의 5가지 거대한 악", 즉 "무지, 불결, 질병, 나태, 궁핍"으로 규정한 문구는 지금도 유명하다. 이 가운데 사회보장의 궁극적인 목표는 '궁핍의 해소'라고 보았다. 베버리지는 궁핍 해소를 위한 가장 중요한 조건으로 완전고용을 강조했다. 동시에 『베버리지 보고서』의 사회보장

계획은 개인의 소득과 재산을 측정하는 자산조사 없이 지불 능력이 없는 모든 사람을 위한 소득 보장, 포괄적인 의료보장제도, 보편적인 아동수당, 실업, 질병, 노령 등 사회적 위험에 대비하기 위한 모든 노동자의 의무적인 사회보험을 포함했다.

베버리지는 "충분하게 발전된 사회보험은 소득 보장에 도움이 되며 빈곤을 줄일 수 있다"라고 보았다. 그러나 사회보험이 전적으로 국가에 의존하는 것은 아니다. 『베버리지 보고서』는 "사회보험은 국가와 개인 사이의 협력에 의해서 달성되어야 한다"라고 밝혔다. 국가는 관리와 비용 부담의 책임을 져야 하지만, 개인은 사회보험의 기여금을 납부해야 한다. 근로 능력이 없는 사람들에게는 국가 부조가 제공된다. 이처럼 베버리지의 사회보장 계획은 사회보험, 국가 보장, 개인의 저축이라는 세 가지 기둥으로 구성된다.

베버리지는 국가가 실업에 대해 아무런 대책을 세우지 않는 것을 강력하게 비판했다. 완전고용을 추구하는 국가의 책임은 베버리지의 사회개혁에서 핵심적 요소였고, 『베버리지 보고서』에서도 매우 중요하게 강조된다. 하지만 『베버리지 보고서』를 자세히 보면, 과연 그를 '복지국가의 아버지'라고 불러야 할지 의문이 생긴다. 사실 그의 보고서에는 '복지국가'라는 용어는 등장하지 않는다. 그는 다른 저서 『자유 사회의 고용』(1944), 『자발적 행동』(1948)에서 국가, 기업, 시민사회가 각자 역할을 수행해야 한다고 보았다. 베버리지는 자신을 복지국가 대신 복지사회(welfare society)의 토대를 만드는 사람이라고 생각했다.

국가 복지에 대한 베버리지의 신중한 태도에도 불구하고, 『베버리지 보고서』는 많은 정치인, 기업, 공무원들의 저항에 직면했다. 『베버리지 보고서』의 가장 중요한 원칙인 '보편주의'가 문제였다. 『베버리지 보고서』는 무엇보다도 보편주의 원칙을 기반으로 빈곤을 해결하기 위해 소득 수준에 관계없이 '국민 최저기준'(National Minimum)에 해당하는 기본적 소득을 평생 보장하려는 목표를 제시했다.

『베버리지 보고서』가 출간되자, 거국내각의 최고 지도자 윈스턴 처칠은 크게 불만을 품었다. 지나치게 정부 재정 부담이 커질 것이라고 보았다. 처칠은 비망록에서 "이 보고서에 지출이 포함되어서는 안 된다"라고 적어놓았을 정도이다. 처칠은 다른 대안이 필요했다. 그는 1944년에 오스트리아 경제학자 프리드리히 폰 하이에크Friedrich August von Hayek가 소련의 계획경제를 비판하며 출간한 『노예의 길』에 공개적 찬사를 표현했다. 하지만 처칠의 이러한 판단은 치명적인 결과를 가져왔다. 1945년 총선에서 '전쟁 영웅' 처칠은 무참하게 패배하고 말았다.

『베버리지 보고서』는 예상을 뛰어넘는 엄청난 인기를 얻었다. 사람들은 출간된 보고서를 구입하기 위해 1마일 넘게 줄을 섰으며, 통산 63만 5,000부의 유가 판매를 기록했다. 한 여론조사에 따르면, 당시 영국 국민의 95%가 베버리지 보고서의 존재를 알고 있다고 응답했다. 베버리지 보고서에서 가장 주목을 끈 것은 바로 '보편주의'라는 원칙이었다. 『베버리지 보고서』는 빈곤층과 산업 노동자를 뛰어넘어 더 광범위한 계층의 인구를 복지 수급의 대상으로 설정하고, 정액 급여 제도를 통해 급여 수준의 차이를 없애려고 시도하면서 보편주의의 원칙을 추구했다.

분출하는 민중의 환호 속에서 『베버리지 보고서』의 제안은 현실적인 법령으로 제정될 수 있었다. 1945년 영국 총선에서 클레멘트 애틀리가 이끄는 노동당은 국유화 계획과 함께 『베버리지 보고서』를 전면적으로 지지했다(베버리지는 자유당 후보로 출마했지만 낙선했고, 나중에 상원의원이 되었다).

압도적 승리를 거둔 노동당 정부는 가족수당법, 국민보험법, 국가보건서비스법, 국민부조법 등을 제정하여 현대적 사회보장 제도를 완성했다. 또한 모든 국민에 대한 무상 의료를 제공하는 국가보건서비스NHS를 실행했다. 보편주의 원칙에 입각한 NHS는 당시 복지제도 가운데 가장 큰 인기를 누렸다. 『베버리지 보고서』는 영국 사회보장 제도의 기초가 되었으며, 전 세계 국가들의 복지제도 확립에도 커다란 영향을 미쳤다.

전 세계적으로 『베버리지 보고서』는 유명세에 비해 학자들을 제외하고는 어떤 내용인지 알고 있는 사람은 매우 드물다. 『베버리지 보고서』가 외면을 받은 것처럼 한국에서 복지국가는 '남의 집 떡'처럼 취급받았다.

박정희가 주도한 군사쿠데타 이후 1963년 개정된 헌법에 "국가는 사회보장의 증진에 노력하여야 한다"고 언급했지만, 경제성장이 언제나 최고 가치였다. 1960년대 박정희 정부가 처음 도입한 사회보험 제도는 공무원, 군인, 교사에 대해서만 초점을 맞춘 것으로 대다수 국민은 복지제도에서 소외되었다. 한국에서

사진 6-1 제헌 헌법

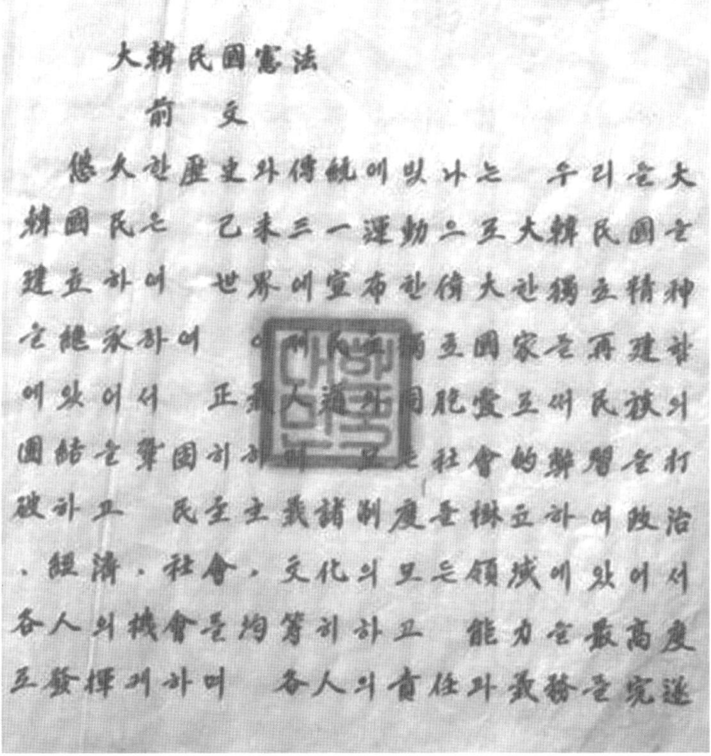
大韓民國憲法
前文
悠久한歷史와傳統에빛나는 우리들大
韓國民은 己未三一運動으로大韓民國을
建立하여 世界에宣布한偉大한獨立精神
을繼承하여 이제民主獨立國家를再建함
에있어서 正義人道와同胞愛로써民族의
團結을鞏固히하며 모든社會的弊習을打
破하고 民主主義諸制度를樹立하여政治
・經濟・社會・文化의모든領域에있어서
各人의機會를均等히하고 能力을最高度
로發揮케하며 各人의責任과義務를完遂

유진오(1906~1987)는 제헌 헌법 2장 '권리와 의무' 중 제19조는 '노령, 질병 기타 근로능력의 상실로 인하여 생활유지 능력이 없는 자는 법률의 정하는 바에 의하여 국가의 보호를 받는다'고 명시했다.

사회정책은 경제정책의 시녀에 불과했다.

1998년 등장한 김대중 정부는 '국민기초생활보장제도'의 도입과 건강보험, 국민연금, 고용보험 등 사회보장 제도의 전면적 확대를 단행했다. 그러나 한국 사회에서 아직도 『베버리지 보고서』의 원칙은 제대로 실현되지 않았다. 국민보험의 원칙에 한참 미치지 못할 수준으로 사각지대가 광범하게 남아 있어 보편적 사회보험이라 보기 어렵다. 수많은 비정규직 노동자들과 노인들이 고용보험과 국민연금의 혜택에서 배제되어 있기 때문이다. 또한 한국의 조세 부담률과 국민 부담률이 선진국에 비해 매우 낮고 가족 복지의 비중이 커서 복지의 시장화와 가족화의 수준이 매우 높다.

2023년은 『베버리지 보고서』에 세상에 등장한 지 81주년이 되는 해이다. 『베버리지 보고서』는 디지털 기술과 코로나19 위기 시대에서도 복지국가를 실현하는데 시사점을 제공한다. 기본소득, 국토세, 로봇세를 논의하는 지금도 여전히 보편주의 원칙에 따른 사회보장 제도가 중요하기 때문이다. 지금 다시 빈곤과 불평등이 증가하는 시점에 '왜 국가가 존재해야 하는가'라는 근본적 질문을 던져본다.

토마스 험프리 마셜의 사회권

복지는 시민의 권리인가? 국가는 모든 시민에게 복지를 제공할 의무가 있는가? 이 질문은 현대 복지국가의 핵심적 주제이다. 20세기 인류의 최고 발명품으로 평가받을 수 있는 '복지국가'의 사상적 기원은 주목할 가치가 있다. 20세기 역사의 거대한 그림

사진 6-2 시민권 이론을 제시한 20세기 후반 영국의 대표적 사회학자 토마스 험프리 마셜

케임브리지대학 역사학도를 거쳐 외교관을 지망했던 마셜(1893~1981)은 1차 세계대전 당시 독일의 포로수용소에 수감되었다. 중산계급 출신의 마셜은 처음으로 노동자계급과 함께 어울리며 생활하는 체험을 했으며 전쟁이 끝난 후 노동당 후보로 출마하여 노동자계급의 대표가 되고자 했다. 런던 정경대학 사회학과 교수가 된 마셜은 자본주의 사회의 계급 구조에 큰 관심을 가졌다.

그림 6-2 1945년 영국 총선 당시 노동당의 선거운동 포스터

1945년 7월 영국 총선에서 노동당은 640석 가운데 393석을 차지하여 압승을 거두었다. 노동당은 『베버리지 보고서』를 지지하면서 선거운동에 적극적으로 활용했다. 전쟁 영웅 처칠은 패장이 되었다. 집권 후 노동당은 『베버리지 보고서』를 따라 보편적 복지국가 제도를 도입했다. 출처: 위키피디아

을 보면 열광, 광신, 폭력의 역사 대신 화해, 타협, 조정의 가치를 중시하는 복지국가의 철학적 토대는 '사회권'에서 찾을 수 있다. 깊게 박힌 거목의 뿌리처럼 복지국가의 근간이 되는 사회권에 관한 이론을 처음 제시한 학자가 영국 사회학자 토마스 험프리 마셜Thomas Humphrey Marshall이라는 것은 누구도 부인할 수 없다.[3]

마셜은 자본주의와 시민권(citizenship)이 지속적으로 '내전 상

태'에 있다고 보았다. 자본주의는 "능력에 따른 불균등한 보상을 제공"하며, 지속적으로 경제적 불평등을 재생산한다. 반면에, 시민권은 "사회의 구성원 모두에게 부여되는 지위(status)로서 모든 사람이 평등하게 보유할 수 있는 자격"이다. 평등한 시민권은 불평등한 자본주의와 양립할 수 없다. 그러나 마셜은 서로 모순적인 세 가지 요소 ─ 자본주의, 민주주의, 복지국가가 공존하는 '복합 연결 사회'(hyphenated society)를 현대 사회의 특징으로 주장했다.

　마셜은 현대 사회의 모든 성원은 시민으로서 개인의 자유, 정치적 참여, 경제적 복지와 보장을 누릴 수 있다고 생각했다. 재산, 성별, 종교, 학력, 능력에 관계 없이 모든 시민이 사상과 표현의 자유를 누리고 투표권을 행사하는 것처럼 사회복지의 혜택을 받을 수 있다. 하지만 시민권이 하늘에서 부여되거나 혁명적 상황에서 일거에 생겨났다는 단순하고 아름다운 환상은 마셜에게는 존재하지 않는다.

　1950년 출간한 『시민권과 사회 계급』에서 마셜은 영국의 역사를 분석하면서 18세기 이래로 세 가지 시민권이 순차적으로 발전했다고 보았다. 개인의 자유를 위해 필요한 권리인 '공민권'이 가장 먼저 시민권으로 등장하고, 이후 정치권력에 참여할 권리로서 '정치권'이 발전했다. 그리고 20세기 이후 시민권의 마지막 단계인 '사회권'이 등장했다. 이러한 역사적 변화는 시민권의 확대를 위해 노력한 사람들의 투쟁 결과이다.

　마셜은 시민권의 중요한 구성요소로 공민권과 정치권과 함께 사회권 — 복지에 대한 권리 — 을 강조했다. 마셜의 위대한 이론적 기여는 사회권을 '보편적' 권리로 보았다는 점이다. 사회권의 관점에 따르면, 부자나 가난한 사람이나 똑같이 교육을 받고, 질병에 걸렸을 때 병원에서 치료를 받을 수 있어야 한다. 마셜은 사회권을 보건과 교육 서비스뿐 아니라 사회보험, 공공부조, 사회서비스를 포함하는 사회보장을 받을 권리로 정의했다. 복지국가의 열렬한 지지자였던 마셜은 "사회적 시민권이야말로 복지국가의 핵심 개념을 구성한다"라고 강조했다.

성실한 학자인 마셜은 서재에 앉아 있었지만, 항상 바깥세상에 눈을 돌렸으며,「유럽 인권 규약」제정에도 참여하였다. 마셜은 생산수단의 사회화를 주장하는 마르크스주의에 동의하지 않았지만, 사회권이 민주 사회의 필수적 요소라고 믿었다. 복지국가를 통해 사회 계급이 만드는 불평등을 수정할 것이며, 균등한 소득은 아니지만 균등한 권리를 보장하는 사회를 만들어야 한다고 보았다. 마셜은 "복지국가는 정당하고 수용할 수 있는 경제적 불평등을 만드는 일부 조치를 인정해야 하지만, 복지국가의 원칙은 엄격한 계급 구분과 상이한 사회적 수준에서 뚜렷이 구별되는 문화 유형의 유지와 형성을 선호하는 어떤 시도에도 반대한다"라고 강조했다. 곧 시민권의 확대가 불평등한 자본주의 사회를 변화시킬 것이라고 믿었다.

19세기에 태어난 마셜은 20세기 현대 복지국가의 발전에 중요한 영향을 미쳤다. 마셜의 사회권은 우리의 복지 철학을 근본적으로 바꾸었다. 그는 복지를 가난한 사람에 대한 시혜나 은전

그림 6-3 1940년대 영국 정부의 '보편적' 아동수당 홍보 포스터

이 아니라 시민의 기본적 권리 중 하나로 인정하는 철학적 토대를 제공하였다. 시민권은 과거의 잔여적 복지와 다른 보편적 복지의 기준을 제시하여 사회정책의 방향을 바꾸었다. 마셜의 시민권 이론은 1942년 출간한 『베버리지 보고서』의 '보편주의' 원칙과 기본적 가치를 공유한다. 마셜의 시민권은 사회복지 급여와 서비스가 현대 사회에서 제도적 장치를 통하여 모든 국민에게 보편적으로 제공되어야 하는 정당성을 강조했다.

마셜이 보기에 1940년대는 시대가 달라지는 전환기, 엄청난 순간이었다. 1945년 전쟁 직후 영국 노동당이 압승을 거두었다. 이때 영국의 베버리지 복지체제가 등장했다. 스웨덴의 복지체제와 함께 유럽 복지체제 가운데 가장 '보편주의' 원칙에 충실하였다. 마셜은 "영국 복지국가의 구조가 다른 나라의 제도에 비해 상대적으로 더 강력한 사회주의적 특징을 가지고 있기 때문에 복지제도를 운용하고 재정을 조달하기 위해 정부와 납세자들의 부담이 무겁다"라고 지적했다. 덴마크 사회학자 요스타 에스핑 안데르센은 마셜의 사회권이 스칸디나비아 국가에서 발견되는 사회민주주의 복지국가에 적용되었다고 주장했다.

그러나 시간이 지나면서 세상은 바뀌었다. 1980년대 이후 영국의 대처 정부와 미국의 레이건 정부가 주도한 신자유주의 개혁이 전 세계로 확산되면서 시장화, 탈규제, 사유화, 복지 축소가 사회권의 기본 원칙을 위협했다.

신자유주의의 시대에 빈곤과 불평등이 확대되면서 사회권이 다시 주목을 받았다. 어둠이 짙을수록 빛은 더욱 커졌다. 사회권의 보편적 가치는 국제 사회에서 널리 공감을 얻고 있다. 일찍이 1948년 제정된 '세계 인권 선언'도 인간의 권리를 공민권과 정치권으로만 제한하지 않고 사회적, 경제적, 문화적 권리 등 일반적으로 인정된 인간의 모든 권리를 옹호했다. 그 후 1966년에 국제연합(UN)은 '세계 인권 선언'의 내용을 실효성 있게 만들기 위해 법적 구속력을 갖춘 '국제 인권 규약'을 작성하였다. 한국은 1990년 '국제 인권 규약'에 가입해 5년마다 이행 상황을 국제연합에 보고한다. 하지만 한국 사회에서 사회권의 진보를 위한 길은 아직도 멀어 보인다.

1987년 민주화운동의 성공 이후 참정권의 부활과 함께 사회권이 부각되었다. 헌법에 국가가 국민에게 복지를 제공할 의무를 명시했다. 헌법 34조는 "국가는 사회보장, 사회복지 증진에 노력할 의무를 가진다"라고 쓰여 있다. 사회권의 불꽃이 타올랐다. 건강보험과 국민연금 등 사회복지를 확대하는 시민운동이 들불처럼 확산되었다. 1998년 김대중 정부가 출범한 이후 국민기초생활보장제도를 도입하고 사회보험이 전면적으로 확대되었다.

그러나 한국의 복지국가는 아직 미성숙한 상태에 머무르고 있다. 경제협력개발기구(OECD) 회원국 가운데 복지예산이 최하위권 수준이며, 국내총생산 대비 10퍼센트 수준에 불과하다. 또한 국민연금과 고용보험의 사각지대가 많으며, 사회보험의 혜택을 받지 못하는 비정규직 노동자의 수가 많다. 결과적으로 근로빈곤층이 증가하고 빈부 격차와 노동시장의 이중화가 심각해지면

사진 6-3 리처드 M. 티트머스의 『선물 관계』 표지

서 사회경제적 불평등이 더욱 커지고 있다. 불평등의 증가는 곧 사회권의 한계를 보여준다. 점점 증가하는 불평등의 시대에서 마셜의 사회권은 더욱 중요한 의미를 갖는다. 또한 사회권을 쟁취하기 위한 사람들의 투쟁을 강조한 마셜의 사회학적 통찰력은 계속 주목을 끌 것이다.

리처드 티트머스의 보편적 복지국가

리처드 M. 티트머스Richard M. Titmuss는 전후 영국 복지국가에 가장 큰 영향을 미친 사람 가운데 한 사람이다. 1950년 런던정경대학(LSE)에서 세계 최초의 '사회정책학과'(처음에는 사회행정학과)를 창립한 티트머스는 국가복지의 역할에 대한 중요한 논쟁을 제기했다.4 티트머스는 자신을 교수로 임용되도록 적극 후원한 사회학자 T. H. 마셜의 시민권 개념과 마찬가지로 복지국가가 '보편주의' 원칙에 의해 설계되어야 한다고 믿었다. 공무원이었던 티트머스에게 학자의 명성을 안겨준 『사회정책의 문제』에서, 그는 전쟁 시기 영국의 사회정책이 소득과 계급에 상관없이 복지를 제공하여 사회통합이 이루어지고 국민의 사기가 높아졌다고 평가했다.

티트머스는 '사회정책'을 학문적 분과로 발전시킨 학자이자 정부 기구에 참여하여 사회의 복지를 위해 크게 공헌한 사회개혁가이며, 복지에 관한 철학을 발전시킨 사상가였다. 티트머스의

사진 6-4 런던정경대학(LSE) 리처드 티트머스 교수

티트머스(1907~1973)는 영국 복지국가의 발전에 커다란 영향을 미친 학자이다. 2차 세계대전 당시 영국 공무원으로 재직하면서 사회제도를 연구했으며, 전후 런던정경대학 교수가 되어 사회정책 연구를 주도했다. 복지국가의 보편주의 원칙이 사회통합에 필수적이라고 강조했으며, 특히 사회보장제도의 중요성을 역설했다. 또한 복지국가는 경제적 효율성뿐 아니라 사회적, 윤리적 가치를 중시해야 한다고 지적했다. 티트머스는 복지국가의 유형을 제도적 유형(스웨덴), 산업성취 유형(독일), 잔여적 유형(미국)으로 구분했다. 티트머스의 이론은 도덕적 해이와 정부의 실패 등 복지국가의 부작용을 과소평가했다는 지적을 받기도 하지만, 보편적 복지국가의 필요성을 강조하는 관점으로 널리 인정 받는다.

연구 가운데 가장 주목을 끄는 것은 바로 1970년에 출간한 『선물 관계』(*The Gift Relations*)이다.[5] 이 책은 영국과 미국의 헌혈 제도를 비교한 기념비적 연구이다. 이는 헌혈과 사회정책뿐 아니라 보편적 복지 서비스와 이타주의의 관계를 탁월한 통찰력으로 분석한 것으로 평가를 받는다. 초등학교만 졸업한 티트머스의 저서는 고난도 통계 기술과 수학을 연마한 경제학자들을 깜짝 놀라게 만들었다. 노벨 경제학상 수상자인 케네스 애로우 Kenneth Joseph Arrow가 〈뉴욕타임스〉에 서평을 게재하여 전 세계의 주목을 끌었다.

티트머스의 연구 주제가 된 영국과 미국의 헌혈 제도는 매우 상이한 특징을 가지고 있다. 영국은 보편주의적 국가보건서비스(NHS)와 함께 자발적 헌혈 제도를 운용한다. 이에 비해 미국은 민영보험과 함께 상업적 혈액은행이 운영된다. 티트머스가 시도한 연구는 영국과 미국의 많은 사람들에게 놀라운 충격을 주었다.

티트머스의 연구는 네 가지 중요한 발견을 제시했다. 첫째, 미국의 민간 혈액 시장에서는 '만성적 부족'이 발생했다. 이는 주류 경제학자들이 말하는 시장의 '일반 균형' 상태와는 거리가 먼 것이었다. 더욱이 미국 혈액 시장에 간염, 성병, 마약중독에 걸린 사람들의 오염된 혈액이 공급되면서 심각한 문제가 발생했다. 둘째, 민간 혈액 시장이 효율적일 것이라는 주류 경제학자들의 주장과 달리, 미국의 민간 혈액 시장은 영국보다 "5배에서 15배까지 더 많은 행정 비용이 소요"되었다. 셋째, 미국에서 주로

사진 6-5 뉴욕 증권거래소

출처: 위키미디어 커먼스

가난한 사람들은 돈을 받기 위해 혈액을 판매했으며, 혈액 시장에서는 돈을 지불할 수 있는 부유한 사람들이 더 혜택을 받았다. 넷째, 미국의 혈액 시장은 개인의 이타적 동기에 따른 선택의 자유를 박탈했고, 궁극적으로 사회적 가치를 파괴했다.

 티트머스의 책은 분명하고, 객관적이고, 명확하게 말하며, 강한 힘을 발휘했다. 티트머스는 논쟁을 즐기는 싸움꾼은 아니었지만, 책 속에서 에밀 뒤르켐Emile Durkheim 등 사회학의 고전을 인용하면서 밀턴 프리드먼 등 당대 경제학자들의 가정을 조목조목 반박했다. 티트머스의 주장은 자유시장의 기능을 절대적으로 신뢰하는 주류 경제학자들에게 가장 어려운 질문을 던졌다. 왜 시장이 스스로 균형을 이루지 못하는가에 대해 답변하지 못하는 경제학자들은 티트머스의 책을 신성모독적인 불손함, 또는 아마추어리즘에서 비롯된 오류투성이로 폄하했다. 저명한 도덕철학자 피터 싱어Peter Singer도 논쟁에 뛰어들어 티트머스를 옹호했다. 그의 책은 학문적 논쟁을 뛰어넘어 현실 정치와 정책의 대결 속으로 들어갔다.

오늘날 세계 각국의 정책을 보면, 혈액과 장기 시장의 만성적 공급 부족을 해결하기 위해 시장의 기능을 강화해야 한다는 주장은 더 이상 설득력을 갖지 못하고 있다. 티트머스의 책이 출간된 이후 미국의 혈액 공급 제도도 변화했다. 오늘날 대부분의 국가에서 혈액과 신체 장기를 시장의 교환에만 맡겨 두지는 않는다. 사람들이 슈퍼마켓에서 물건을 고르듯이 혈액과 신체 장기를 구매하도록 허용하는 국가는 없다. 왜 구찌, 프라다, 에르메스 또는 와규 쇠고기, 캐비아, 샴페인 등 사치품과 같이 최상품 혈액과 신체 장기는 시장에서 거래되지 않는지 곰곰이 생각해 볼 문제이지 않은가?

티트머스의 『선물 관계』 출간 이후 1970년대 중반 영국, 미국 등 많은 국가들이 경제위기를 겪으면서 경제의 세계화, 탈규제, 감세를 추진하면서 보편적 복지국가를 공격했다. 동시에 신체 장기의 시장화가 발생하면서 전 세계적 차원에서 신체 장기의 매매가 본격화되었다. 이런 점에서 티트머스의 저서는 놀라운 예견력을 가지고 있다. 혈액의 시장화에 대한 날카로운 분석을 통해 티트머스는 시장 논리가 인간 사회를 지배할 때 어떤 결과를 만드는지 묵시록처럼 우리에게 보여준다. 티트머스의 연구는 1980년대 이후 전 세계를 지배한 신자유주의 시대의 신체의 상품화에 대한 우리의 생각에 커다란 영향을 미쳤다.

오늘날 글로벌 자유시장의 시대에서 티트머스가 평생 고수했던 보편적 복지국가의 근본적 원칙은 점점 약화되고 있다. 글로벌 경제와 기술의 진보가 복지국가의 토대를 흔들고 정치인들은 더 이상 사회적 약자와 빈곤층에 관심을 갖지 않는다. 유연 노동시장의 논리와 함께 노동시장의 임금 격차가 더욱 커지고 부의 불평등이 심화되었지만, 사회정책의 재분배 기능은 정체되거나 점차 약화되었다. 그럼에도 불구하고 혈액과 신체 장기의 '선물관계'를 유지하려는 티트머스의 통찰력은 사회정책의 근본을 관통하는 원칙을 보여준다. 또한 의료, 교육, 보육, 요양 등 사회서비스의 중요성을 강조하는 그의 주장은 신자유주의 시대의 사회해체를 목도하는 우리에게 중요한 시사점을 제공한다.

오늘날 한국 사회에서 대부분의 복지와 사회서비스는 시장에서 구매되고 있다. 많은 사람들이 자녀의 보육과 사교육을 위해 엄청난 비용을 지출하고 있다. 대학생이 있는 가족은 거액의 등록금을 마련하기 위해 커다란 부담을 감수하고 있다. 신혼부부는 집을 마련하지 못해 부모에게 지원을 요청해야 하거나, 은행 대출에 기대거나, 결혼을 미루어야 한다. 질병에 걸린 환자들은 의료비 부담으로 말할 수 없는 고통을 겪는다. 은퇴한 노인들은 병원과 요양기관의 비용을 감당하기 어려워 신음만 깊어간다. 시장에서 선택과 경쟁이 중요하다고 강조하는 경제학자들은 불가피한 결과라고 말할지 모른다. 하지만 시장에서 돈이 없는 사람이 복지와 서비스를 이용할 수 없다면 빈부 격차는 더욱 증가하고 결국 사회는 해체되고 말 것이다. 이는 전적으로 공공서비스의 부재가 만든 사회적 실패이다. 티트머스는 일찍이 보편적 복지가 없다면 "사회의 분열"이 더욱 심해질 것이라고 경고했다.

시장 기능을 절대적으로 신봉하는 대다수 경제학자들은 '선물 관계'를 일시적, 일탈적, 비합리적 행위로 간주한다. 경제적 효율성을 추구하는 경제적 인간(호모 이코노미쿠스)이 사회의 자원을 효율적으로 할당하고 시장의 균형을 이룰 것이라고 가정한다. 그러나 사회의 운영이 훨씬 복잡하고 미묘하며, 단순하게 시장의 논리에 따라 결정되는 것은 아니다. 오히려 미국의 혈액 시장에서 볼 수 있듯이 시장의 기능은 사회적 인간(호모 소시오쿠스)을 파괴할 수 있다. 이에 비해 선물 관계는 사회적 결속을 강화한다. 이런 점에서 사회 성원 사이의 무조건적 선물 관계의 확대는 마셜이 제시한 보편적 시민권의 사상과 연결된다.

'선물 경제'(gift economy)에서 나타나는 상호협력의 연대성 정신이 없다면 복지국가는 만들어지지 않았을 것이다. 더 큰 그림을 보면, 선물 관계없이 유지되는 사회는 없다. 헌혈처럼 사회의 '주고받기'(give and take)의 정신을 강조한 티트머스의 위대성은 지속적으로 사람들의 관심을 끌 것이다. 티트머스의 저서 『선물 관계』도 그럴 것이다.

사진 6-6 젊은 시절의 마이클 영

마이클 영(1915~2002)은 1955년 런던정경대학 사회학과에서 런던 동부 빈민 지역의 가족에 관한 논문을 제출해 박사학위를 받은 재능 있는 사회학자였다. 영은 케임브리지대학의 첫 번째 사회학과 교수가 되고 싶었지만, 학계에는 자리를 얻지 못했다. 다재다능한 영은 영국의 소비자협회, 개방대학(방송대학), 사회적 기업가 학교, 공동체 재단 등 다양한 비영리조직의 설립을 주도했으며, 나중에 노동당 소속 상원의원이 되었다.

마이클 영의 능력주의 비판

2022년 대선 시기에 한국 사회에서 '능력주의'가 중요한 용어로 부상했다. 이 개념을 처음 사용한 사람은 1958년 『능력주의』라는 제목의 풍자소설을 출간한 마이클 영이다.[6]

마이클 영은 30세의 나이에 1945년 노동당의 총선 공약을 만드는 데 참여했으며, 노동당의 싱크탱크에서 활동했다. 그러나 노동당의 교육정책에 실망한 마이클 영은 자신의 소설에서 2034년 과두제가 지배하는 영국 사회의 어두운 미래를 묘사하는데, 지능지수와 학습 능력, 시험 점수에 따른 철저한 위계질서 사회가 등장한다. 실제로 1950년대 영국에서는 초등학교를 마친 후 '11플러스' 시험 결과에 따라 대학 진학을 위한 그래머 스쿨(인문계 학교)과 직업학교(실업계 학교)로 분리됐다. 지금도 약 30%의 학생은 대학에 진학하지만, 대다수 학생은 직업학교를 거쳐 노동자의 삶을 살아간다. 이렇게 '능력'에 따른 계급 불평등이 재생산된다.

마이클 영에 따르면, 능력주의가 지나치게 확산되면서 업적을 가진 사람들이 상위층에 몰리고 하위층을 대변하는 사람들은 사라진다. 보수 정당뿐 아니라 진보 정당에도 사업가, 변호사, 전문직 등 성공한 사람들만 가득 찬다. 세습이 아니라 '업적'을 통해 성공한 상류층은 정당성을 가진다. 그들이 과욕을 부려도 제재할 수단이 없다. 대기업 최고경영자의 연봉이 천정부지로 올라도 노동조합은 아무런 말도 하지 못한다. 결국, 계층 간 양

사진 6-7 마이클 영(1915~2002)의 「능력주의」 표지

극화가 심해지고 노동자계급의 자녀는 다시 노동자계급이 되는 상황이 고착화된다. 업적을 가진 사람들이 만든 승자 독식의 논리는 또 다른 불평등을 만들고 세대를 이어서 고착화된다.

마이클 영의 원고는 사회주의 단체였던 페이비언 협회에서 출간하기를 거부했다. 그의 책이 출간된 후 '능력주의'라는 단어는 영어 사전에 올랐다. 영은 능력주의를 부정적 의미로 사용했지만, 1960년대 이후 능력주의는 점차 성취를 강조하는 긍정적 개념으로 사용됐다. 20세기 냉전 시대에 미국에서 능력주의는 소련의 엄격한 평등주의와 다른 대안으로 관심을 끌었다. 균등한 기회가 진정한 능력주의를 이끌고 궁극적으로 순수한 평등주의가 가능하다고 가정했다. 누구나 능력이 있으면 성공할 수 있다는 기대가 커졌다. 한국에서도 능력주의는 개인의 실력을 제대로 인정받는 '공정한' 이념으로 널리 유포되었다.

20세기 후반 낙관적인 사회학자들은 부모의 신분에 따른 세습주의와 달리 개인의 실력과 업적으로 평가를 받는 능력주의가 등장하고 있다고 주장했다. 그러나 오늘날 능력주의의 가정은 사회의 현실과 매우 다르다. 미국 사회학자 스티븐 J. 맥나미Stephen J. McNamee와 로버트 K. 밀러Robert K. Miller Jr.는 『능력주의는 허구다』에서 개인의 능력이 성공의 토대가 될 수 있다고 하지만, 지금 세상은 '비능력적' 요인이 훨씬 큰 영향을 미친다고 비판한다.[7] 한국 사회에서도 개인의 능력적 요인이 삶에 미치는 영향은 과대평가되는 반면, 비능력적 요인이 미치는 영향은 과소평가되었다. 개인의 타고난 재능, 능력, 근면 등으로 대변되는 능력적 요인보다 계층과 부모 배경에 따른 교육 기회의 불평등, 부의 세습과 특권 및 특혜의 대물림 등과 같은 비능력적 요인들이 '기회의 불평등'을 키우고 있다.

오늘날 한국에서 능력주의의 가정은 더 이상 신뢰를 잃은 지 오래다. 능력에 따라 부를 얻을 수 있다는 믿음은 점차 사라지고 있다. 한국의 초등학생들은 성공을 위해 가장 중요한 요소로 능력이 아니라 '부모의 배경'을 꼽고 있다. 과거에 많은 한국인들은 교육을 통해 사회이동이 가능하다고 믿었다. 이러한 개인주의, 능력주의, 교육 지상주의는 85%에 이르는 세계 최고 수준의 대학 진학률이라는 신화를 만들었다.

2019년 소위 '조국 사태'가 터지면서 다시 능력주의가 뜨거운 쟁점이 됐다. 교육을 통해 부모의 사회적 지위를 세습하는 엘리트의 행태에 대한 비판이 증가했다. 결국, 능력주의도 세습을 합리화하는 이데올로기에 불과하다는 목소리가 커졌다. 민주당이 왜 청년들이 분노하는지 전혀 알지 못하는 동안 2030 세대의 지지를 받은 이준석이 국민의힘에서 돌풍을 일으켰다. 이준석은 "실력 혹은 능력 있는 소수가 세상을 바꾼다"라고 말하면서 '능력주의'를 옹호해 청년 세대를 현혹시켰다. 이준석은 19세기 사회 진화론의 적자생존의 태도를 취하면서 '공정 경쟁'을 강조하고 여성 할당제를 비판했다. 나아가 사회적 약자를 무시하고 생존 경쟁에서 실패한 사람을 외면했다.

오늘날 한국의 많은 사람들이 더 이상 상향 사회이동이 가능하지 않다고 생각한다. 2021년 1월 리서치앤리서치의 여론조사에 따르면, 국민 10명 중 6명 이상은 개천에서 용이 날 수 있게 하는 '계층 사다리'가 끊어졌다고 답변했다.[8] 한국 사회를 '헬 조선'이라고 불렀던 젊은이들이 2016년 촛불시위에 나섰지만, 이제 거대 정당에 실망하고 분노하고 있다. 차라리 학종, 법전, 의전 모두 폐지하고 사시를 부활하여 시험제도를 통해 모든 것을 결정하자는 '순수한' 능력주의의 회귀를 주장하는 목소리도 커지고 있다.

상당수 사람들이 대학 입학시험과 사법고시 제도처럼 성적순으로 당락을 결정하면 공정하다고 생각하지만, 실제로 학생들의 성적은 부모의 경제력과 밀접한 관계를 가진다. 어떤 시험 제도에서도 개인의 능력이 아니라 부모의 능력이 더 영향을 미친다. 이제 '개천에서 용난다'는 과거의 말이 되었다. 아이를 잘 키우려면 '할아버지의 재력, 아빠의 무관심, 엄마의 정보력'이 필요하다는 말이 널리 퍼진 현실이다. 상위 계층을 향한 사회이동의 기회는 20세기 후반 한국 사회의 일시적 현상에 불과했는지 모른다. 최근 명문대 입학생의 지역별, 계층별 격차는 점점 커지고 있다. 출생에 따라 결정되는 경직된 계급 구조가 출현하고 있다. 이제 불평등은 사회의 영구적 제도로 고착화되고 있다.

최근 하버드대 마이클 샌델[Michael Sandel] 교수가 『공정하다는 착각』에서 능력주의는 사회적 세습을 교묘하게 은폐한다고 비판했다.[9] 사람의 능력은 단지 개인의 노력에 따른 결과가 아니라 부모의 유전, 경제력, 문화자본, 사회적 영향에 의해서도 많은 영향을 받기 때문이다. 샌델 교수가 제안한 대입 자격시험과 추첨 입학제는 설득력이 떨어지지만, 공정의 가치를 실현하기 위해서는 공교육 강화와 사회적 약자에 대한 긍정적 우대 조치가 필수적이다. 형식적 평등만 보장되는 대학과 공무원 시험처럼 성적순 선발이 정당하다는 생각은 착각이다. 실제로 대학 입시 성적은 부모가 가진 경제력의 영향을 받으며, 공무원 시험조차 부모가 가난하다면 제대로 준비하기 어렵다.

마이클 영의 책이 출간되고 50년이 지난 후 토니 블레어$^{Tony\ Blair}$ 영국 총리가 '영국을 완전히 능력주의로 탈바꿈하자'라는 연설을 하자 86세가 된 마이클 영이 〈가디언〉 지에 「능력주의를 타도하라」(Down with meritocracy)라는 글을 써 블레어를 공개적으로 비판했다.[10] 그는 능력주의가 사회의 불평등을 정당화하는 도구가 되고 있다고 개탄했다. 능력주의를 외치는 사람들의 주장과 달리 개인의 부는 다른 사람들과 공동체의 기여를 통해 이루어졌다는 사실을 애써 외면해서는 안 된다.

7장

21세기 복지국가를 향한 새로운 대안

무엇에 대한 평등인가?:
법률적 평등, 기회의 평등, 결과의 평등
어떤 이데올로기?:
사회주의, 사회민주주의, 발전주의, 신자유주의
포용적 제도 대 배제적 제도
민주주의의 위기를 넘어서
21세기 복지국가를 위하여

내가 잘못했던 거는 오히려 예산 딱 가져오면 색연필 들고 '사회정책 지출 끌어올려' 하고 위로 쫙 그어버리고… '무슨 소리야 이거, 복지비 그냥 올해까지 30%, 내년까지 40%, 내후년까지 50% 올려' 쫙 그어 버려야 되는데, 앉아서 '이거 몇 % 올랐어요?' 지금 생각해 보면 그래. 그래 무식하게 해야 했었는데 바보같이 해서…

- 노무현, 대한민국 16대 대통령(2003~2008)

저소득층이 사는 공공임대주택 단지를 찾아가 가가호호 문을 두드릴 때 수없이 듣는 말이 있다. 그곳 주민들은 짐짓 자랑스럽다는 듯 이렇게 말한다. "난 투표 안 해요. 투표한다고 뭐가 달라지나요? 아무도 내 이익을 대변하지 않을 텐데" 나는 벌링턴 시장이 됐을 때 투표율을 거의 두 배로 끌어올렸다. 왜일까? 우리가 저소득층과 중산층을 위해 맞서 싸우겠다고 분명히 말했고 또 그렇게 했기 때문이다. 저소득층은 이 사실을 알았고 그래서 우리를 지지했다. 투표를 하면 변화가 생긴다는 걸 믿게 되면 그들은 투표를 한다.

- 버니 샌더스 Bernie Sanders, 미국 상원의원

평등이 왜 중요한가라는 문제에 대한 답변은 분명해지고 있다. 평등의 가치는 공정한 사회를 만들고 삶의 질을 높이기 위한

필수 요소이다. 1980년대 신자유주의 전성기에 유행이었던 불평등이 오히려 개인의 노동 의욕과 성취동기를 강화한다는 주장은 이제 더 이상 설득력을 가질 수 없다.

지난 30년 동안 수많은 학자들의 연구를 보면 불평등이 다양한 사회문제의 원인이라는 사실은 명확해졌다. 전 세계적으로 불평등이 증가할수록 사회적 신뢰가 약화되고, 개인의 심리적 스트레스가 커지면서 사람들의 행복감도 낮아진다. 불평등이 심화되면서 중산층이 사라지고 내수가 침체되면서 장기적으로 경제성장에도 나쁜 영향을 미친다.

어떤 사회에서도 불평등이 완전히 없어질 수도 없고, 어느 정도의 불평등은 사회에서 필요할 수 있지만, 지금처럼 지나치게 커진 불평등은 민주주의를 위협할 수준에 이르렀다. 부의 집중이 소수의 지배를 정당화한다면 민주주의는 유지될 수 없다. 자본주의가 사람들을 지배하는 사회가 아니라 민주주의가 자본주의를 통제하는 사회가 필요하다. 민주주의가 제대로 작동하기 위해서는 극심한 불평등을 줄이기 위한 정부의 새로운 비전과 전략이 필요하다.

무엇에 대한 평등인가?: 법률적 평등, 기회의 평등, 결과의 평등

19세기 프랑스 화가 피에르 폴 프뤼동Pierre-Paul Prud'hon의 그림

그림 7-1 피에르 폴 프뤼동, 〈죄악을 뒤쫓는 정의의 여신과 복수의 여신〉, 1808.

자료: 위키미디어 커먼스

〈죄악을 뒤쫓는 정의의 여신과 복수의 여신〉이 파리 최고재판소의 재판정에 걸려있다. 그림의 오른쪽 위를 보면, 하늘에 횃불을 든 여신과 칼과 저울을 든 여신이 등장한다. 횃불을 든 여인은 복수의 여신 네메시스이다. 칼과 저울을 든 여인은 율법의 여신 테미스다. 그림의 왼쪽 아래에는 죽음을 당한 채 바닥에 누워있는 남자와 돈을 들고 도망가는 남자가 나온다. 여신들은 범죄자를 뒤쫓는다. 이 그림은 법은 모든 사람에게 평등하다는 의미를 만천하에 보여준다.

그리스 신화에서 '율법의 여신'인 테미스는 두 눈을 가리고 정의를 지키기 위해 양손에 저울과 칼을 들고 있는 모습으로 그려진다. 테미스는 그리스어로 '율법'을 뜻한다. 테미스는 델포이 신탁의 수호신이 되어 세상을 꿰뚫어 보는 통찰력과 미래를 내다보는 예언력을 가졌다. 눈을 가린 것은 앞날을 안다는 예언자의 상징이지만, 주관적으로 치우치지 않는 공정한 판단도 가리킨다. 칼은 율법을 엄격하게 집행하겠다는 뜻이다. 테미스의 딸인 '정의의 여신' 디케도 양손에 저울과 칼을 든 이미지를 가진다. 한국의 대법원에도 디케를 한국적으로 형상화한 법과 정의의 여신이 있다. 정의의 여신은 법이 만인 앞에 평등하다는 원칙을 보여준다.

오늘날 한국에서 다시 커다란 관심을 끌고 있지만 '무엇에 대한 평등인가'는 여전히 논쟁적 질문이다. 평등은 사회적 현실과 무관한 절대적 가치가 될 수 있다. 어떤 평등인가라는 문제에 대해 다양한 이론적 관점에 따라 매우 상이한 주장이 제시된다.

영국 사회학자 브라이언 터너 Bryan S. Turner는 『시민권과 자본주의』에서 평등을 '모든 사람을 차별이 없이 동등하게 존중하거나 대우하는 상태'로 정의했다.[1] 대한민국 헌법 11조도 "누구든지 성별·종교 또는 사회적 신분에 의하여 정치적·경제적·사회적·문화적 생활의 모든 영역에 있어서 차별을 받지 아니한다"라고 명시한다. 하지만 모든 사람을 동등하게 대우하는 '어떤 평등'이 가능한지 설명하는 이론은 매우 복잡하다.

평등, 정의, 공정의 개념적 차이를 정확하게 구분하기도 쉽지 않다. 서양 철학의 역사를 보면, 정의를 상징하는 여신이 눈을 가리고 저울을 들고 있는 것처럼 정의는 언제나 평등의 좌표에서 실현된다. 고대 그리스 철학자 아리스토텔레스는 『니코마코스 윤리학』에서 정의를 법을 지키거나 올바른 행동을 한다는 의미뿐 아니라 평등의 한 형태로 보았다.[2]

고대 로마 시대의 키케로 이래로 정의와 평등은 대부분의 경우 법률적 평등으로 이해되었지만, 현대 사회에 들어서 사회경제적 평등과 분배적 정의가 새로운 쟁점이 되었다. 20세기 후반부터 정의에 관한 논의는 균등한 기회와 함께 사회적 약자를 배려하는 긍정적 우대 조치를 포함하는 '공정'(fairness)의 가치를 강조했다.

현대 사회에서 평등을 크게 보아 법률적 평등, 기회의 평등, 결과의 평등 등 세 가지 범주로 구분할 수 있다. 법률적 평등은 모든 사람이 법 앞에 평등하다는 가치에서 출발한다. 기회의 평등과 결과의 평등은 모두 법률적 평등에서 비롯되었지만 매우 다른 특성을 가진다. 이 점에 대해서는 차례로 살펴보겠다.

먼저, 법률적 평등은 종교적 전통에서 비롯되었으며, 특히 서양의 자연법과 관련이 깊다. 모든 인간은 신에 의해 부여된 동등한 가치를 가지기 때문에 누구나 평등하다고 보는 자연권은 서양의 계몽주의와 민주주의의 발전에 큰 영향을 주었다. 영국의 대헌장(Magna Carta) 이래 법률적 평등은 인간의 권리 가운데 핵심 요소로 간주되었다.

법률적 평등은 신체의 자유, 재판을 받을 권리, 언론, 출판, 집

사진 7-1 눈을 가리고 있는 정의의 여신

눈을 가리고 있는 것은 모든 사람의 신분, 계급, 지위에 상관없는 판단력을 상징한다. 저울은 균형을, 칼은 단호한 결정을 의미한다. 자료: 위키미디어

회, 결사의 자유를 포함한다. 역사적으로 영국 혁명, 미국 혁명, 프랑스 혁명을 주도한 자유주의자들의 제안이었지만, 점차 보수주의자들의 지지도 얻었다. 모든 현대 국가에서 법률적 평등은 현대 사회의 법의 지배(rule of law)를 운영하는 근본적 원칙이다. 특권과 반칙에 반대하고 모든 사람의 법 앞의 평등을 강조한다.

그러나 법률적 평등은 본질적으로 소극적 성격을 가진다. 법률적 평등은 대부분 특권의 근절에서 멈춘다. 법률적 평등은 사회의 평등을 확대할 수 있는 능력을 거의 갖고 있지 않다. 대기업 회장과 가난한 비정규직 노동자 모두에게 절도 행위를 금지했다고 해서 결코 그들이 평등한 것은 아니다.

자본주의 사회에서 법률적 평등은 언제나 바람 앞에 등불과 같다. 개인의 능력에 따라 차등적 보상을 받는 것을 합리화하는 능력주의는 부모에게 물려받은 유전적 특성, 장애 여부, 지능 수준, 경제력과 사회적 인맥에 따른 불평등을 무시한다. 능력주의를 신봉하는 주장과 달리 개인의 부는 다른 사람들과 공동체의 기여를 통해 이루어졌다는 사실을 부정할 수 없다.

둘째, 기회의 평등은 모든 사람이 부모의 재산과 지위와 같은 세습적 지위가 아니라 개인의 잠재적 역량을 실현할 기회를 평등하게 가져야 한다고 강조한다. 이는 자유주의자와 사회민주주의자의 지지를 받았다. 부모의 재산에 의해 인생 기회가 제한되는 조건은 '기울어진 운동장'이라고 볼 수 있다. 인생에서 동등한 출발을 위한 '평평한 운동장'을 만들기 위해서는 여성, 노인, 장애인, 소수민족 등 사회적 약자에 대한 배려가 필요하다.

하버드대학 철학과 존 롤스John Rawls 교수는 1971년 출간한 『정의론』에서 균등한 기회가 사회정의의 중요한 토대라고 강조한다(이 책은 20세기 후반 최고의 정치철학 연구로 평가를 받으며 미국의 자유주의에 커다란 영향을 미쳤다).[3] 균등한 기회를 보장하기 위해서는 기울어진 운동장을 바로잡아야 하며 사회적 약자에게 더 많은 혜택을 제공해야 한다. 오늘날 미국의 대부분의 대학 입시는 소수민족과 빈곤 가정의 자녀를 위한 입학 할당제를 실시한다.

한국의 대학 입시에서 지역 균형할당제와 사회적 배려 입학도 이와 유사한 사례이다. 이런 점에서 기회의 평등은 법률적 평등과 충돌할 수 있다. 한편 기회의 평등을 제공해도 개인의 성과와 보상의 불평등은 여전히 존재할 수 있다.

셋째, 결과의 평등은 개인의 재능과 능력의 차이에 따른 차등적 보상이 만든 불평등한 상태를 조정하여 더 평등한 결과를 만들어야 한다고 본다. 사회주의와 공산주의는 사유재산제의 철폐를 주장했으며, 현실 사회주의 국가에서 국영기업의 경영인과 노동자의 평균 급여가 일정 수준의 격차를 넘지 못하도록 제한했다.

자본주의 사회에서도 결과의 평등을 추구하는 정책을 추진한다. 대부분의 국가에서 고소득층의 과세에 더 높은 누진율을 적용하는 누진세를 운용한다. 또한 조세를 통해 공공부조와 기초연금과 같은 사회복지 지출을 충당한다.

결과의 평등을 비판하는 사람들은 평등주의가 근로 동기를

사진 7-2 '부자에게 세금을'이라는 붉은색 글씨 구호를 적은 드레스를 입은 오키시오코르테스 미국 하원의원

2021년 9월 미국 연방 하원의원 알렉산드리아 오키시오코르테스(뉴욕주, 민주당)는 이 구호가 적힌 드레스를 입고 멧 갈라에 참석해 논란을 일으켰다. 미국 역사상 최연소인 29세에 연방 하원의원으로 당선되었고, 공개적으로 버니 샌더스와 민주적 사회주의를 지지한다. 이름이 길어 AOC라고도 불린다. 자료: 위키피디아

감소시키고 경제성장을 방해한다고 주장한다. 하버드대 철학과 로버트 노직Robert Nozick 교수는 1974년 출간한 『무정부, 국가, 유토피아』에서 부의 재분배를 위해 부자에게 세금을 많이 징수하는 것은 부당하다고 주장한다(노직은 롤스와 같이 하버드대 철학과 교수였다).⁴

오래 전부터 한국에서도 뉴라이트운동에 동조하는 일부 학자들은 자유시장을 극단적으로 옹호했다. 그러나 1948년 제헌 헌

법을 초안한 유진오는 〈헌법해의〉에서 "우리나라 헌법은 다른 민주 국가와 같이 정치적. 법률적으로 민주주의 국가를 수립하고자 했을 뿐 아니라, 경제적, 사회적, 실질적으로 민주주의 국가를 수립하고자 한 것이다"라고 적었다. 1987년 민주화 이후 제정한 현행 헌법 119조 2항은 "국가는 균형있는 국민경제의 성장 및 안정과 적정한 소득의 분배를 유지하고, 시장의 지배와 경제력의 남용을 방지하며, 경제주체 간의 조화를 통한 경제의 민주화를 위하여 경제에 관한 규제와 조정을 할 수 있다"고 적혀 있다. 대한민국 헌법은 자유시장 체제를 지지하지 않는다. 대한민국 헌법은 경제 민주주의를 지지한다.

1989년 헌법재판소도 "대한민국 헌법상의 경제질서는 사유재산제를 바탕으로 하고 자유경쟁을 존중하는 자유시장 경제질서를 기본으로 하면서도 이에 수반되는 갖가지 모순을 제거하고 사회복지·사회정의를 실현하기 위하여 국가적 규제와 조정을 용인하는 사회적 시장 경제질서로서의 성격을 띠고 있다"(헌재 1989.12.22. [88헌가13])고 명시했다. 한국의 헌법은 자유시장 만능주의를 표명한 적이 없다.

로버트 노직과 프리드리히 폰 하이에크가 제창하는 자유지상주의적(libertarian) 관점은 불평등을 외면하고 결국 소수 부유층의 기득권을 합리화하는 이데올로기에 불과하다는 비판을 받는다. 자유지상주의를 비판하는 사람들은 사회정의를 위해 기회의 평등과 결과의 평등을 함께 추구해야 한다고 강조한다. 이와 같이 평등을 둘러싼 다양한 개념과 논쟁은 오늘날 보수주의, 자유주의, 사회주의 등 주요 정치 이데올로기에 커다란 영향을 미친다.

어떤 이데올로기?: 사회주의, 사회민주주의, 발전주의, 신자유주의

이데올로기는 좋든 싫든 정치의 필수 요소이다. 정치 공동체를 유지하기 위한 평등이 어떻게 가능한지 결정하는 문제는 이데올로기의 영향을 받았다. 세계 각국 정부의 사회제도는 사회통합, 평등주의, 공동체 의식 등 다양한 가치 선택에 따라 상이한 경로로 발전했다. 역사적으로 볼 때 정치 이데올로기에 따라 평등에 관한 매우 다른 관점과 해법이 제시되었다.

17세기 영국에서 명예 혁명이 일어나고 18세기 미국 혁명과 프랑스 혁명 이후 평등에 관한 사상은 널리 확산되었지만 대부분 법률적, 정치적 평등에 그쳤다. 명예 혁명의 이론가 존 로크는 "모든 사람은 평등하게 창조되었다"고 말했지만, 재산의 불평등과 여성의 배제에는 큰 관심을 가지지 않았다. 미국 〈독립선언문〉에서 말한 평등에서도 노예와 여성은 제외되었다. 이에 비해 18세기 이래 등장한 급진적 자유주의, 사회주의, 마르크스주의는 경제적 평등을 강조했다. 프랑스 혁명에 영향을 준 철학자 장 자크 루소Jean-Jacques Rousseau는 1755년 『인간 불평등 기원론』에서 불평등이 사유재산에서 비롯되었다고 주장했다.[5] 그는 재산이

사진 7-3 장 자크 루소

루소(1712~1778)가 32세에 쓴 『인간 불평등 기원론』은 18세기에 평등에 관한 가장 유명한 저서이며, 루소의 사상은 프랑스 혁명과 현대 정치에 커다란 영향을 미쳤다. 자료: 위키미디어

사진 7-4 토마스 페인

토마스 페인(1737~1809)은 1776년 민주적 공화제를 지지하고 모든 인간이 평등하다고 주장하는 『상식』을 출간하여 미국 혁명에 커다란 영향을 미쳤다. 미국의 초대 부통령이었던 존 애덤스는 "페인의 펜이 없었다면 조지 워싱턴George Washington(1732~1799)의 칼은 쓸모없었을 것이다"라고 말했다. 20대의 페인은 미국 혁명에 직접 참여했다. 1787년 프랑스로 건너가 프랑스 혁명에 영향을 주었다. 1791년 『인권의 권리』를 출간하고 정부가 개인의 자연권을 옹호하지 않을 때 억압받은 사람들이 정치 혁명에 나서야 한다고 주장했다. 군주제, 귀족제, 세습제를 격렬하게 비판한 이 책은 당대에 수백만 권이 팔리는 베스트셀러가 되었다.

사진 7-5 카를 마르크스와 프리드리히 엥겔스

1848년 당시 마르크스(1818~1883)의 나이는 30세, 엥겔스^Friedrich Engels(1820~1895)는 28세였던 이들은 『공산당 선언』을 써 전 세계 공산주의 운동의 새로운 이정표를 세웠다. 마르크스는 인류의 역사를 '계급 투쟁의 역사'로 보고 현대 사회가 자본가계급와 노동자계급으로 분리되어 계급투쟁이 격화될 것이라고 예측했다. 자료: 위키피디아

사회에 등장하기 이전에 형성되었다고 믿는 존 로크의 생각을 비판했다. 많은 사람들의 오해와 달리 루소는 사유재산제의 철폐를 주장한 적은 없지만, 불평등이 지나치게 커지는 현실을 날카롭게 공격했다.

18세기 미국 혁명과 프랑스 혁명에 참가한 토마스 페인Thomas Paine도 『인권』에서 공화제 이념에 부합하는 정부를 위한 개인주의, 자연권, 정의라는 목표를 제시했다.[6] 그리고 정부가 빈곤층을 위한 공공 연금제도, 무상 공교육, 공공 보조금, 하층민을 대변하는 의회 대표, 누진적 소득세를 도입해야 한다고 주장했다. 페인은 복지국가를 제안한 최초의 사상가라고 부를 만하다.

19세기 후반 유럽에 널리 확산된 사회주의와 마르크스주의도 자본주의 사회의 지나친 경제적 불평등을 비판했다. 마르크스Karl Marx는 추상적 인권 개념과 정치적 해방의 한계를 비판했으며 현실적 인간을 위한 사회경제적 해방을 강조했다. 그는 자본주의에서 소수의 부자만이 자유를 가지는 반면에 다수의 노동자는 자유가 없다고 주장했다. 그는 노동자의 해방은 사유재산제의 철폐를 통해서만 가능하다고 보았다. 마르크스 이후 공산주의는 평등의 유토피아로 오랫동안 커다란 영향력을 유지했다.

그러나 마르크스 사후 사회주의는 독일의 사회민주주의와 소련의 마르크스-레닌주의로 분열되었다. 스탈린이 등장한 이후 소련, 동독, 유고슬라비아 등 '현실' 공산주의 체제에서 정치적 특권을 가진 공산당 간부가 권력을 장악하면서 새로운 불평등이 발생했다. 경제적 불평등은 줄어들었지만 정치적 불평등이 새로운 특권층을 만들고 사실상 더 불평등한 사회를 만들었다.

게다가 소련의 기계적 평등주의는 개인의 자유를 억압하고 정부에 대한 비판을 용납하지 않는 전체주의 사회를 강화했다. 소련을 지배한 공산당 엘리트들은 새로운 지배계급이 되었고 사유

사진 7-6 자유주의의 사회적 책임을 강조한 영국 런던정경대학 사회학과 교수 레너드 홉하우스

런던정경대학의 사회학과를 창설한 홉하우스(1864~1929)는 최초의 사회적 자유주의 사상가로 평가받으며 훗날 사회민주주의 사상에도 커다란 영향을 미쳤다. 20세기 초 로이드 조지 자유당 정부가 복지제도를 도입하는 데 중요한 영향을 주었다. 자료: 위키미디어

재산이 없는 대다수 시민들은 체제에 저항할 수 있는 독립적인 경제적 기반을 상실했다. 재산권이 사회적 불평등을 만드는 사회제도이지만 국가와 지배층의 통제에 저항하는 사회적 토대가 될 수 있다는 사실을 간과했던 것이다. 20세기 소련의 비극적 역사는 지금도 중요한 교훈을 준다.

19세기 후반 영국과 독일에서 등장한 사회적 자유주의와 사회민주주의는 공산주의와 달리 경제적 불평등을 인정하는 한편, 이를 완화하는 사회제도와 모든 사람을 위한 사회적 평등을 강조했다. 영국 사회학자 레너드 H. 홉하우스Leonard H. Hobhouse는 1911년 출간한 『자유주의의 본질』에서 사회를 이익을 추구하는 개인들의 단순한 집합이 아닌 상호 작용하고 상호 의존하는 부분의 유기체로 보아야 한다고 주장했다.7 고전적 자유주의가 강조하는 극단적 개인주의를 거부했다

19세기 영국의 저명한 자유주의 사상가 존 스튜어트 밀John Stuart Mill의 영향을 받은 홉하우스는 재산의 사회적 차원을 강조하며, 재산이 개인의 노력뿐만 아니라 사회조직에 의해 획득된다고 주장했다. 따라서 재산을 가진 사람은 그들의 성공이 사회에 빚을 지고 있으며, 다른 사람에 대한 의무를 가지게 된다고 보았다. 이러한 주장은 국가를 통한 재분배를 정당화한다.

홉하우스에 따르면, 재산권은 로크와 같이 절대적인 의미로 보아서는 안 되며, 개인의 재산은 결국 사회의 다른 성원으로부터 빚을 지는 것이기 때문에 누진세를 통해서 사회에 기여해야 한다. 홉하우스는 완전고용, 여성 참정권, 의무 교육, 노약자 보

호시설 확대 등 사회 개선 프로그램과 자유로운 복지국가를 지지하였다. 복지국가는 소득 분배의 평등보다 사회적 평등에 더 관심을 가진다. 홉하우스는 마르크스가 제시한 사유재산제의 철폐를 반대했으며, 자신의 주장을 '자유주의적 사회주의'(liberal socialism)라고 불렀다. 이는 20세기에 이르러 사회적 자유주의(social liberalism)라고 불리었다.

홉하우스의 생각은 1942년 2차 세계대전 중 보편주의(universalism) 원칙에 따른 국민보험을 제안한 윌리엄 베버리지를 통해 계승되었다. 대공황의 원인을 소비의 부족으로 지적한 영국 경제학자 존 메이너드 케인스(1883~1946)도 국가의 재정 지출 확대를 이론적으로 수용할 만한 것으로 만드는 데 기여했다.

19세기 말부터 독일에서는 사회민주당의 에드아르트 베른슈타인Eduard Bernstein이 마르크스주의의 계급투쟁과 프롤레타리아 독재 이론에 반대하며 노동자의 임금과 생활 조건의 개선을 강조하는 수정주의를 제창했다. 레닌이 주도한 볼셰비키 혁명과 달리 베른슈타인은 폭력혁명 대신 선거와 의회를 통한 점진적 개혁을 주장했다. 1919년에 등장한 바이마르 공화국 시대를 거치면서 독일 사회민주주의는 마르크스-레닌주의를 강조한 소련 공산주의의 대안으로 부상했다.

소련의 공산주의와 미국 자본주의가 경쟁하는 냉전 시대의 사회적 자유주의는 새로운 중도의 길을 추구했다. 대표적으로 영국 사회학자 T. H. 마셜은 사회적 평등을 '시민권'과 연결하는 이론적 작업을 시도했다. 1950년 마셜은 『시민권과 사회계급』에

사진 7-7 노동자 출신으로 독일 사회민주당 지도가가 된 에드아르트 베른슈타인

독일 사회민주당에서 마르크스주의의 계급투쟁을 비판하고 수정주의를 주창한, 베른슈타인(1850~1932)은 의회주의와 개혁주의를 강조한 현대 사회민주주의의 창시자로 평가를 받는다. 자료: 위키미디어 커먼즈

서 시민권을 모든 사람의 '평등한 지위'로 해석하고 복지국가를 통해 보편적 시민권을 보장해야 한다고 주장했다.[8] 그는 시민권이 절대적 평등을 추구하고 있는 것이 아니라고 단언했다. 평등주의 운동에 내재한 한계가 존재하며 평등주의 운동이 이중적인 것이라고 보았다. 마셜은 평등이 "부분적으로 시민권을 통해 작동하고, 부분적으로 경제 체계에 의해 작동한다"고 주장했다.

현대 사회는 민주주의와 자본주의라는 두 개의 상이한 체제에 의해 운영된다. 민주주의에서는 모든 사람이 평등하지만, 자본주의는 불가피하게 불평등을 만든다. 민주주의와 자본주의의 원리가 전혀 다르기 때문이다. 마셜은 복지국가를 민주주의와 자본주의의 특수한 결합으로 보았다. 복지국가는 기회의 평등과 결과의 평등을 동시에 추구한다. 보육, 교육, 의료는 기회의 평등을 강조하는 데 비해, 공공부조와 기초연금은 결과의 평등을 강조하는 경향이 강하다. 복지국가는 자본주의 시장에서 발생한 불평등을 보완하는 동시에 복지제도를 통한 사회적 평등을 추구한다.

역사적으로 복지국가는 자본주의와 민주주의의 불가피한 갈등을 줄이고 1930년대 대공황 이후 유럽과 미국을 위협한 '계급 전쟁의 상태'를 해결할 수 있었다. 복지국가는 사유재산제 철폐를 주장하는 최대 강령적 사회주의를 반대하지만 모든 시민의 시민권을 보장하는 언론의 자유 등 공민권, 보통선거권, 공교육, 사회보장 제도를 지지했다. 마셜은 복지국가를 사회통합의 필수적 요소로 보았다.

사진 7-8 박정희, 이광요, 요시다 시게루, 장개석(시계방향으로)

출처: 위키미디어 커먼스

2차 세계대전 이후 서구 사회와 달리 동아시아에서는 발전국가주의라는 독특한 이데올로기가 등장했다. 일본, 한국, 대만, 싱가포르 등 동아시아의 국가 자본주의에서는 정부가 적극적으로 산업정책에 개입하고 기업과 협력하는 시스템을 옹호하는 이데올로기이다. 1980년대 미국 정치학자 찰머스 존슨Chalmers Johnson은 '자본주의적 발전국가'라는 개념을 이용하여 일본 정부가 자본주의 발전에서 주도적 역할을 했다고 주장했다.[9] 한국의 박정희 정부와 대만의 장개석 정부, 싱가포르의 이광요 정부도 대표적인 발전국가의 사례이다.

발전국가는 세 가지 특징을 가진다. 첫째, 국가의 최고 목표는 성장과 생산성, 경쟁력을 기준으로 한 경제발전이다. 둘째, 발전국가는 사유재산과 경쟁을 주장하는 동시에 엘리트 경제 관료가 이끄는 국가 기구를 통해서 계속적으로 시장을 '지도'한다. 셋째, 발전국가는 민간 기업과 자문과 조절을 위한 다양한 제도를 운영하고, 이러한 정책 자문은 정책 형성과 실행 과정의 중요한 요소가 되었다. 1960년대 이후 한국과 대만도 일본과 비슷하게 정부가 시장에 개입하고 기업이 장기적 계획을 실행하도록 지원했다.

한국, 대만, 싱가포르 등 동아시아 발전국가는 권위주의적 정치체계, 개입주의적 국가에 의한 국가 주도형 산업화, 높은 교육열에 의한 양질의 노동력, 수출 주도형 산업화, 유교 문화 등 주요 특징과 밀접한 관련을 가진다. 여기에서 간과하는 점이 있다. 일본, 한국, 대만은 모두 농지개혁을 통해 지주가 소멸되고 자작농이 대거 증가한 평등한 사회로 전환했다. 이는 높은 교육열과 우수한 노동력을 공급하는 토대가 되었다.

이렇게 20세기 후반 사회적 자유주의, 사회민주주의, 발전국가주의가 등장하면서 거대한 평등화가 이루어졌다. 그런데 1975년부터 불평등이 다시 커지기 시작했다. 이 시기에 바로 신자유주의가 등장했다.

1970년대 후반 미국과 영국에서 등장하여 전 세계에 확산된 신자유주의는 사유재산권과 자유시장을 극단적으로 강조하고 모든 평등을 적대시한다. 평등은 곧 개인의 자유를 억압하거나 말살하기 때문에 거부되어야 한다. 신자유주의는 공산주의뿐 아니라 국가의 모든 종류의 경제 개입뿐 아니라 복지국가도 반대했다. 1979년 영국의 대처 정부와 1980년 미국의 레이건 정부가 등장하면서 공기업의 사유화, 부자 감세, 복지 축소의 정책이 적극적으로 추진되었다. 신자유주의는 정치권력뿐 아니라 지적 담론과 정책 결정 영역에서도 헤게모니를 장악했다. 신자유주의 이념을 지지하는 경제학자들은 국제통화기금과 세계은행의 경제 정책을 지배했다.

신자유주의 이데올로기의 역사는 뿌리가 깊다. 2차 세계대전이 벌어지던 1944년 오스트리아 경제학자 프리드리히 폰 하이에크는 『노예의 길』을 출간하고 소련의 계획경제를 비판했다.[10] 그는 물질적 평등을 주장하는 정부는 전체주의 정부가 될 거라고 경고했다. 나아가 그는 복지국가와 국가의 경제 개입도 결국 전체주의를 만들 것이라고 주장했다. 이런 관점에 따르면 정부는

사진 7-9 신자유주의의 대표적 사상가 프리드리히 폰 하이에크

런던정경대학 경제학과 교수로 재직했던 하이에크(1899~1992)는 1944년 계획경제를 비판하는 『노예제의 길』을 출간했으나 당대에는 존 메이나드 케인스(1883~1946)에 비해 거의 영향력을 얻지 못했다. 그 후 미국 시카고 대학으로 옮겼다가 1974년 노벨 경제학상을 수상하면서 세계적 관심을 끌었다. 자료: 위키피디아

당연히 세금을 낮추어야 한다. 누진세도 '동일한 노동에 대한 동일한 대가'라는 경제 정의를 침해하는 것으로 간주된다.

시카고대학 경제학과 밀턴 프리드먼 교수는 1962년 출간한 『선택할 자유』에서 사유재산이 자유의 가장 중요한 수단이라고 주장했다.[11] 그는 최저임금제와 같은 정부의 인위적 개입은 오히려 더 많은 실업자를 양산할 뿐이라고 주장했다. 프리드먼은 케인스 이론을 비판하고 기업의 경쟁력 약화의 원인으로 복지국가를 지목했다. 그에 따르면, 시장은 오류를 저지르지 않으며 실업은 자연스러운 것이었다. 완전고용을 달성하는 정책은 오히려 인플레이션을 가속화시키며 인플레이션을 억제하는 비용이 더 크다고 주장했다.

1974년 프리드리히 폰 하이에크가 노벨 경제학상을 수상하고, 1976년 밀턴 프리드먼이 노벨 경제학상을 수상자로 선정되면서 새로운 전기가 마련되었다. 프리드먼의 주장은 고고한 상아탑의 논쟁이 아니라 정치인들과 일반 대중에게도 널리 알려졌다. 프리드먼은 정력적으로 많은 정치인들을 찾아다녔다. 머리는 뛰어났지만 성급한 성격의 프리드먼이 정치인들을 제대로 설득하지 못할 것이라고 예상했다. 그러나 그러한 예상을 깨고 프리드먼의 주장에 귀를 귀울인 정치인이 있었다. 그 사람이 바로 로널드 레이건이었다. 프리드먼과 그의 제자들은 1980년대 이후 미국 레이건 행정부의 통화량 억제와 복지 축소에 영향을 미쳤다. 프리드먼을 추종하는 통화주의 학파는 국제경제기구를 장악하고 세계 경제를 근본적으로 바꾸었다. 지금까지도 신자유주의는 전 세계를 지배하는 강력한 이데올로기로 작동하고 있다.

1980년대 이후 신자유주의 혁명이 발생한 이후 자유시장 만능주의가 득세하면서 금융의 불안정성은 더욱 커졌다. '워싱턴 합의'(Washington Consensus)는 금융과 자본 자유화, 규제 완화, 감세 등 새로운 경제정책을 적극적으로 추진했다. 이러한 신자유주의 정책은 '글로벌 스탠더드'라는 이름으로 세계 경제의 질서를 바꾸었다. 한국에서도 1997년 외환위기 이후 공기업 사유화, 자본 자유화, 무역 자유화, 노동 유연화를 추구하는 신자유주의가 경제정책을 지배했다. 그러나 2008년 세계 금융위기 이후 '워싱턴 합의'에 대한 신뢰가 무너졌다. 이제 자유시장 만능주의 교리는 많은 사람들의 의심을 받고 있다.

많은 주류 경제학자들도 자유시장 자본주의가 심각한 위기에 직면했다고 인정한다. 하지만 세계 각국 정부는 아직까지 새로운 방향을 찾지 못하고 있다. 과거의 질서는 사라졌지만, 아직 새로운 것은 등장하지 않았다. 오늘날 자본주의는 2008년 세계 금융위기를 구제금융이라는 시장 외부의 힘으로 힘겹게 피했지만, 소득 불평등, 높은 실업률, 재정 적자의 위기를 해결할 효과적 대안을 제시하지 못하고 있다.

20세기를 지배했던 공산주의와 신자유주의라는 양대 이데올로기는 많은 문제점을 야기했고 중요한 역사적 교훈을 남겼다. 소련과 중국의 공산주의는 사유재산제의 철폐를 주장하면서 개인의 자유와 권리를 억압하는 전체주의로 변질되었다. 소련과 동유럽 공산주의 경제의 생산성은 매우 낮았고 비효율적으로 운영되었다. 반면 미국과 영국에서 등장한 신자유주의는 사유재산을 극단적으로 옹호하고 자유시장을 맹신하면서 사회의 불평등이 증가하고 다양한 정치 갈등이 심화되었다. 재산권에 대한 지나친 강조가 결국 균등한 기회를 약화시키고 개인의 역량을 강화할 자유까지 제한했다.

20세기의 역사가 우리에게 주는 중요한 교훈은 기회의 평등과 결과의 평등이 반드시 모순적이고 갈등적인 것은 아니라는 점이다. 오히려 양자는 서로 밀접하게 연결되어 있다. 정의로운 사회에서 능력 있는 사람은 정당한 보상을 받아야 하지만, 열심히 노력했지만 행운이 없는 사람에게도 인간답게 살아갈 수 있는 사회 안전망을 제공해야 하기 때문이다. 국가는 개인의 다양성을 고려하며 역량을 키우는 정책을 추진하는 동시에 장애인, 여성, 청년, 노인 등 취약계층을 적극적으로 지원해야 한다. 이를 위해서 국가는 최저임금을 통해 노동시장의 소득 불평등을 줄이는 방법과 조세를 통한 재분배, 사회보장, 공교육과 직업훈련을 확대하는 방법을 동시에 고려해야 한다.

국가의 역할에 따라 불평등의 수준이 달라진다. 미국과 스웨덴의 임금 격차는 크지 않지만, 미국과 달리 스웨덴에서는 공교육, 공중보건, 보편적 사회보험과 같은 사회제도를 통해 빈부 격차를 크게 줄이고 있다. 자본주의가 만든 불평등을 완화하는 데 사회제도가 중요한 역할을 수행하고 있다. 불평등을 결정하는 것은 한 나라의 지리, 문화, 자원이 아니라 사회제도를 만드는 정치이다.

포용적 제도 대 배제적 제도

매사추세츠공과대학 경제학과 대런 애쓰모글루^{Daron Acemoglu} 교수와 하버드대학 정치학과 제임스 로빈슨^{James A. Robinson} 교수는 『국가는 왜 실패하는가』에서 영국과 이집트를 비교했다.[12] 이집트가 영국보다 못사는 이유는 문화의 차이 때문이 아니라 지배층이 빈곤을 늘리는 정책을 선택했기 때문이다. 부와 권력을 가진 사람들의 무능과 실수의 결과가 아니라 의도적으로 그렇게 그런 사회를 만든 것이다. 영국이 이집트보다 잘사는 이유는 인민이 투쟁을 통해 더 많은 정치적 권리를 쟁취했고 그런 권리를 활용해 경제적 기회도 확대되었다. 영국은 명예혁명을 통해 정치제도를 바꾸었고 산업혁명을 통해 이룬 부를 많은 계층에 분배할 수 있었다. 반면에 이집트는 그런 변화가 없었고 영국의 식민지로 전락했다. 이후 이집트는 독립하고 군주제를 없앴지만 정치와 사회제도에서 근본적 변화가 일어나지 않았다. 결국 대다수 정치에 무관심한 대중은 자신의 운명을 결정할 권력을 소수의 지배층에게 넘겨 버렸다.

19세기 말 일본과 조선의 운명과 비슷하다. 애쓰모글루와 로빈슨은 그들의 책에서 남한과 북한의 비교에서도 비슷한 주장을 펼친다. 결국 한 사회의 번영과 발전은 사회의 계급 간 균형을 흔드는 결정적 분기점이 필요하다. 그것은 바로 정치, 경제, 사회 제도의 혁명적 변화이다.

어떤 사회도 제도가 없다면 안정적으로 유지될 수 없다. 하지만 모든 제도가 사회를 통합시키는 것은 아니다. 역사적으로 성차별주의, 인종주의, 식민주의는 인간의 보편적 가치를 부정하는 사회제도를 만들었다. 노예제, 인종분리 제도, 가부장제는 사회를 분열시키고 갈등을 격화시켰다. 20세기에 민주주의가 발전하고 다양한 사회운동이 등장하면서 나치 독일과 서유럽의 제국주의 국가들이 몰락하고 미국과 남아프리카의 흑백 인종분리 제도와 세계 각국의 여성차별 제도가 사라졌다.

우리가 살고 있는 21세기 불평등은 새로운 양상을 보인다. 2008년 금융위기, 2020년 글로벌 팬데믹을 거치면서 경제 불평등이 더욱 악화되었다. 주요 특징은 다음과 같다. 첫째, 전 세계적으로 절대빈곤은 감소했지만, 국가 간 불평등이 커졌다. 선진국과 후진국의 격차가 더 커졌다. 둘째, 국가 내 불평등이 커졌다. 부자와 빈곤층의 소득 격차가 크게 늘어났다. 셋째, 디지털 자본주의 시대에 문화적, 사회적 불평등이 더욱 잘 드러난다. 넷째, 21세기 불평등의 중요한 특징은 금융자본주의의 등장이다. 노동에 의존하지 않는 자본이 등장하고 노동뿐 아니라 사회에 관심을 가지지 않는다. 다섯째, 플랫폼과 인공지능을 위해 일하는 사람이 노동자로 인정받지 못하고 노동권과 사회보장 권리도 박탈당한다. 여섯째, 교육 격차가 커지고 있다. 학력이 낮은 사람이 더 소득이 낮고, 더 건강이 나쁘고 더 일찍 사망한다. 일곱째, 기후 변화로 인한 재난이 빈곤층에게 더 많은 피해를 준다. 한국에서도 홍수피해로 반지하 거주 빈곤층이 큰 피해를 보았다. 21세기 불평등은 더 강력한 힘으로 사회를 파괴하고 있다.

더 큰 문제는 커지는 불평등을 불가피한 것으로 생각하는 사회적 분위기이다.

오늘날 사회를 분열시키는 배제적 사회제도는 무한 경쟁, 적자생존, 능력주의를 강조한다. 시장의 경쟁을 절대적 원칙으로 강조하고 사회의 위계질서를 만들어 약자를 무시하고 따돌린다. 반면에 사회를 통합하는 제도는 공통의 인간적 존엄과 인권을 보장할 수 있도록 설계되어야 한다.

20세기 복지국가는 역사상 가장 많이 불평등을 줄였다. 그러나 21세기 현실에 꼭 적합한 것은 아니다. 복지국가에 대한 비판은 크게 세 가지이다. 첫째, 복지국가의 효과를 평가하면, 사람들의 선입견과 달리 빈곤층보다 중산층이 더 많은 혜택을 입는 경우가 많았다. 특히 저소득층 자녀들은 대학에 진학하지 않는 경우가 많아 대학 교육 혜택을 받지 못했다. 보건 서비스의 경우도 중산층은 좋은 병원과 우수한 의사에 관한 정보를 많이 얻을 수 있어 상대적으로 나은 혜택을 받을 수 있었다. 둘째, 복지국가가 빈곤층에 현금을 재분배하는 데 역점을 두는 데 비해 개인의 역량을 키우는 데 소홀했다는 지적이 있다. 공적부조와 실업급여의 제공으로 빈곤의 탈출을 돕는 것은 한계가 있으며, 교육과 직업훈련의 확대를 통해 노동시장의 참여를 확대하는 노력이 필요하다는 지적이 있다. 셋째, 하향식 관료주의적 운영으로 다양한 사람들의 욕구를 무시했다는 지적도 있다. 특히 국가가 통제하는 교육제도가 개인의 다양한 개성과 창의성을 억압한다는 비판이 제기되었다. 시민사회의 다양한 목소리가 사회제도에 반영되지 못했기 때문이다.

이런 점에서 나는 21세기 현실에 적합한 포용적 사회제도를 만들기 위해서 세 가지 원칙을 강조한다. 21세기 복지국가는 사회적 약자를 배려하는 공정 사회, 적극적 자유를 확대하는 역량 강화 접근법, 민주적 소통을 통한 사회적 자유의 원칙을 중시해야 한다.

첫째, 포용적 사회제도는 궁극적으로 '공정'(fairness)을 추구한다. 미국 정치철학자 존 롤스는 1971년 『정의론』에서 평등을 절대적, 기계적 평등이 아니라 공정성으로 파악했다. 그는 공정한 절차에 의해 합의된 규범을 정의의 기본적 토대라고 보고 두 가지 원칙을 제시했다. 먼저, 평등한 '자유의 원칙'은 공정한 정의를 보장하기 위해서 균등한 시민적 자유권이 필요하다고 강조한다. 사상의 자유, 양심의 자유, 언론·집회의 자유, 선거의 자유, 공직과 사유재산을 획득할 자유 등 보통 헌법의 기본권에 해당하는 가장 필수적 자유의 보장을 요구하는 원칙이다. 이러한 권리를 제한하는 것은 아무리 많은 경제적 이익이 주어진다고 하더라도 용납할 수 없다.

다음으로, '차등의 원칙'은 두 가지 요소가 필요하다. 먼저 '최소극대화 원칙'(Maxmin Principle)에 따라 사회의 취약 계층(빈곤층과 사회적 약자)에게 최대의 이익을 제공해야 한다. 롤스는 취약 계층에게 최대 혜택을 제공하는 경우에만 불평등이 정당화될 수 있으며, 그렇지 못하면 오히려 모두 평등한 것이 낫다고 보았다. 다음으로 '기회의 평등 원칙'에 따라 모든 사람들이 균등한 직위

사진 7-10 정의의 이론을 제시한 20세기 후반 최고의 정치철학자 존 롤스

1971년 『정의론』을 출간하여 사회정의의 토대로 '공정'을 강조했다. 존 롤스(1921~2002)의 저서는 20세기 후반 최대의 정치철학의 성과로 평가받으며, 오늘날에도 평등과 정의에 관한 가장 중요한 논쟁을 제공한다. 출처: 인터넷 철학 백과사전

와 직책을 가질 기회의 평등이 보장되어야 한다. 여성, 소수민족, 장애인, 한 부모 가정에 대한 '긍정적 우대' 조치가 대표적 사례

이다. 이는 사회적 약자를 포용하는 핵심적 사회제도이다.

양극화된 냉전의 시대에서 롤스의 정치철학은 매우 독특한 입장을 제시했다. 베트남전쟁 당시 쓰여진 롤스의 책은 난해한 책임에도 불구하고 당시에 무려 30만 권이나 팔렸다. 롤스는 명백하게 소련식 공산주의와 미국식 자본주의 중 양자택일을 거부했다. 그는 사회의 모든 성원의 합의에 의해 자유와 평등을 화해시키려고 시도했다. 그는 1960년대의 자유주의적, 진보적 정치의 이상을 표현하는 복지국가를 지지했다.

롤스는 '공정'으로서의 정의를 강조했으며, 경제적으로 명백하게 조세를 통한 재분배를 지지했다. 롤스의 주장은 재산 분배로 이루어진 사회 대신 인생이 시작하는 시기에 기회의 평등을 강조한다. 기회의 평등을 위해서 부의 분배를 긍정하지만 공산주의가 추구하는 결과의 평등을 지지하는 것은 아니다. 그의 주장은 미국의 자유주의와 유럽의 사회민주주의에 커다란 영향을 미쳤다. 50년이 지난 지금도 롤스의 정치철학은 불평등에 대한 가장 강력한 비판과 대안을 제시하고 있다.

둘째, 포용적 사회제도는 보편주의의 토대를 전제로 개인의 역량을 강화하는 동시에 불평등을 사전에 예방하는 정책을 강조한다. 사회적 위험이 발생한 후 현금을 지원하는 대신 사전에 개인의 역량을 강화해 스스로 삶의 기회와 웰빙을 개선할 수 있도록 도와야 한다. 포용적 사회제도는 소련식 평등주의와 무조건적 재분배를 추구하는 것이 아니다.

인도 경제학자 아마르티아 센Amartya Sen은 1999년 『자유로서의 발전』에서 자원의 분배뿐 아니라 모든 개인이 각자의 조건 속에서 역량을 자유롭게 발휘할 수 있도록 만드는 '적극적 자유'가 중요하다고 강조했다.[13] 센은 자원의 분배를 강조하는 롤스와 달리 빈곤의 사회적 차원을 강조했다. 센은 낮은 소득이 빈곤의 원인이고 불평등을 만들 수 있다고 보았지만, 연령, 성별, 장애, 거주지 등 개인이 통제할 수 없는 조건도 빈곤과 불평등을 만들 수 있다고 주장했다. 정부의 간섭을 받지 않는 '소극적 자유'만으로 빈곤과 불평등을 줄이기에는 충분하지 않기 때문이다. 이 주장은 중요한 실천적 함의를 가진다. 저임금 노동자가 야간과 주말에도 일을 해서 돈을 번다면, 빈곤에서 탈피할 가능성이 높아지지만, 적극적 자유가 보장되고 있다고 보기는 힘들다. 일자리를 통해 소득이 올라가도 산업재해와 질병에 걸릴 가능성이 크다면 빈곤에서 완전히 벗어났다고 보기는 어렵다.

센은 빈곤층을 지원하기 위해서는 현금 급여만으로 충분하지 않으며 일자리, 교육, 훈련, 보건을 포함하여 사회에 참여할 수 있는 역량을 강화하는 것이 중요하다고 강조했다. 센의 주장은 불평등의 경제적 차원뿐 아니라 사회적 차원으로 인식의 지평을 넓혔다. 그의 사고는 1990년 유엔의 '인간 개발 지수'(Human Development Index)의 도입에 커다란 영향을 주었고 지금까지 포용적 사회제도의 핵심 요소가 되고 있다.

셋째, 포용적 사회제도를 만드는 과정에는 정부 이외의 기업, 노동조합, 시민사회조직 등 사회적 동반자의 적극적인 참여가 중요하다. 인간은 고립된 섬이 아니다. 극단적인 개인적 자유만

사진 7-11 빈곤에 관한 독창적 연구로 노벨 경제학상을 수상한 인도 출신의 아마르티아 센

영국 케임브리지대학에서 경제학 박사학위를 받은 센(1933~)은 빈곤, 기아, 경제철학, 정의에 관한 연구로 유명하며, 유엔의 '인간 개발 지수'의 도입과 각국 정부의 정책에 큰 영향을 미쳤다. 자료: 위키피디아

강조한다면 사회는 모든 사람이 자기 이익을 추구하는 각축장이 될 것이다. 우리는 로빈슨 크루소처럼 살 수 없고 다른 사람들과 서로 돕고 협력하며 살아야 한다. 그러나 이제 전체주의 사회나 관료주의 국가처럼 일방통행식 상명하달의 방법으로 사람들에게 지시와 명령을 내릴 수 없다.

앞에서 소개한 존 롤스와 아마르티아 센은 개인들의 합리적 판단을 통해 사회적 합의를 이룰 것으로 가정한다. 하지만 많은 경우 사회 내 다양한 구성원들의 의견은 매우 다르고 쉽게 합의를 만들지 못하는 경우가 많다. 그렇기 때문에 사회적 합의를 이룩하는 제도적 장치, 즉 정치제도의 개혁이 중요하다. 다양한 구성원의 참여와 숙의를 통해 민주적 대표성을 확대해 사회적 합의를 이루어야 한다.

독일 사회학자 악셀 호네트 Axel Honneth는 2016년 『사회주의 재발명』에서 사회 성원들의 상호의존과 협력을 토대로 한 '사회적 자유'를 정치적, 인격적 영역으로 확대해야 한다고 주장했다.[14] 개인주의적 자유가 추구하는 사적 이익의 추구와 경제적 평등 대신 사회적 자유의 제도가 중요하다. 포용적 사회제도의 발전을 위해서는 보통선거권, 언론의 자유, 적극적인 정당 활동, 시민단체의 활성화, 민주적 의사 형성 영역이 필수적이다. 다수의 시민이 공적 이슈에 관심을 갖고 토론을 벌이는 동시에 다양한 방법으로 정책 결정에 적극적으로 참여하는 과정이 없다면 포용적 사회제도가 유지되기 어렵다.

포용적 사회제도는 정치적 영역에서 형성된다. 정당은 사회적

사진 7-12 프랑크푸르트학파와 비판이론을 계승한 독일 사회학자 악셀 호네트

악셀 호네트(1949~)는 독일 프랑크푸르트대학과 미국 컬럼비아대학의 교수이다. 그는 프랑크푸르트학파의 계승자로 평가받고 있으며, 비판이론, 권력, 인정 투쟁에 관한 연구로 유명하다. 호네트는 인간의 갈등은 인정 받고 싶은 욕망에서 비롯된다. 인정 받지 못하는 사람은 분노의 감정을 느끼는데, 이는 사회적으로 모욕을 받거나 무시 당할 경우 사회적 투쟁에 나서는 심리적 동기가 작용한다. '인정 투쟁'은 정의로운 투쟁이며, 상호 인정이 이루어질 때까지 계속되는 도덕적 투쟁이다. 그의 사회 이론은 페미니즘과 소수집단의 정체성을 획득하려는 사회운동을 설명한다. 자료: 위키피디아

균열을 대표하며 정치 갈등을 동원하고 사회적 합의를 만들어 낸다. 갈등의 제도화를 만들어내는 것이 민주주의의 중요한 과제이다. 한국은 오랫동안 극심한 사회적 균열과 갈등으로 민주주의가 제대로 작동하지 않았다. 이제 한국 사회는 미국식 다수제 민주주의와 승자 독식 정치 대신 정당의 타협을 추구하고 너그렇게 소수를 포용하는 유럽식 합의민주주의를 주목해야 한다. 다수결을 내세운 흑백 논리 대신 다른 입장에 귀를 기울이는 숙의 민주주의를 강화해야 한다. 정책 결정 과정에서도 민주주의의 질을 높여야 한다.

민주주의가 약화되면 불평등이 커질 수밖에 없다. 불평등은 기술의 변화와 경제성장의 결과가 아니라 권력관계의 결과이기 때문이다. 결국 사회의 불평등은 기술과 경제의 문제가 아니라 정치의 문제이다. 포용과 민주주의는 결국 정치에 의해서 결정된다. 1987년 민주화 이후 투표권을 되찾았지만 사회경제적 민주화가 제대로 이루어지 못한 데에는 정치권의 책임이 크다. 지역주의 정당 체제와 지역 갈등이 커지면서 사회경제적 불평등에 따른 정치적 균열을 대표하는 세력이 충분히 발전하지 못했다. 지역 정체성 정치의 과도화가 계급 불평등을 줄이려는 '해방 정치'와 삶의 질을 개선하려는 '생활 정치'의 등장을 억압했다. 결국 저소득층과 빈곤층은 자신들을 대변할 정치 세력을 찾지 못한 채 정치적으로 배제되거나 정치인들의 이해관계에 따라 수동적으로 동원될 뿐이다. 반면에 대기업의 영향력이 지나치게 커지면서 정부와 국회의 정책 결정 과정을 지배하고 있다. 이렇게 사회

세력들의 불균형이 지나치게 커지면서 민주주의는 심각한 위기에 직면하고 있다.

민주주의의 위기를 넘어서

영화 〈오징어 게임〉은 상징적이다. 동시에 사실적이다. 첫째, 사람들은 돈에 광적으로 집착한다. 돈벌이를 위해 생명조차 도구가 된다. 모두 돈의 노예가 된다. 둘째, 사람들은 서로 죽여야 살 수 있다고 믿는다. 제로섬 게임처럼 패자가 있어야 승자가 될 수 있다. 무한 경쟁과 능력주의가 유일한 생존법이다. 셋째, 사람들은 부조리한 현실을 바꿀 수 있지만 바꾸지 않는다. 모두 합의하면 게임을 중단할 수 있지만, 사람들은 절망 속에 다시 게임에 참가한다. 부동산과 주식 투자 광풍처럼 이래 죽으나 저래 죽으나 마찬가지라고 생각한다.

내가 영화에서 가장 심각하게 느낀 점은 세 번째 특징이다. 왜 사람들은 자신의 처한 현실을 바꾸려 하지 않는 것일까. 독일 출신 미국 정치경제학자 알버트 허쉬먼Albert Hirschman은 기업, 조직, 국가에 불만을 가진 사람들이 이탈(exit), 항의(voice), 충성(loyalty)의 세 가지 유형의 반응을 보인다고 분석했다. 이 가운데 허쉬먼은 항의에 가장 관심을 보였다. 항의는 계속 새로운 방향으로 발전하는 예술이다. 그러나 이탈의 가능성이 크거나 항의의 장애물이 너무 강할 경우 사람들의 항의는 위축되기 쉽다. 〈오징어

그림 7-2 2021년 넷플릭스에서 상영되어 전 세계에서 인기를 끌었던 영화 〈오징어 게임〉 포스터

자료: 위키피디아

게임〉은 사람들이 현실에서 이탈하면서도 결국 현실과 유사한 게임 속에서 충성하는 아이러니를 묘사한다. 결국 스스로 게임을 결정하지만 실제로는 아무런 항의도 존재하지 않는다.

그럼에도 불구하고 주인공 성기훈은 마지막까지 희망을 버리지 않는다. 딸을 위해서 그리고 죽은 친구의 어머니를 위해서 목숨을 건 돈을 건네주고 떠나려 한다. 성기훈은 이기심만이 인간의 본성이 아님을 보여준다. 그런데 성기훈 같은 사람이 얼마나 남아 있을까. 〈오징어 게임〉은 재미와 오락을 넘어 우리 사회에 대해 깊게 생각하게 만든다. 더욱 중요한 문제는 성기훈은 왜 '항의'의 목소리를 내지 않는 것일까? 현실에 순응하지도, 탈출하지도, 항의하지도 않는 그의 모습은 우리 시대의 슬픈 자화상일까?

2011년에 뉴욕에서 '월가를 점령하라' 시위가 폭발하면서 불평등이 전 세계적 의제로 부상했다. 시위대는 월가의 골드만 삭스와 JP 모건과 같은 금융자본의 고위 임원들을 "살찐 고양이"로 비난하며 미국과 글로벌 불평등의 원인이라고 공격했다. 과연 월가의 금융 자본가들이 불평등의 책임자일까? 과연 '월가를 점령하라' 시위대가 외치는 '항의'의 목소리는 정당할까?

환자에 대한 의사의 진단과 마찬가지로 사회문제에 대한 진단이 정확하지 않으면 처방이 불가능하다. 불평등이 증가하는 원인은 매우 복잡하여 정확한 진단 자체가 쉽지 않은 과제이다. 먼저, 구조적 관점을 강조하는 학자들은 불평등의 원인으로 세계화, 기술의 진보, 인구학적 변화를 강조한다. 둘째, 정치경제적

사진 7-13 20세기 후반 미국의 대표적 공공 지식인으로 저명한 정치경제학자 알버트 허쉬먼

알버트 허쉬먼(1915-2012)는 독일 출신 미국 정치경제학자로 컬럼비아대, 하버드대, 프린스턴대에서 경제학을 가르쳤다. 그는 '불균형 성장'이 경제발전을 자극하고 자원을 동원할 수 있다고 주장하며, 산업화 과정의 국가의 주도적 역할에 주목했다. 그는 『열정과 이익』에서 16-17세기 서유럽의 사상가들이 자본주의 발전에서 미덕과 열정만큼 장점과 이익을 강조했다고 지적했다. 그는 인간의 본성을 '효용을 극대화하는 기계'로 보는 관점과 '소비의 악덕'을 잃어버린 마르크스주의와 공동체주의 사이의 이분법을 초월해 정치적 중도의 관점을 제시했다. 말년에 허쉬먼은 『반동의 수사학』에서 보수세력의 허구적 논리(역효과, 무용, 위험 명제)를 비판했다. 자료: 위키피디아, Geneva Graduate Institute.

관점은 기업지배구조와 주주 가치의 강조, 기업의 노동 유연화

전략, 노동조합의 약화, 정부의 재분배 정책의 후퇴에서 나타나는 기업과 노동조합의 권력관계, 정당의 유권자 지지 기반과 선거 전략 등을 분석한다. 셋째, 제도적 관점은 정부의 조세정책과 사회정책을 결정하는 사회제도, 복지제도, 선거제도, 정치제도의 차이에 주목한다.

이 글의 주장은 불평등의 증가를 기술과 산업의 구조적 변화로 인한 불가피한 결과로 간주하지 않아야 한다는 것이다. 기술 결정론은 인간의 행위와 사회제도의 효과를 무시한다. 구조적 요인이라고 간주되는 것조차 자세히 살펴보면 우연히 이루어지는 것은 없다. 세계화, 기술의 진보, 인구학적 변화도 단지 외부 환경의 변화로만 볼 수 없는 사실상 모두 인간이 만든 사회적 결과이다. 지구적 경제와 금융 체제의 출현은 미국, 영국 등 전 세계 주요 정부와 초국적 기업이 주도하여 만든 사회 변동이다. 기술의 진보도 세계 각국 정부의 산업정책과 규제, 기업의 산업 투자와 연구개발의 결정에 의해 이루어지는 것이다. 인구 고령화와 저출생도 여성, 아동, 교육, 고용에 영향을 미치는 사회제도의 영향을 받으며, 저소득 노인 인구의 증가도 국가별로 다르게 나타난다. 이외에도 경제 금융화, 주주 가치의 강조, 노동조합의 약화도 다수제 민주주의도 모두 사람들이 만든 제도적 결과이다.

불평등에 영향을 미치는 다양한 변화를 모두 고려해보면, 가장 중요한 사실은 불평등이 부자와 가난한 사람의 권력의 균형이 깨지거나 한쪽으로 기울어지면서 만들어진 것이라는 것을 알 수 있다. 권력관계의 역학이 가장 극적으로 표출되는 과정이 바

그림 7-3 2011년 '월가를 점령하라' 운동 포스터

자료: 위키피디아

사진 7-14 2014년 옥스팜(Oxfam)의 〈불평등 보고서〉 사진

로 정부의 정책 결정이다.

기술의 변화는 하버드대 경제학과 그레고리 맨큐^{N. Gregory Mankiw} 교수 등 주류 경제학자들이 소득 불평등을 설명하는 가장 강조하는 요인이다. 불평등은 인간이 만든 결과가 아니라 기술이 만든 결과이니 어쩔 수 없다는 결론이다. 반면 노벨 경제학상을 수상한 프린스턴대학 경제학과 폴 크루그먼^{Paul Krugman} 교수는 『리버럴의 양심』에서 기술의 변화보다도 노동조합의 약화와 보수적 정치세력의 우경화와 같은 정치적 변화가 미국의 불평등을 증가시켰다고 주장했다.[15] 여러분의 생각은 어떤가?

전 세계적으로 불평등이 증가하는 현상에 눈을 돌려보자. 2022년 〈세계 불평등 보고서〉를 보면, 1990년대 이후 국가 전체 소득에서 상위 10%가 차지하는 비중은 10% 포인트 늘어났고 하위 50%가 차지하는 비중은 5% 포인트 줄어들어 불평등이

더 심해졌다고 분석했다. 자산 불평등은 더 심하다. 전 세계 상위 10%가 전체 자산의 76%를 소유한 반면, 하위 50%는 전체 자산의 2%를 나눠 가지고 있는 것으로 나타났다. 무려 31배 넘게 차이가 난다. 옥스팜(Oxfam)의 보고서 〈소수를 위해 일하기〉[16]는 전 세계적으로 불평등이 커지는 원인을 부자에게 편향된 정책, 조세 회피, 가난한 사람을 위한 복지를 삭감하는 긴축정책이라고 주장했다. 이 보고서는 최고 부유층이 경제제도를 지배하여 정부 정책을 좌우하면서 민주주의를 훼손하고 있다고 경고했다. 주류 경제학자들의 주장과 달리 불평등은 대부분 정부가 만든 정책의 결과이다.

한국에서도 재벌 대기업과 경제 관료는 규제 철폐와 경제성장을 강조하면서 복지예산과 세금 인상에는 강력하게 반대한다. 그리고 경제정책을 좌우하는 고위 관료들이 퇴임 후 줄지어 재벌 대기업, 대형 로펌과 회계 법인으로 이직하는 현상에 주목해야 한다. 그리고 얼마 후 다시 정부 고위직에 임용되는 '회전문 인사'가 되풀이된다. 이렇게 재벌 대기업의 이익을 옹호하는 정책을 추진하는 정부 관료는 민주주의의 가치와 원칙을 파괴한다.

우리는 경제적 세계화와 기술의 변화와 같은 구조적 변화보다 정부의 조세정책과 사회정책, 기업과 노동조합의 권력관계, 선거제와 정치제도가 불평등에 미치는 효과가 더 크다는 사실을 직시해야 한다. 특히 노동조합과 진보 정당의 영향력이 미약하기 때문에 정치권에서 기업과 부유층을 옹호하는 정당의 영향력이 지나치게 큰 불균형을 외면해서는 안 된다.

　기업과 부유층의 지지를 받는 보수적 정부가 주도하는 노동 유연화와 부자 감세가 사회를 두 개의 계급으로 분열시켰다. 부자들에게 천문학적인 부가 집중되며 승자 독식 정치가 공고화되었다. 중산층이 몰락하면서 민주주의가 위기에 봉착했다.

　2008년 세계 경제를 강타한 금융위기 이후 전 세계적으로 불평등에 대한 인식이 변화하기 시작했다. 부유층과 기업인이 모이는 세계경제포럼(World Economic Forum)에서도 경제의 가장 심각한 위험으로 '소득 불평등'을 지적했다. 부자들의 입에서 불평등이라는 단어가 나오다니 놀라운 일이었다. 2014년 세계경제포럼이 출간한 〈글로벌 리스크〉 보고서는 세계 금융위기 이후 커진 소득 격차가 2020년대 세계 경제에 핵심적 위협이 될 수 있다고 경고했다.[17] 세계 경제를 지배한 통화주의 정책의 한계를 인정하면서 다시 수요의 부족을 강조한 케인스의 교훈에 주목하기 시작했다. 국제기구를 지배했던 신자유주의 이데올로기의 패권이 흔들렸다.

　2012년 국제노동기구(ILO)가 발표한 '임금 주도 성장'(wage-led growth) 제목의 보고서에서 노동자의 소득이 장기적인 경제성장에 도움이 된다고 주장한 이래 보수적인 세계은행과 국제통화기금(IMF)의 정책에도 변화가 일어났다.[18] 세계은행은 소득 불평등을 줄이는 정책이 장기적으로 경제성장에 도움이 된다고 주장했다. 성장 일변도에서 재분배로 강조점이 변경되었다.

　부유한 선진 산업국가들의 클럽인 경제협력개발기구(OECD)도

2012년부터 '포용 성장'(inclusive growth)을 제안했다.[19] 포용 성장은 경제성장이 사회에 공정하게 분배되고 모두에게 기회를 창출하는 경제성장을 가리킨다. '다차원적 생활수준'의 측정을 중시하면서 소득 이외에도 사람들의 웰빙(well-being)에 영향을 주는 고용과 보건의 중요성을 강조했다. 이를 위한 해법으로 조세개혁, 최저임금 인상, 사회 안전망 강화를 각국 정부에 권고했다.

한국에서도 2016년 촛불집회 이후 사회경제적 불평등에 대한 관심이 커졌다. 2017년 문재인 정부의 '소득주도 성장'은 가계소득을 늘려 국민의 기본생활을 보장하고 성장의 새로운 동력으로 보는 관점으로 국제 사회의 '포용 성장'의 주장과 유사하다. 그러나 소득주도 성장은 많은 논란을 일으켰다. 문재인 정부는 최저임금을 급격하게 인상하고 공공기관 비정규직을 정규직으로 전환하는 정책을 추진했다. 하지만 두 정책은 심각한 반발에 부딪혔고 많은 논란을 일으켰다. 총론적으로 보면 최저임금 인상과 정규직 확대는 불평등을 줄이기 위해 필요한 정책이었다. 하지만 최저임금은 두 가지 점을 고려했어야 했다. 첫째, 최저임금 인상 비율을 단계적, 점진적 방법으로 추진해 경제적 충격을 완화했어야 했다. 2년 연속 인상 후 많은 반발에 부딪히자 3년차부터 최저임금을 사실상 동결해 5년 평균 인상 비율은 7.2%에 그쳐 박근혜 정부의 연 평균 7.4%보다 낮았다. 둘째, 한국의 영세 자영업자 비중이 매우 높기에 임금 인상의 충격을 완화하기 위한 사회보험 지원, 지역상품권 등 다양한 보완적 정책이 필요했다. 정부도 어느 정도 이런 정책을 추진했지만 효과가 미약했

사진 7-15 세계경제포럼의 창립자 클라우스 슈바프 Klaus Schwab

1971년 이래 매년 세계 최고 부자들이 스위스 다보스에서 모여 국제 정치와 경제에 관한 의견을 교환한다. 자료: 위키미디어

다. 노동시장의 1차 분배뿐 아니라 사회정책을 통한 2차 분배를 적절하게 결합하는 정책이 필요했다.

공공부문 비정규직의 정규직 전환도 노동시장의 변화를 주도했지만 현실적으로 커다란 장벽에 부딪혔다. 정규직 노동자의 반발도 커졌고, 신규 채용의 감소를 우려하거나 채용의 공정성을 지적하는 청년들의 거센 저항에 직면했다. 결국 정규직 전환은 노-노 갈등을 유발하는 부작용을 키웠다는 비판도 받았다. 물론 공공부문 일자리의 안정성을 높이고 민간기업의 정규직 채용 확대를 유도하는 긍정적 효과를 얻기도 했지만, 전반적으로 경제 침체기에 고용을 크게 늘리기에는 역부족이었다. 공공부

그림 7-4 2012년 이후 경제성장이 사회에 공정하게 분배되는 포용 성장을 주장하는 OECD

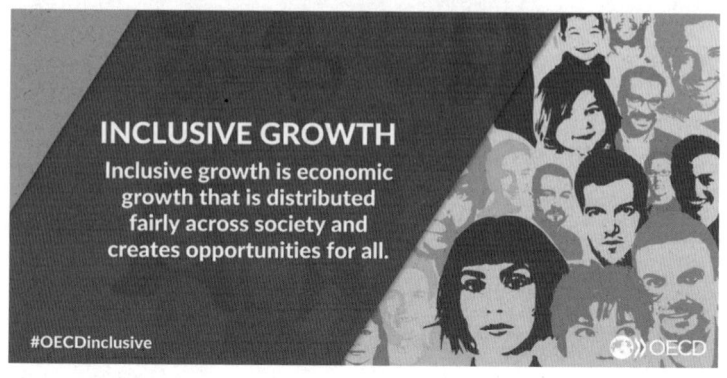

자료: OECD

문 고용 창출을 위해 사회서비스 일자리 확대를 위한 사회적 합의를 이끌었어야 했지만 이 역시 크게 진전을 이루지 못했다. 기업의 투자 확대를 통해 고용 창출을 유도하는 정책도 거의 효과를 거두지 못했다. 무엇보다도 민간 부문이 투자하기 어려운 환경, 재생 에너지, 첨단기술 분야의 공적 투자가 충분하지 못했으며 이로 인한 고용 효과를 기대하기 어려웠다. 문재인 정부의 최대 정책 목표였던 일자리 창출은 현실적으로 큰 성과를 거두지 못한채 미완의 목표에 그쳤다.

2018년 이후 문재인 정부는 전통적인 발전국가와 신자유주의 이념을 넘어 성장과 분배의 선순환을 강조하는 '포용 국가'를 새로운 국가 전략으로 선택했다. 문재인 정부의 최저임금 인상, 확장적 재정 정책, 의료보장 확대, 아동수당 지급 등은 넓은 의미에서 포용 성장의 전략으로 평가할 수 있다. 그러나 한국의 포용 성장 전략은 적극적인 증세 없이 재정 정책을 확대하는 방향을 추진하면서 실제적인 효과를 거두지 못했다. 화려한 수사와는 달리 실질적 성과를 거두지 못했다는 비판을 피할 수 없다. 문재인 정부는 집권 후 4년 동안 사회복지 예산을 확대한 것은 사실이다. 4년 평균 증가율은 11.6%로 박근혜 정부 4년 평균 증가율 7.7%보다 높다. 그러나 2017년 '촛불 혁명'으로 탄생한 문재인 정부가 보수 정부보다 약간 증액된 수준에 그쳤고 구조적 불평등에 대한 대안을 마련하여 복지국가를 강화하기 위한 계획이 없었다는 비판도 거세졌다. 2021년 9월 〈한겨레신문〉과 인터뷰에서 윤홍식 인하대 사회복지학과 교수는 "그동안 한국의 복지 확대는 증세 없이 재정 적자를 최소화하는 선에서 이루어졌기 때문에 불평등 문제에 적극적으로 대처할 수 있는 정치적·재정적 여지가 아주 적다"며 "문재인 정부는 임기 초부터 복지 체제에 대한 큰 비전을 세우지 않았고 당면한 문제만 풀어가는 식으로 대응해왔는데, 이런 방식으로 기획재정부가 제시하는 예산 제약의 틀을 깨기 어렵다"고 말했다. 문재인 정부는 사회정책이 경제정책에 좌우되는 국정 패러다임을 변화하기 위해 사회정책 전략회의인 '포용국가전략회의'를 재정전략회의 전에 열기로 했지만 그마저도 딱 한 번 개최하고 그쳤다.[20] 결과적으로 지난 5년 동안 한국의 불평등은 약간 개선되었지만, 너무 미약했고 여전히 전 세계에서 가장 불평등이 심각한 국가이다.

    2022년 윤석열 정부가 등장하면서 지난 10년간 전 세계적 차원에서 추친한 '포용 국가'의 정책 방향이 크게 수정되었다. 윤석열 정부는 대선 당시 '약자와의 동행'을 강조했지만, 2023년 정부 예산안은 부자와 대기업만 살려주는 '긴축 예산'을 발표했다. 국세 수입은 1% 증가에 그쳤다. 복지 지출은 5.2% 증가했지만, 사실상 인플레이션, 급속한 고령화, 저출생이 야기한 사회적 수요를 따라가지 못했다. 특히 공공임대주택 지원은 대폭 삭감되어 저소득층 청년층의 타격이 매우 컸다. 2022년 여름 폭우 피해로 반지하 주택 건설을 금지하고 주거 상향이동 지원을 공약했지만 실제로 주거빈곤층을 더욱 곤경에 빠뜨리는 정책을 추진하는 실정이다. 윤석열 정부의 '약자와의 동행' 복지정책은 결국 이명박 정부와 박근혜 정부가 추진했던 선별 복지와 복지 민영화의 논리를 그대로 계승하는 것처럼 보인다. 이는 복지제도와 고령화에 따른 자연적 증가분과 인플레이션을 고려하면 복지 지출은 최소 수준에 그칠 가능성이 크고 한국의 '불평등 복지국가'는 더욱 악화될 가능성이 매우 크다.

한편 윤석열 정부는 '자유'를 강조하면서 '규제' 철폐를 제창하였다. 대기업이 참여하는 경제단체 앞에서 노골적으로 환경 규제와 경제 형벌 규제를 없애겠다고 공언했다. 과연 법원에서 유죄가 확정된 대기업 창업자 가족을 특별복권 해주고, 회삿돈으로 원정도박한 재벌 회장과 이미 경영활동을 하지 않는 전 회장까지 사면해주는 것이 자유의 원칙과 어떤 관련이 있을까?. 무전유죄 유전무죄의 자유일까? 그러나 자유는 모든 사람에게 평등해야 한다. 동시에 자유는 사회경제적 차원에서 어느 정도 규제가 불가피하다. 2022년 조 바이든 미국 행정부는 자유시장 접근법을 폐기하고 경제침체, 불평등, 기후위기에 대응한 부유층 증세, 복지예산 확대, 독점 규제, 공정 경쟁, 국내 산업을 우대하는 산업 정책 등 적극적인 정부의 역할을 강조했다. 그러나 아직도 윤석열 정부는 과거의 부자 감세, 긴축, 규제 철폐 등 자유시장 만능주의에 머물러있다. 고삐 풀린 자유시장은 결국 시장의 독점과 경제력 집중을 키울 뿐이다. 나아가 흘러간 신자유주의 시대의 긴축과 규제 철폐정책으로 빈곤과 불평등이 다시 커질 수 있다.

1980년대 유행한 밀턴 프리드먼의 『선택할 자유』를 읽은 경험을 흘러간 레코드처럼 돌리면서 '자유'를 맹목적으로 강조하는 윤석열 정부는 단순히 경제학 지식의 부족뿐 아니라 반헌법적이고 반민주주의적 사고 방식에 치우쳐 있다. 먼저, 한국의 헌법은 자유시장 만능주의를 선택하지 않기 때문이다. 한국의 헌법 119조는 자유시장 경제와 함께 국가의 역할을 강조하는 사회적 시장경제를 추구한다. 다음으로 시장의 자유란 사실 존재하지 않으며 언제나 사회에 의해 규정되기 때문이다. 예를 들어 19세기 초 영국에서 9세 미만 아동 고용을 금지하고 10~16세 아동 노동시간을 12시간으로 규제하기 위해 면직 공장 규제법이라는 새 법안이 영국 의회에 상정될 당시 공장주들은 '일할 자유'를 침해한다는 이유로 반대했다. 지금 이런 소리를 들으면 모두 말도 안 된다고 생각할 것이다. 그러나 2023년 윤석열 대통령은 '주 69시간 노동제'를 말했다. 이 역시 존재하지 않은 시장 자유에 대한 맹신을 보여준다. 신자유주의 경제학자들은 시장이 모든 것을 결정한다고 강변하지만 사실상 모든 경제 행위 이면에는 수많은 규제와 정치적 결정이 영향을 미친다. 결국 지나치게 경제적 자유와 규제 철폐를 추구하는 정책 방향은 인권을 파괴할 뿐 아니라 사회를 혼란에 빠뜨릴 수 있다. 지나친 시장근본주의 정책으로의 전환은 2008년 미국발 세계 금융위기와 2022년 영국 보수당 정부의 경제정책 실패로 인한 대혼란을 야기할 가능성이 농후하다. 무지와 오만이 결합되어 불평등 위기를 최악의 재앙으로 만들 수 있다.

지금 불평등은 한국 사회의 가장 커다란 도전이다. 불평등을 줄이는 국가의 전략을 실현하기 위해서는 경제적 효율성과 사회적 형평성을 동시에 추구하는 정부의 정책 전환이 시급하다. 경제성장만 우선적으로 생각하지 않아야 하며, 경제정책과 사회정책을 통합해서 사고해야 한다. 노벨 경제학상을 수상한 미국 경제학자 조지프 스티글리츠는 『불평등의 대가』에서 불평등을 줄이기 위해서 독점 규제, 금융산업 통제, 기업의 장기 투자 장려, 완전고용 추진, 노동자 권리 강화, 부유층 증세, 복지 확대, 교육 투자를 위한 적극적인 정부의 역할을 강조했다.[21] 우리는 1980년대 이후 세계를 지배한 탈규제와 감세를 주술처럼 외우는 자유시장 만능주의에서 벗어나야 한다. 21세기 새로운 경제위기의 시대를 맞이하여 공정한 경제를 위해 정부의 효과적인 개입이 중요하다. 미래를 위한 혁신, 복지, 교육 투자를 대대적으로 확대하는 정책만이 현재의 경제위기를 벗어나게 할 수 있을 것이다.

21세기 복지국가를 위하여

대한민국 헌법 1조에 명시된 '민주공화국'은 고대 그리스의 민주정과 로마 공화정의 전통에서 비롯되었다. 1명의 왕이 다스리는 군주제와 소수의 뛰어난 귀족이 지배하는 귀족정 대신 자유롭고 평등한 시민들의 대표가 함께 정부를 운용하는 정치 체제를 가리킨다. 고대 아테네의 민주정은 모든 성인 남자들이 참여하는 민회(에클레시아)가 주도적 역할을 수행했지만, 로마 공화정에서는 귀족의 원로원과 평민의 선출로 이루어진 민회가 공동으로 국가의 정책을 결정했다. 피렌체와 베네치아에서 꽃피운 공화정의 전통은 영국 혁명, 미국 혁명, 프랑스 혁명에 영향을 미쳤다. 오늘날 세계의 대부분 국가들이 민주정과 공화정을 추구하는 것은 국가가 소수에 의해 좌우되지 않고 모든 시민의 권리를 보호하고 대변해야 한다는 정치적 이상을 구현하기 위한 것이다. 공화국의 정신은 모든 시민을 평등하게 포용하는 가치를 추구한다. 다시 말해 공화국은 모든 시민을 포용하는 제도와 정책이 없이는 제대로 운용될 수 없다.

21세기 복지국가가 추구해야 하는 포용적 사회제도는 지난 20세기에 유행한 절대적 평등주의와 자유시장 만능주의와는 구별된다. 개인의 자유와 사회적 평등은 모든 정치적 공동체의 필수적 가치이다. 이는 모든 인간의 존엄에 대한 존중과 사회정의의 원칙을 통해 실현된다. 사회적 약자를 우선 배려하는 최소극대화 원칙, 개인의 자유를 확대하는 역량 강화 접근법, 다양한 의견을 표현하는 공론장을 통한 사회적 자유의 원칙은 포용적 사회제도의 핵심 요소이다. 포용적 사회제도의 설계를 위해서 다음과 같은 세 가지 원칙을 고려해야 한다.

첫째, 보편적 시민권의 관점에서 모든 시민을 위한 균등한 기회를 보장하는 복지국가를 추구해야 한다. 경제성장의 결과를 소수만 향유하는 국가는 장기적으로 유지될 수 없다. 롤스의 '공정'의 원칙이 제안하는 대로 사회적 약자와 빈곤층을 긍정적으로 우대하는 정책이 사회정의의 토대가 되어야 한다. 특히 국가 차원의 아동 보육과 공교육을 강화하고 모든 어린이와 학생들의 잠재력을 최대한 키울 수 있는 대대적인 공적 투자가 중요하다.

복지국가는 자본주의 경제에서 부자로부터 세금을 거두어 중산층과 가난한 사람들에게 단순하게 돈을 재분배하는 것을 가리키는 것이 아니다. 우리는 지대 추구와 조세 회피로 부를 쌓아 올리는 기회를 없애야 한다. 지대 추구 행위는 임대료를 인상하거나 제품의 가격을 인상하는 방법으로 기존의 부에서 자신의 몫을 늘리는 방법을 추구하지만 실제로는 새로운 부를 창출하지는 않는 활동을 가리킨다. 지대는 말 그대로 '토지 사용료'를 가리키는데, 부가가치의 새로운 창출 없는 이전소득으로 소유권자에게 과도한 보상을 제공하여 자원 배분을 왜곡시키고 생산을 위축시킬 수 있다. 그리고 초부유층들의 부가 민주주의를 위협하는 데 사용되거나 교육과 보건 등 공공투자를 반대하는 데 이용되어서는 안 된다.

복지국가의 이상적 목적은 단지 조세를 통한 재분배로 불평등을 줄이는 것이 아니라 모든 개인의 정치적 자유와 평등한 사회권을 누리게 만드는 것이다. 부모의 경제력과 상관없이 모든 어린이들이 건강하게 자라도록 도와주어야 하고 자신의 능력을 최대한 발휘할 수 있는 교육의 기회를 제공해야 한다. 사회의 모든 사람들이 자신이 노력한 만큼 삶을 누릴 수 있도록 지원하고 갑작스러운 사회적 위험에 대비하는 사회보호시스템의 혜택을 누려야 한다. 이것이 포용적 사회제도의 목적이다.

둘째, 포용적 사회제도는 일시적 프로그램이 아니라 장기적 관점에서 추진해야 한다. 가난한 사람에게 물고기를 나누어주는 것도 필요하지만 물고기를 잡는 법을 가르쳐주는 것도 중요하다. 아마르티아 센의 '역량 강화 접근법'이 제안하듯이 빈곤층의 소득 보장을 넘어 고용 가능성을 높이는 사회투자가 중요하다. 이를 위해 기술과 경제 환경의 급격한 변화에 대응하는 개인의 역량을 강화하는 교육과 직업훈련 제도의 개혁을 위한 장기적 계획을 실행해야 한다.

셋째, 불평등 완화를 위한 사회적 차원의 정치적 합의가 이루어져야 한다. 자본주의는 효율적 경제제도이지만 필연적으로 불평등을 키운다. 지나친 불평등을 줄이지 않으면 사회가 유지될 수 없다. 불평등을 줄이기 위한 교육과 복지정책을 위해서는 조세 개혁이 필수적이다. 물이 들어오면 배가 떠오르듯 불평등 수준이 지나치게 높아질 때 국회에서 부유층 증세를 자동적으로 연동하는 제도적 장치를 설계해야 한다. 이를 위해 사회구성원의 다양한 이해관계를 조정하는 사회적 대화와 합의민주주의 정치제도의 개혁을 추구해야 한다.

포용적 사회제도는 구체적 정책을 통해 현실적 효과를 얻을 수 있다. 사회정책, 조세정책, 재분배 정책뿐 아니라 거시경제정책, 산업정책, 교육정책의 개혁을 동시에 추진할 때 효과가 크다. 성공한 국가의 사례를 보면 경제정책과 사회정책이 효과적으로 통합하여 경제적 생산성과 사회적 형평성의 향상을 동시에 추구했다. 1960년대 탄생한 한국의 발전국가의 시대처럼 사회정책이 경제성장의 보조적 역할에 머물러야 한다는 생각에서 벗어나야 한다. 북유럽의 성공에서 알 수 있듯이 효과적인 사회정책이 경제성장의 강력한 엔진이 될 수 있다. 이를 위해서 포용적 사회제도를 위해 더 넓은 시각이 필요하다. 주요 정책으로 강조해야 하는 핵심 과제는 다음과 같다.

첫째, 보편적 시민권의 원칙에 입각한 복지국가를 강화해야 한다. 유럽의 복지국가는 증가하는 세전 소득의 불평등을 완화하는 사례를 입증했다. 가능한 빠른 시기에 공적 사회지출이 OECD 평균 수준인 국내총생산 대비 20%에 도달해야 한다. 복지의 지출 구조를 성장 친화적 구조로 개혁하고 개인의 역량을 키우는 사회적 투자와 함께 연구개발 등 미래를 위한 투자에 집중해야 한다. 지속 가능한 재정 전략과 성장 친화적 복지제도를 통해 성장과 분배의 선순환이 중요하다.

둘째, 1942년 복지국가의 청사진으로 발표된 『베버리지 보고서』가 제시한 대로, 보편적 사회보장 제도의 강화가 매우 중요하다. 모든 국민에게 사회보험 혜택을 제공해야 하며 비정규직, 특수고용, 플랫폼 종속 노동자들의 사회보험 사각지대를 없애야 한다. 국민연금에 가입한 노인 인구가 너무 적기 때문에 시급하게 모든 노인을 위한 100% 보편적 기초연금을 제공하고 수급액을 대폭 인상해야 한다. 보편적 아동수당, 청년수당, 여성 친화적 사회정책도 확대해야 한다. 국민기초생활보장제도의 극빈층 지원을 강화해야 하고 공공임대주택도 확대해야 한다.

셋째, 조세 정의의 원칙에 입각한 세제 개혁이 필요하다. 재산과 불로소득에 대한 조세 인상을 추진하는 동시에 장기적으로 누진소득세를 강화하는 조세 개혁을 단행해야 한다. 최상위층 소득세 누진율 인상과 단계적으로 중산층과 모든 국민이 공동으로 부담하는 보편 증세를 추진해야 한다. 조세 기반을 확대하기 위해 비과세와 면세 혜택을 줄이고 소비세 등 역진적 조세의 확대도 검토해야 한다. 이를 위해서는 기업과 부유층의 조세 회피와 탈세에 대한 엄격한 조사와 과세가 매우 중요하다. 공정한 조세에 대한 신뢰가 없다면 조세 정의가 실현될 수 없다. 장기적으로 OECD 평균 수준의 조세 부담률(약 28%)과 국민 부담률(약 37%)에 가깝게 인상해야 한다. 또한 불평등이 일정한 수준이 넘으면 자동적으로 누진세를 강화하는 법안도 고려할 필요가 있다.

넷째, 공교육 강화와 교육제도의 개혁, 직업훈련에 대한 투자를 대폭 확대해야 한다. OECD 최저 수준의 공교육 지출을 평균 수준으로 확대해야 한다. 공교육을 통해 개인의 역량이 강화될수록 빈곤에 빠질 위험에 대응하는 능력도 증대된다. 초등, 중등, 고교 교사의 수를 2배 정도 늘리는 동시에 교육의 질을 획기적으로 개선해야 한다. 아동, 초등, 중등 교육은 비용이 아닌 미래에 대한 사회투자의 관점에서 접근해야 한다. 경제적 효용성 이외에 놀이를 중시하고, 공감, 동정, 배려, 존중의 감정을 키우고, 더불어 살고 차별하지 않고 인간적 관계를 만드는 방법을 가르쳐야 한다. 교육은 인적 자본의 관점이 아니라 역량의 관점에서 이루어져야 한다.

다섯째, 좋은 일자리를 확대하는 한편, 정규직 일자리를 창출하는 기업을 우선 지원하는 동시에 신규 고용 창출이 가능한 산업에 대한 정부의 적극적 지원을 확대해야 한다. 정부는 좋은 일자리를 창출하는 기업에 과감한 인센티브를 제공해야 한다. 동시에 거의 모든 사람에게 필요한 아동 보육과 노인 요양 등 사회서비스 분야의 공공 일자리를 대폭 늘려야 한다. OECD 평균 수준(약 66%)보다 낮은 고용율(65%)을 약 70% 수준으로 높여야 한다. 비정규직 문제를 해결하기 위해서는 시급하게 동일노동, 동일임금의 원칙에 따라 차별을 없애야 한다.

여섯째, 임금을 시장 메커니즘에 맡겨두자는 주장은 비현실적이다. 노동시장의 외부효과를 고려하는 적절한 공공정책이 필요하다. 노동조합이 더욱 강화되어 단체교섭력이 늘어나면 좋겠지만 현실은 쉽지 않아 보인다. 컬럼비아대학 경제학과 에드먼드 펠프스 Edmund S. Phelps 교수가 제안한 임금 보조금 제도도 일자리 창출과 임금 인상, 기업 이윤 증대에 도움이 된다. 하지만 막대한 재정 부담이 문제다. 이런 점에서 최저임금 인상과 생활임금 제도를 확대하여 임금 격차를 축소하는 방법이 더 현실적이다.

많은 연구에 따르면 최저임금은 중위소득의 40~50%까지 인상해도 고용에 큰 영향을 주지 않으며, 오히려 구매력을 높여 경기 활성화에 도움을 줄 수 있다. 물가와 부양인구를 고려해 최저생계비를 산정한 '생활임금'(living wage)은 대개 최저임금보다 약간 높다. 1990년대 이후 미국와 영국에서 생활임금운동이 확산되었고, 지방정부 차원에서 생활임금을 지급하는 기업에게 입찰의 우선권을 부여하기도 한다. 최저임금의 인상은 청년 비정규직 근로자와 실직 후 재취업한 중장년층 근로자의 생활 안정에 필수적이다. 장기적으로 정부의 지원이 확산되면 빈곤과 불평등을 완화하거나 예방할 가능성이 커질 것이다. 동시에 영세 자영업자와 소규모 하청기업들이 많은 현실을 고려해서 상당 기간 사회보험과 직업훈련 비용을 지원하는 정책도 섬세하게 설계되어야 한다.

벨기에 경제학자 필리프 판 파레이스 Philippe Van Parijs처럼 '보편적 기본소득'(Universal Basic Income)을 지지하는 학자들이 제기하는, 모든 사람이 자유롭게 쓸 시간을 할당받아야 한다는 주장은 주목할 만하지만, 현실적으로 많은 제약이 있다. 보편적 기본소득이 기존 복지 지출을 대체하면 실제로 가난한 사람들이 받는 혜택이 줄어들 수 있다. 또한 보편적 기본소득이 기존 복지제도에 추가된다면 지나치게 재정 부담이 커질 수 있다. 이런 점에서 노인, 여성, 청년을 위한 기초연금, 돌봄수당, 청년수당 등 부분적 기본소득이 더 현실적일 수 있다. 또한 시민사회에서 임금을 받지 않고 자원봉사를 하는 사람들을 위한 참여 수당을 도입할 수 있다. 다양한 종류의 기본소득은 실업자와 은퇴자를 지원하고 지역사회에 봉사하는 문화를 고양시킬 수 있다. 그러나 불평등의 완화에 관심이 많은 사람들에게는 보편적 기본소득은 매우 제한적 정책이 될 것이다.

일곱째, 장기적으로 탈산업화와 산업구조의 변화를 고려하여 공공부문이 주도적으로 보육과 요양 등 사회서비스 일자리를 적극적으로 확대해야 한다. 지방자치단체별로 무차별적인 출산장려 지원처럼 인기 위주의 단기 처방에 그치지 않아야 한다. 아동과 노인의 돌봄을 분명한 사회의 책임으로 인식하고 충분히 지원해야 한다. 출산휴가와 육아휴직의 선택을 국가가 보장해야 한다. 한국의 경우 세계 최고 수준의 젠더 불평등을 줄이기 위해서는 여성 친화적 사회정책과 돌봄 노동에 대한 대대적인 지원이 시급하다.

여덟째, 거버넌스 개혁이 시급하다. 기업지배구조의 민주적 개혁을 위해 노동조합의 경영 참여, 기업 공개와 종업원지주제, 사회적 경제와 협동조합을 확대해야 한다. 유럽 기업들처럼 직원들이 기업 이사회에 참여하는 개혁이 당장 이루어지지 않을 가능성이 높다. 하지만 대기업들이 하청 기업들의 임금을 깎고 산업재해의 책임을 떠넘길 수 없도록 규제하는 제도 개혁이 시급하다. 재벌 대기업과 플랫폼 기업에 대한 독점 규제와 공정거래법의 적용을 강화해 공정한 경제질서를 유지해야 한다. 네이버, 카카오톡, 구글, 페이스북이 사용자에게 받은 정보를 사용할 때 과세하는 개혁도 필요하다. 또한 산별노조의 단체교섭 확대와 함께 사회의 다양한 이해관계자의 사회적 대화와 노사정 3자의 사회적 협의 제도를 발전시켜야 한다. 나아가 다양한 사회계층을 대표하는 비례대표제를 확대하는 선거제도를 도입하고 연합정부를 통한 합의민주주의를 발전시켜야 한다. 거버넌스 개혁은 궁극적으로 경제적, 사회적, 생태적 지속가능성을 추구해야 한다.

21세기 복지국가는 기계적 평등주의와 자유시장 만능주의를 반대한다. 소련 공산주의의 역사적 경험에서 볼 수 있듯이 절대적, 기계적 평등은 가능하지도 않고 바람직하지도 않다. 한편 자유시장을 극단적으로 숭배하고 각자도생, 무한 경쟁, 양육강식의 정글 자본주의도 거부해야 한다. 시장경제는 효율성을 추구하지만 불가피하게 불평등을 만들고, 칼 폴라니Karl Polanyi가 『거대한 전환』에서 말한 "모든 것을 갈아버리는 악마의 맷돌"처럼 규제받지 않은 자유시장은 필연적으로 사회를 파괴한다.[22]

불평등의 완화와 사회의 공정성을 높이기 위해서는 포용적 사회제도와 국가의 적극적인 역할이 필요하다. 정부는 시장에 대한 적절한 감독의 기능을 수행하고 개인의 지나친 탐욕을 규제해야 한다. 정부는 시장의 경쟁을 촉진하는 동시에 약자를 배려하는 역할을 수행해야 한다. 자본주의가 사회의 진보를 이끄는 힘은 막강하지만 불가피하게 불평등을 확대한다는 점을 직시해야 한다. 자본주의는 사람을 위한 경제제도가 되어야 하며, 사람이 자본주의를 위해 희생하기를 강요해서는 안 된다. 사유재산제를

사진 7-16 헝가리 출신 경제학자이자 사회사상가인 칼 폴라니

칼 폴라니(1886~1964)는 인류 역사상 경제와 시장은 고대로부터 보편적인 것이라고 분석하였다. 그는 1944년 『거대한 전환』에서 자유시장이 역사를 초월하여 존재하지 않으며, 인간의 발명품이라고 주장했다. 그는 노동, 화폐, 자연의 지나친 상품화가 자본주의를 필연적으로 불안하게 만든다고 주장했다. 그의 사상은 경제학뿐 아니라 사회학, 인류학, 정치학에 커다란 영향을 미쳤으며, 지금도 경제 민주주의와 복지국가의 사상에 중요한 영감을 주고 있다. 자료: 위키피디아

완전히 철폐하는 공산주의적 유토피아를 찾지 않아도 자본주의는 더 감시를 받아야 하고 효과적 규제를 받아야 한다. 국가가

자본주의의 문제점을 해결하려는 노력을 통해 불평등을 완화하는 다양한 정책을 추진해야 한다. 기업에 지나친 부담을 주는 조세는 피해야 하지만 지대 추구와 상속에 대한 공정한 조세를 통해 불공정한 최상위층의 소득은 줄여야 한다.

지나친 불평등은 민주주의를 위협한다. 오늘날 한국의 민주주의는 제대로 작동하지 못하고 있지만, 전혀 가망이 없는 것은 아니다. 1940년대 농지개혁과 1987년 민주화의 시대에 새로운 사회제도가 민주주의의 지평을 확대했듯이 우리가 모두 힘을 합해 노력하면 다시 한번 더 민주주의를 확대할 수 있다. 불평등의 부작용을 완화하고 사회정의를 추구하는 정부의 효과적 정책이 장기적으로 지속적 경제성장을 촉진하고, 사회통합을 강화하며, 개인의 행복감도 높일 수 있다. 양적 성장과 무한 경쟁이 아니라 삶의 질과 사회통합을 중시하는 국가의 역할을 통해 자유, 평등, 사회정의, 사회적 연대의 가치가 실현되어야 한다. 민주적 국가의 역할이 있어야만 포용적 사회가 강화될 수 있다. 국가의 역할이 없다면 민주주의도 없다. 헌법 1조 '대한민국은 민주공화국이다'라는 문구는 말 그대로 실현되어야 한다. 불평등 공화국을 미래의 삶을 살아가야 하는 젊은이들에게 물려주어서는 안 된다. 민주주의를 위한 투쟁은 아직 끝나지 않았다.

주

서문 왜 한국인은 행복하지 않은가?

1   김윤태, "다시 불평등에 주목해야 하는 이유", 〈한겨레신문〉, 2022.10. 19.
2   〈KBS News〉, 2021.8.16., 〈KBS 여론조사〉, KBS.

1장 불평등의 상처

1   예란 테르보른, 2014, 『불평등의 킬링필드』, 문예춘추사.
2   김윤태, 2017, 『불평등이 문제다』, 휴머니스트.
3   OECD, 2022, Income inequality(indicator), doi: 10.1787/459aa7f1-en. 2022년 5월 9일 검색.
4   〈한겨레신문〉, 2022.12.13., "1억 9042만 원, 892만 원…상·하위 10% 소득 격차 더 커졌다"
5   Chancel L., Piketty T., Saez E. & Zucman G., 2022, *World Inequality Report 2022*, World Inequality Lab.
6   The Economist, 2018, The-glass-ceiling-index. https://www.economist.com/graphic-detail/2018/02/15/the-glass-ceiling-index 2018.2.22. 검색.
7   예란 테르보른, 2014, 『불평등의 킬링필드』, 문예춘추사.
8   리처드 윌킨슨·케이트 피켓, 2012, 『평등이 답이다: 왜 평등한 사회는 늘 바람직한가』, 이후.
9   Helliwell J.. F., Layard R., Sachs JD. & De Neve JE., eds., 2021,

World Happiness Report 2021, New York: Sustainable Development Solutions Network.

10 〈세계일보〉, 2021.1.31., "64.9% '자녀 지위 상승 어렵다'… 끊어진 계층 사다리"
11 조귀동, 2020, 『세습 중산층 사회』, 생각의 힘.
12 〈한겨레신문〉, 2018.10.24., "'박근혜 이사장'이었던 영남대, 국가장학금 가장 많이 받았다"
13 루이스 캐럴, 2020, 『거울 나라의 앨리스』, 더스토리.
14 피에르 부르디외, 2005, 『구별 짓기』, 새물결.
15 스티븐 더브너·스티븐 레빗, 2007, 『괴짜 경제학』, 웅진지식하우스.
16 강수돌, 2013, 『팔꿈치 사회: 경쟁은 어떻게 내면화되는가』, 갈라파고스.
17 〈문화일보〉, 2011.1.26., "오바마 신년 국정연설 '올해도 '한국 교육, IT 찬가'"
18 변수용, 「한국 사회 교육 불평등 변화」, 김윤태 엮음, 2022, 『한국의 불평등: 현황, 이론, 대안』, 한울아카데미.
19 로버트 프랭크·필립 쿡, 2008, 『승자 독식 사회』, 웅진지식하우스.
20 아만다 리플리, 2014, 『무엇이 이 나라 학생들을 똑똑하게 만드는가』, 부키.
21 하인츠 부데, 2015, 『불안의 사회학』, 동녘.
22 리처드 세넷, 2004, 『불평등 사회의 인간 존중』, 문예출판사.
23 Adorno. T., Frenkel-Brunswik E., Levinson D. J. & Sanford R. N., 1950, *The Authoritarian Personality*, New York: Harper.
24 Brandt M. J. & Henry P. J., 2012, "Gender inequality and gender differences in authoritarianism", *Personality and Social Psychology Bulletin*, 38(10), pp. 1301~1315.
25 한국리서치 '여론 속의 여론' 팀은 2021년 2월 5~8일까지 남녀 만 18세 이상 1,000명을 대상으로 조사를 진행하였다. 10명 중 6명이 우리 사회의 성별 갈등이 심각하다고 답했고(63%), 젊은 세대일수록 심각하다는 인식이 높았다. 성별 갈등의 원인으로 볼 수 있는 영역별 성차별 심각성

은 직장(61%), 가정(35%), 학교(30%) 순으로 높았다.
26 노리나 허츠, 2021, 『고립의 시대』, 웅진지식하우스.
27 데이비드 리즈먼, 2008, 『고독한 군중』, 문예출판사.
28 리처드 세넷, 2002, 『신자유주의와 인간성의 파괴』, 문예출판사.
29 통계청, 2021, 「국민 삶의 질 2021 보고서」, 통계청.
30 OECD, 2020, *How's Life? 2020: Measuring Well-being*, Paris: OECD Publishing.
31 OECD, https://data.oecd.org/pop/fertility-rates.htm, 검색 일시: 2022년 5월 23일.
32 Kirkegaard, J. F., 2021, "The Pandemic's Long Reach: South Korea's Fiscal and Fertility Outlook (No. PB21-16)", https://www.piie.com/sites/default/files/documents/pb21-16.pdf, 2022년 5월 2일 검색.
33 여성가족부, 2021, 「2021년 양성평등 실태조사」, 여성가족부.
34 강유진, 2017, 「성인 남녀의 비혼 유형에 영향을 미치는 요인: 사회인구학적 특징 및 가족가치관 요인을 중심으로」, 『한국지역사회생활과학회지』, 28권 2호, 241~256쪽.
35 한국리서치, 2022, 「결혼 인식 조사」, 한국리서치.
36 김유선, 2016, 「저출산과 청년 일자리」, 『노동사회연구소 이슈페이퍼』 8, 1~19쪽.
37 「2022 연애와 행복 인식보고서」, 듀오 https://www.duo.co.kr/html/meetguide/research_list_view.asp?ct=human_research&idx=1719, 검색 일시: 2022년 9월 25일.

2장 한국의 불평등은 얼마나 심각한가?

1 OECD, 2021, *Government at a Glance 2021*, OECD Publishing, Paris.
2 OECD, 2021, *Pensions at a Glance 2021*, OECD Publishing, Paris.

3 OECD, 2021, *OECD Productivity Statistics 2020*, OECD Publishing, Paris. 한국은행 등은 노동소득 분배율에 자영업자 소득을 환산해 반영하는 통계를 발표하여 OECD 자료와 약간 다른 경우도 있다.
4 OECD, 2021, *OECD Productivity Statistics 2020*, OECD Publishing, Paris.
5 OECD, 2021, *Inheritance Taxation in OECD Countries, OECD Tax Policy Studies*, OECD Publishing, OECD.
6 Shorrocks A. F., Davies J. & Lluberas R., 2021, *Global Wealth Report 2021*, Credit Suisse.
7 Chancel, L., Piketty, T., Saez, E. & Zucman, G., 2022, *World Inequality Report 2022*, World Inequality Lab.
8 권일·김미애, 2021, 「분위별 자산·소득 분포 분석 및 국제 비교」, 〈경제현안분석〉 제103호, 국회예산정책처.
9 〈중앙일보〉, 2022.4.26., "집값 폭등은 별나라 얘기?…文 '다른 나라보다 상승폭 작다'"
10 OECD, 2019, *Under Pressure: The Squeezed Middle Class*, Paris: OECD Publishing.
11 김윤태, "추락의 공포, 중산층 위기 시대", 〈시사저널〉, 2021.8.27.
12 김익한·강희연·김연용·박종헌·강영호, 2019, "Use of the National Health Information Database for Estimating Town-Level Mortality in Korea: Comparison with the National Administrative Data, 2014-2017", *Journal of Korean Medical Science*, 34(23), pp. 1~9.
13 최용준·윤태호·신동수, 2012, 「건강 형평성의 관점에서 본 제3차 국민건강증진종합계획 평가」, 『비판사회정책』 37, 367~400쪽.
14 OECD, 2020, *Health Statistics*, Paris: OECD Publishing.
15 리처드 윌킨슨, 2011, 『건강 불평등: 무엇이 인간을 병들게 하는가?』, 이음.
16 마이클 마멋, 2006, 『사회적 지위가 건강과 수명을 결정한다』, 에코리브르.

17 리처드 윌킨슨, 2008, 『평등해야 건강하다』, 후마니타스.
18 황선재, 2015, 「불평등과 사회적 위험: 건강·사회문제 지수를 중심으로」, 『보건사회연구』, 35(1), 한국보건사회연구원.
19 이철승, 2019, 『불평등의 세대』, 문학과 지성사.
20 우석훈·박권일, 2007, 『88만원 세대』, 레디앙.
21 신진욱, 2022, 『그런 세대는 없다』, 개마고원.
22 김창환·김태호, 2020, 「세대 불평등은 증가하였는가? 세대 내, 세대 간 불평등 변화 요인분석, 1999~2019」, 『한국사회학』, 54(4), 161~205쪽.
23 조귀동, 2020, 『세습 중산층 사회』, 생각의힘.

3장 불평등이 커진 원인은 무엇인가?

1 토마 피케티, 2014, 『21세기 자본』, 글항아리.
2 한스 피터 마르틴·하랄트 슈만, 2003, 『세계화의 덫』, 영림카디널.
3 토마스 프리드먼, 2013, 『세계는 평평하다』, 21세기북스.
4 Branko Milanovic, 2016, *Global Inequality: A New Approach for the Age of Globalization*; 브랑코 밀라노비치, 2017, 『왜 우리는 불평등해졌는가: 30년 세계화가 남긴 빛과 그림자』, 21세기북스.
5 로버트 J. 고든, 2017, 『미국의 성장은 끝났는가』, 생각의힘.
6 대니 로드릭, 2011, 『자본주의 새판 짜기』, 21세기북스.
7 프랜시스 캐슬, 2008, 『복지국가의 미래』, 해남.
8 폴 피어슨, 2006, 『복지국가는 해체되는가』, 성균관대학교출판부.
9 제레미 리프킨, 2005, 『노동의 종말』, 민음사.
10 로버트 J. 고든, 2017, 『미국의 성장은 끝났는가』, 생각의힘.
11 Claudia Goldin & Lawrence F. Katz., 2010, *The Race between Education and Technology*, Harvard University Press.
12 에릭 브린욜프슨·앤드루 맥아피, 2016, 『제2의 기계시대』, 청림출판.
13 제리 카플란, 2016, 『인간은 필요 없다: 인공지능 시대와 부와 노동의 미

래』, 한스미디어.

14 OECD Data, Income Inequality. https://data.oecd.org/inequality/income-inequality.htm. OECD 자료는 모두 2020년 자료이고, 미국만 2021년 자료이다.
15 앤서니 B. 앳킨슨, 2015, 『불평등을 넘어』, 글항아리.
16 Keeley, B., 2015, *Income Inequality: The Gap between Rich and Poor*, Paris: OECD Publishing.
17 Gøsta Esping-Andersen, 2007, "Sociological explanations of changing income distributions", *American Behavioral Scientist*, 50(5), pp. 639~658.
18 Henryk Domański & Dariusz Przybysz, 2007, "Educational homogamy in 22 European countries", *European Societies*, 9(4), pp. 495~526.
19 Christine R. Schwartz & Robert D. Mare, 2005, "Trends in educational assortative marriage from 1940 to 2003", *Demography*, 42(4), pp. 621~646.
20 김영미·신광영, 2008, 「기혼여성 노동시장의 양극화와 가구소득 불평등의 변화」, 『경제와 사회』, 77, 79~106쪽.
21 박용민·허정, 2023, 「소득 동질혼과 가구구조가 가구소득 불평등에 미치는 영향: 국제 비교를 중심으로」, 『BOK 경제연구』, 한국은행.
22 통계청, 2021, 「2021 고령자통계」, https://kostat.go.kr/portal/korea/kor_nw/1/1/index.board?bmode=read&aSeq=403253.
23 OECD, 2017, *How's Life? 2017: Measuring Well-being*, Paris: OECD Publishing.

4장 자본과 노동의 권력관계

1 프랜시스 후쿠야마, 1992, 『역사의 종말』, 한마음사.

2 Peter H. Hall & David Soskice, 2001, *Varieties of Capitalism: The Institutional Foundations of Comparative Advantage*, Oxford University Press.
3 Simon Johnson & James Kwak, 2010, *13 Bankers: The Wall Street Takeover and the Next Financial Meltdown*, Pantheon.
4 Tim Woo, 2018, "The Curse of Bigness: Antitrust in the New Gilded Age", Columbia Global Reports; 팀 우, 2020, 『빅니스: 거대 기업에 지배당하는 세계』, 소소의 책.
5 Mishel, L. & Davis A., 2014, "CEO pay continues to rise as typical workers are paid less", *Issue Brief* 380.
6 신장섭·장하준, 2004, 『주식회사 한국의 구조조정』, 창작과 비평.
7 〈CEOscore〉 2017.1.4., "미중일은 30% 이하...미국 25% 일본 30% 중국 2.5%...."
8 OECD, 2015, *In It Together: Why Less Inequality Benefits All*, Paris: OECD Publishing.
9 이승윤·백승호·김윤영, 2019, 『한국의 불안정 노동자』, 후마니타스.
10 김유선, 2020, 「비정규직 규모와 실태-통계청, '경제활동 인구조사 부가조사'(2020. 8) 결과」, 『한국노동사회연구소 이슈페이퍼』 20, 1~33쪽.
11 가이 스탠딩, 2014, 『프레카리아트: 새로운 위험한 계급』, 박종철출판사.
12 Jaumotte F. & Osorio C., 2015, *Inequality and labor market institutions*, International Monetary Fund.
13 Anthony B. Atkinson, Thomas Piketty & Emmanuel Saez, 2014, "Inequality in the long run", *Science*, 344(6186), pp. 838~843.
14 앤서니 B. 앳킨슨, 2015, 『불평등을 넘어』, 글항아리.

5장 국가와 제도 개혁의 중요성

1 〈오마이뉴스〉, 2021.10.17., "조봉암이 발탁한 농지개혁의 핵심 인물은 도서관 사상가였다: [세상과 도서관이 잊은 사람들] 대한민국 초대 농지국장 강진국"
2 요스타 에스핑안데르센, 2007, 『복지 자본주의의 세 가지 세계』, 성균관대학교출판부.
3 폴 피어슨, 2006, 『복지국가는 해체되는가』, 성균관대학교출판부.
4 Wilensky H. L., 2002, *Rich Democracies: Political Economy, Public Policy, and Performance*, University of California Press.
5 Lindert P. H., 2004, *Growing public: Volume 1, the story: Social spending and economic growth since the eighteenth century*, Cambridge University Press.
6 Emmanuel Saez & Gabriel Zucman, 2021, *The Triumph of Injustice: How the Rich Dodge Taxes and How to Make Them Pay*; 이매뉴얼 사에즈·게이브리얼 저크먼, 2021, 『그들은 왜 나보다 덜 내는가: 불공정한 시대의 부와 분배에 관하여』, 부키.
7 Korpi W. & Palme J., 1998, "The Paradox of Redistribution and Strategies of Equality: Welfare State Institutions, Inequality, and Poverty in the Western Countries", *American Sociological Review*, 63(5), pp. 661~687.
8 〈한겨레신문〉, 2020.8.12., "진보 정부가 세금을 올린다고, 진짜?"
9 〈연합뉴스〉, 2020.10.8., "옥스팜, '한국, 불평등 해소 실천 158개국 중 46위…10계단↑'"
10 Iversen T. & Soskice D., 2006, "Electoral Institutions and the Politics of Coalitions: Why Some Democracies Redistribute More Than Others", *American Political Science Review*, 100(2), pp. 165~181.
11 아이버센과 사스키스, 앞의 논문.
12 래리 바텔스, 2012, 『불평등 민주주의』, 21세기북스.

13 제이콥 해커·폴 피어슨, 2012, 『부자들은 왜 우리를 힘들게 하는가?: 승자 독식의 정치학』, 21세기북스.
14 토마 피케티, 2020, 『자본과 이데올로기』, 문학동네.
15 토마스 프랭크, 2018, 『민주당의 착각과 오만』, 열린책들.
16 권혁용·한서빈, 2018, 「소득과 투표참여의 불평등: 한국 사례 연구, 2003-2014」, 『정부학연구』, 24권 2호.
17 콜린 크라우치, 2008, 『포스트 민주주의』, 미지북스.
18 마이클 영, 2020, 『능력주의』, 이매진.
19 〈미디어오늘〉, 2021.06.22., "기본적으로 실력 혹은 능력이 있는 소수가 세상을 바꾼다"라며 "엘리트주의라고 비난해도 감수하겠다"라고 주장했다.
20 조지프 스티글리츠, 2013, 『불평등의 대가』, 열린책들.
21 새뮤얼 스마일즈, 2005, 『새뮤얼 스마일즈의 자조론』, 비즈니스북스.
22 마틴 셀리그만, 2014, 『마틴 셀리그만의 긍정심리학』, 물푸레.
23 김난도, 2010, 『아프니까 청춘이다』, 쌤앤파커스.
24 리처드 세넷, 2002, 『신자유주의와 인간성의 파괴』, 문예출판사.
25 발터 벤야민, 2008, 『역사의 개념에 대하여 폭력비판을 위하여 초현실주의 외』, 길.

6장 불평등을 넘어 보편적 복지국가로

1 윌리엄 베버리지, 2022, 『베버리지 보고서』, 사회평론아카데미.
2 김윤태 엮음, 「〈베버리지 보고서〉의 사회개혁과 역사적 의의」, 『베버리지 보고서』, 사회평론아카데미.
3 김윤태, 2013, 「토마스 험프리 마셜의 시민권 이론의 재검토: 사회권, 정치, 복지국가의 역동성」, 『담론 201』 16권 1호.
4 김윤태, 2016, 「리처드 티트머스와 복지국가: 가치 선택과 사회정책의 결합」, 『사회사상과 문화』 19권 4호, 133~165쪽.

5   리처드 M. 티트머스, 2019, 『선물 관계』, 이학사.
6   마이클 영, 2020, 『능력주의』, 이매진.
7   스티븐 J. 맥나미·로버트 K. 밀러 주니어, 2015, 『능력주의는 허구다』, 사이.
8   〈세계일보〉, 2021.1.31., "64.9% '자녀 지위 상승 어렵다'… 끊어진 계층 사다리"
9   마이클 샌델, 2020, 『공정하다는 착각』, 와이즈베리.
10 Michael Young, "Down with meritocracy", *The Guardian*, 29. Jun 2001.

7장 21세기 복지국가를 향한 새로운 대안

1   브라이언 S. 터너, 1997, 『시민권과 자본주의』, 일신사.
2   아리스토텔레스, 2011, 『니코마코스 윤리학』, 길.
3   존 롤스, 2003, 『정의론』, 이학사.
4   로버트 노직, 1978, 『무정부, 국가 그리고 유토피아』, 세계평화교수협의회.
5   장 자크 루소, 2020, 『인간 불평등 기원론』, 문예출판사.
6   토마스 페인, 2004, 『상식, 인권』, 필맥.
7   L. T. 홉하우스, 2006, 『자유주의의 본질』, 현대미학사.
8   T. H. 마셜·T. 보토모어, 2014, 『시민권』, 나눔의 집.
9   Chalmers Johnson, 1982, *MITI and Japanese Miracel*, Stanford University Press.
10 프리드리히 A. 하이에크, 2018, 『노예의 길: 사회주의 계획경제의 진실』, 자유기업원.
11 밀턴 프리드먼, 2021, 『선택할 자유』, 자유기업원.
12 대런 애쓰모글루·제임스 A. 로빈슨, 2012, 『국가는 왜 실패하는가』, 시공사.

13 아마르티아 센, 2013, 『자유로서의 발전』, 갈라파고스.
14 악셀 호네트, 2016, 『사회주의 재발명』, 사월의 책.
15 Krugman P., 2009, *The Conscience of a Liberal*, WW Norton & Company.
16 Oxfam, 2014, *Working for the Few*, Oxfam.
17 In World Economic Forum 2014, *Global Risks 2014*, World Economic Forum.
18 Stockhammer E. & Onaran O., 2013, "Wage-led growth: theory, evidence, policy", *Review of Keynesian Economics*, 1(1), pp. 61~78.
19 OECD, 2014, *OECD Framework for Inclusive Growth*, Paris: OECD Publishing.
20 〈한겨레신문〉, 2021.9.24., '복지 대폭확대'라는 착시…5.6% 증액 그친 사회복지
21 조지프 스티글리츠, 2013, 『불평등의 대가』, 열린책들.
22 칼 폴라니, 2009, 『거대한 전환』, 길.